모금 좀 하자는데

권혁철 김완건 공저

SJ 신정

프롤로그

모금의 노하우를 아낌없이 주는 꿀 팁

현장에서 28년 동안 모금을 하고 있다. 참 흥미로운 영역이다.

처음에는 어렵고 힘들었다. 그럴 때마다 책을 뒤적이는 것 말고는 달리 방법도 없어 수십 권의 책을 읽었다. 하지만 모금과 관련된 책은 미국의 사례를 번역한 경우가 대부분이다. 미국의 모금 역사는 오래되었고, 국민성과 가치도 우리와 다르다. 그러다 보니 책에서 소개되는 사례가 모금방법으로는 훌륭하지만, 내가 선뜻 실무에 적용하기에는 부담스러워 커다란 벽을 마주한 느낌이 들었다. 게다가 수치와 그래프로 설명하는 모금 방법은 그 내용이 어려워 책을 읽어 내려가는 동안 인내심이 필요했다.

모금은 실행서여야 한다. 읽으면 내일이라도 활용할 수 있는 콘텐츠를 기대하는 것이 모금가의 마음이다. 이러한 모금가의 마음을 누구보다도 잘 알기에 도움이 되고 싶었고, 현장에서 겪게 될 시행착오를 줄이고 싶었다. 그리하여 탄생한 책이 『모금 좀 하자는데』이다. 선배 모금가로서 모금을 하면서 겪었던 어려움과 성과들을 경험으로 녹여내 하나로 묶었다.

이 책은 3,000명 이상의 기부자를 만나면서 시작된 모금의 A부터 Z까지 이야기를 담고자 했다. 우선 크게 기부가 이루어지기 전 과정과 후 과정으로 나누어 다루었다. 전자는 기부자와의 첫 만남에서부터 어떠한 스토리텔링으로 접근할 것인지와 콘텐츠 개발하는 방법이 해당되며, 후자는 기부자관리 시스템과 기부자서비스를 어떻게 할 것인지에 대한 부분이 해당된다.

모금하는 방법을 몰라 고민하는 모금가에게 아무렇지 않게 다가가 '이렇게 해봐', '이런 방법은 어때?'라고 매너 있게 설명해 주는 친절한 멘토가 되고자 한다.

"읽고 정말 '꿀 팁이다'라는 생각이 들었어요. 노하우를 아낌없이 다 주는 느낌!"

지금 비영리기관의 모금상황은 어떠한가.

전체 사회복지기관 중 상위 1.2%에 해당하는 사회복지공동모금회, 월드비전, 삼성생명공익재단 등이 전체 기부금의 77.3%를 차지하고 있다. 반면 하위 64.6% 기관의 모금액은 전체 기부금의 1%에 불과하다. 민간 사회복지기관의 운영에 큰 영향을 끼치는 모금이 극소수 메이저법인에 집중적으로 쏠리는 '기부금 싹쓸이 현상'이 심각한 상황이다.

메이저법인은 싹쓸이를 하고 있으면서도 새로운 콘텐츠를 찾고 기민하게 움직이는데, 소규모법인은 이런 통계에 대한 민감도가 둔하다. 모금이 주는 부담감을 외면하려는 듯 쉽게 시도하려 하지 않는다. 비영리기관에서 모금의 필요성은 오래 전부터 수많은 전문가들에 의해 주장되었고 모든 기관이 잘 알고 있다.

모금은 사회복지사에게 낯선 영역이 아니다. 모금은 모금가의 노력에 따라 대상자의 인생을 변화시키는 매력적인 업무다. 관점을 살짝만 바꾸면 어렵지 않게 성과를 낼 수 있다. 가보지 않은 길이라 두렵고, 해보지 않은 업무라 부담을 갖겠지만 시작해 보면 두려움이 희망으로 바뀐다.

메이저법인은 모금 전담팀과 전담인력, 모금 콘텐츠, 교육훈련, 체계적인 시스템을 갖추고 있어 모금활동에 유리한 측면이 있지만, 소규모법인도 도전해볼 만하다. 이 책이 그 증거다. 모금가가 고민하고 상상하는 모든 것을 담았다. 읽으면 '나도 모금을 할 수 있겠다.'는 자신감을 갖게 되리라 믿어 의심치 않는다. 소규모법인에서 모금은 아직 블루오션이다.

이 책을 통해 대한민국의 모금문화가 조금이라도 성장한다면 도서출판 신정 덕분이다. 이 책이 열정 있는 모금가와 마주할 수 있도록 애써주신 관계자 여러분께 마음속 깊이 감사드린다.

2019년 11월
권혁철, 김완건

추천의 말

모금에 입문하는 학생, 새롭게 모금을 맡은 담당자뿐만 아니라 모금전문가도 반드시 읽어야 할 국내의 모금현장에 관한 책이다. 한 권의 책 속에 모금의 기본기에서 디테일까지, 모금가의 태도에서 모금가의 테크닉까지 쉽게 이해하고 따라 할 수 있도록 정리되어 있다. 이론이 아닌 실제를 담았기 때문에 모금현장의 두려움과 난해함 때문에 곤란을 겪는 분들에게 특히 유용할 것 같다. 모금의 쓴맛이 아닌 단맛을 느낄 수 있어서 좋다.

■ 황신애 한국모금가협회 상임이사

현장의 생생한 경험을 토대로 만들어진 모금 지침서가 반갑기 그지없다. 모금에 관심이 있거나 활동을 하고 있는 사회복지사에게 일독을 권한다.

■ 이봉주 서울대학교 사회복지학과 교수

지금당장 실천 가능한 전략으로 '나도 모금할 수 있겠다!'는 용기를 주는 책이다. 사회복지실천가에게 어벤저스급 무기가 주어졌다.

■ 모금을 하고 싶은 2년차 사회복지사

오랜 시간, 많은 경험을 통해 얻는 깨달음과 정보만큼 값지고 공감되는 것이 있을까? 읽고 정말 '꿀 팁이다'라는 생각이 들었다. 노하우를 아낌없이 다 주는 느낌!

■ 모금으로 성과를 내고 싶어 하는 10년차 사회복지사

기부처럼 즐거운 것이 없고 모금처럼 힘든 것이 없다. 왜 그럴까?
그 이유가 궁금하고 해결을 구하는 분들께 기꺼이 이 책을 추천합니다.

■ 권찬 아름다운재단 사무총장

비영리기관에서 모금의 중요성이 커짐에 따라 모금에 관한 많은 교육과정이 개설되고 책들이 출간되고 있다. 그런데 늘 아쉬운 점이 있었다면 첫째, 현장성과 경험성이 부족한 부분들이 있다는 점이다. 두 번째는 메이저법인 중심이어서 소규모법인에 적용하기 어렵다는 점이다. 권혁철 관장의 이번 책은 모금가로서 28년 간 경험적 토대 위에 이론적 스토리가 구성된 것으로 앞에 언급한 부족함을 채워주는 단비와 같은 책이라고 할 수 있다.

■ **임진기 (사)휴먼앤휴먼인터내셔널 사무총장**

사람들은 '모금은 모험이다'라고 말한다. 이 말은 성공적인 모금도 있지만 반드시 실패도 따른다는 의미라고 생각한다. 이 책은 모금의 실패를 결코 두려워하지 않고 오히려 모험을 즐기며 28년 동안 철저히 현장 중심적인 사고와 열정으로 노하우를 축적하며 모금의 성과를 이루어 온 모금 전문가의 혼이 담긴 내용들로 풀뿌리 모금가들의 지침서로 전혀 손색이 없는 책이다.

■ **25년 째 모금가로 활동하는 모금계의 숨은 전설**

기부를 해본 사람 중 약 80%가 앞으로도 기부할 의향이 있다고 응답했다. 반면 기부하지 않는 사람 중 80%도 앞으로 기부할 의향이 없다고 답했다.

■ **기빙코리아**

제가 이 기관을 일 년 동안 접촉했는데 한 번도 요구를 하거나 불편해 하는 얼굴을 본 적이 없습니다. 그래서 믿음이 갑니다.

■ **월 10만 원 정기 후원을 하는 디자인업체 대표**

사회복지사로 살아간다는 것은 가치 있는 일임에 분명하다. 그러나 어떤 대상자의 어려움 또는 사회문제 앞에서 한없이 작아질 때가 있다. 그때가 바로 금전적인 자원의 결핍에 대해 인식하고 강한 좌절감을 느끼게 될 때이다. 하지만 모금을 통해 문제해결의 과정에 접근해 갈 수 있다면 이야기는 달라진다. 20여 년 이상을 지켜본 바, 이 책의 저자는 사회복지사로서 높은 수준의 자존감을 지키며 사회복지사로서 사명을 감당해 왔다고 본다.

저자와 같이 사회복지사로 살아가고 있거나 앞으로 이 길을 가고자 하는 분들에게는 매우 현실적이면서도 도움이 되는 좋은 지침서가 될 것이라 본다.

■ **모금을 시작하고 기획하는 20년차 베테랑 전략가**

차례

chapter 2
미세한 차이, 그러나 결정적 차이 스토리텔링

chapter 3
끌어당기는 이미지 vs 불편하게 하는 이미지

chapter 4
불편해도 공감하면 구입한다. 콘텐츠

chapter 5
모금계의 어벤저스 후원회 조직

chapter 6
왜 상위 1%만 모금에 성공하는가?

Chapter 7
'모금 알못'을 위한 친절한 안내

chapter

1 요청하지 않으면 확률은 0%

기부자와 첫 대면에서 모금가의 역할
요청하라. 또 요청하라.
첫 대면 때 무엇을 준비할까?
첫 대면에서 기부금을 요청하는 것이 맞는가?
초보 모금가가 첫 대면에 성공할 확률은 얼마나 될까?
키맨(keyman)을 찾아라.
거부하기 힘든 매력 덩어리 '대량 우편물'
수동적인 '보기'가 아니라 적극적인 '관찰'을 하라.
신규 프로그램을 제안할 땐, 간 크게
떠벌림 효과(Profess Effect)
기부도 해 본 사람이 더 많이 한다.
기부자와 소통하는 방법
기부자들의 사생활
기부금 전달식도 작전을 짜라.
기부자와 상호(相好)적인 관계 유지하기
기부자를 미안하게 만드는 것도 전략이다.
한 방향(One Way)으로 소통하라.
소개를 받아서 찾아갈 때의 성공 확률
모금가의 끝판대장 '가까운 사람'
첫 만남 땐 맨몸으로 가는 것도 전략이다.

chapter

1 요청하지 않으면 확률은 0%

기부자와 첫 대면에서 모금가의 역할

첫 대면은 설렘과 두려움이 공존한다.

성공적인 결과를 얻으면 첫 사랑을 만날 때처럼 설렘이 생길 것이고, 실패하면 두려움에 의욕이 꺾일 수도 있다. 모금가가 기부자와의 만남은 기부금을 받아야 하는 목적이 있으니 더 부담을 가진다. 대면을 할 때 정해진 원칙이 있다면 얼마나 좋을까. 공교롭게도 그런 기준은 없다. 경험이 많은 모금자로부터 조언을 듣거나 만날 사람의 성향을 파악하고 가면 도움이 된다. 성향을 파악을 했다고 처음 만난 자리에서 질문을 쏟아 붇는 것도 금물이다. 기부자가 자신의 이야기를 어떻게 받아들일지도 물음표다. 모금가가 첫 대면에서 효율적으로 활용할 수 있는 방법을 몇 가지 설명하고자 한다.

첫째, 날씨를 주제로 이야기를 풀어 가면 자연스럽다.

가장 기본적이라 처음부터 너무 식상한가. 기본인적인 것을 대화의 주제로 삼으면 실패할 가능성이 거의 없다. 우리나라 날씨는 덥거나 춥거나 맑거나 비가 온다. 한두 마디를 주고받고 나면 살고 계신 곳이 어디냐고 묻거나 고향을 묻는 것도 방법 중 하나다. 사는 지역이 비슷하거나 사는 지역을 잘 알면 화젯거리가 될 수도 있다. 어떤 주제로 이야기를 나누든 사실을 바탕으로 시작해야 한다. 어색한 분위기를 모면해 보려고 잔꾀를 부리면 곤란해진다.

우리나라 사람들은 같은 동향同鄕이거나 성姓씨, 학교만 같아도 공감대를 형성하는 데 수월하다. 금세 고향이야기가 나오고 출신학교 이야기까지 연결되는 경우가 많다. 첫 대면의 어색함을 푸는 데 도움이 되지만, 서론만 장황하면 본질이 멀어진다. 적절하게 활용하고 본래의 목적으로 대화를 끌어가야 한다.

둘째, 우리 기관에 대해 알고 있는지를 물어본다.

알고 있다면 어떤 내용인지도 물어본다. 기부자가 알고 있는 내용으로 기관의 사업을 설명하면 된다. 기관이 하는 일을 듣거나 알고 있으면 대화를 풀어가는 데 큰 도움이 된다. 기부자를 만났는데 "안녕하십니까? 저희는 ○○에서 왔습니다."라고 했는데 상대가 "네, 알고 있습니다."라고 대답을 했을 때와 "거기는 어떤 일을 합니까?"라고 대답을 했을 때는 다르다. 알고 있을 경우에는 설명하기가 쉽다. 반면에 어딘지 모를 경우에는 하나부터 설명해야 한다. 별 차이 아닌 듯 보이지만 큰 차이다. 첫 인상만큼이나 중요한 영향을 미칠 수 있다.

그 다음엔 어떻게 알게 됐냐고 물어보면 대화의 물꼬를 트는 것이 자연스러워진다. 모금가는 가벼운 질문에서 이야기의 흐름을 이어가는 감각을 가지면 좋다. 기부금을 받는 목적을 머릿속에 가득 채우면 몸도 마음도 굳어버린다. 최대한 상황의 리듬을 타기 바란다.

셋째, 기관을 설명할 때는 스토리텔링하라.

수도 없이 들은 스토리텔링이 여기서도 유용하다. 대다수 모금가들이 대면을 할 때 자료를 가지고 브리핑하듯이 설명하는 경우가 많다. “우리 기관은 1993년부터 25년 동안 이 지역의 어려운 사람들을 위해 아동복지, 청소년복지, 노인복지, 장애인복지를 통해 10만 명의 어려운 이웃을 도왔습니다.”라고 설명한다. 팩트를 설명했으니 맞는 말이지만 좋은 방법은 아니다.

자료는 가져가되 펼치지 말고 이야기로 시작해 보라. 이야기를 하다가 기부자가 더 궁금해 하면 그때 자료를 보여주면 된다. 굳이 자료를 펼치지 않아도 될 상황이면 그대로 마무리 지으면 된다. 정치인들의 인사말보다 개그콘서트가 더 재미있다. 모금가를 개그맨과 견줄 수는 없지만 웬만하면 스토리텔링을 하라는 의미다.

“우리 지역에 엄마는 시각장애 1급이고 딸은 중학교 1학년인 아이가 있습니다. 딸도 유전적인 이유로 시력이 점점 나빠지고 있습니다. 딸에게 소원이 무엇이냐고 물었더니 엄마랑 같이 바다가 보고 싶다고 해서 독지가를 찾아 2박 3일 동안 제주도로 여행을 보내주었습니다. 이 아이처럼 가족여행을 한 번도 안 가본 가정들이 많습니다. 이들에게 가족이 버팀목이 되게 지원하고 싶습니다.”

기부자를 만났을 때 스토리텔링으로 접근하면 공감도 훨씬 높아진다. 모금가는 많은 사례를 알고 있으면 기부자를 만날 때 두려움이 줄어든다. 단지, 같은 기부자를 또 만나면 다른 사례를 이야기해야 한다. 한 번 이야기한 사례를 반복적으로 활용하는 것은 식상하다.

넷째, 만나는 대상의 연령대에 따라 대화의 방향이 달라진다.

연령대가 비슷한 상대를 만나면 소통에는 별 어려움이 없다. 그러나 30대인 모금가가 50대, 60대 사업가를 만나서 설득을 해야 할 땐 쉬운 상황이 아니다. 연배가 많다고 생각의 차이가 크다고 단정할 수는 없지만 세대차이라는 것은 존재한다. 동시대를 살고 있는 사람과 한 세대를 넘어선 사람을 만나서 기부금이라는 목적을 달성하는 것은 쉬운 게 아니다.

50대, 60대는 처음 만나는 모금가라도 정치 이야기나 최근에 이슈가 된 뉴스거리를 이야기할 수도 있고, 사업을 하는 분이라면 경제가 어렵다는 이야기를 꺼낼 수도 있다. 어떤 주제를 들고 나오더라도 모금가는 침착하게 대응하면 된다. 기부자의 이야기에 관심이 없다고 그만하라거나 자리를 박차고 나갈 수는 없다. 기부자의 이야기를 들어주고 공감하면 된다. 공감은 인정하는 것과 다르니 주의해서 구분하기 바란다.

다섯째, 무거운 침묵의 시간을 견뎌라.

이야기를 나누다 보면 어느 순간 침묵이 흐를 때가 있다. 기부금을 결정해야 할 단계거나 결정을 깊이 고민할 때 나타난다. 이 상황에서는 모금가도 긴장을 한다. 기부금이 지원되느냐 마느냐의 기로에서 무슨 말을 해야 할지, 말을 안 하고 있으면 실례가 되는 것 같아 안절부절 하기도 한다.

대화 중에 침묵이 흐를 때는 기부자가 말을 이어갈 때까지 기다린다. 무거운 정적은 서로에게 부담이다. 먼저 말하는 사람이 손해 볼 것 같은 분위기에서 배포를 가지고 침묵을 즐겨보라. 약간의 기 싸움이 필요할 때도 있다. 조바심이 날수록 시간은 더디게 흐른다. 기부자를 바라보되 여유 있고 자신감 있는 태도를 보이는 것이 중요하다. 기부자의 침묵은 성공 확률이 50%라는 의미다. 적어도 모금가에게 불리한 상황은 아니다.

여섯째, 상대의 이야기를 적극적으로 들어주되 본질을 흐리지 말라.

처음 자리에 앉자마자 이야기를 잘 하는 사람들이 있다. 거침없이 이야기가 이어지고 분위기도 좋아진다. 묻지 않아도 대화를 자연스럽게 주도 한다. 그러다 보면 영웅담, 스포츠, 반려견 등 이야기가 엉뚱한 방향으로 흐르기도 한다. 이런 분위기에서도 모금가는 본질을 놓치면 안 된다. 이럴 땐 승부수를 던져 보라. 찾아온 목적과 기부금을 직접적으로 제시하라는 의미다. 보통은 상대방이 물을 때까지 기다리는데, 특별한 성향을 가진 사람을 만났을 때는 방법도 다르게 할 필요가 있다. 이런 분은 사람이나 상황을 의식하지 않기 때문에 생각나는 대로 편하게 이야기하면 된다.

일곱째, 기부자가 공격적인 발언을 할 때 대처 방법이다.

아주 가끔 기부자가 모금가에게 공격적인 발언을 하거나 동의할 수 없는 것을 요구할 때가 있다. 판단은 현장에서 모금가의 몫이지만 기부자의 입장을 고려한다는 명분으로 동의하는 척 하지 않는다. 기부를 받으려고 기관의 미션이나 모금가의 가치를 포기하면 안 된다. 이견이 있을 때 논쟁으로 빠지지 않으면서도 기부자의 의견에 논리적으로 설명할 방법을 궁리할 필요가 있다. 기부자의 말이라고 무조건 동의할 수 없다. 그렇다고 논쟁이나 다툼으로 이어가도 안 된다. 모금가는 기부금을 받지 못하더라도 상대방을 언짢게 하지 말라는 무언의 룰이 있다. 상황이 여의치 않으면 정중하게 매듭짓고 자리를 뜨는 게 맞다.

여덟째, 요청을 승낙했는데 연락이 없는 경우다.

기부금 요청을 하니 하겠다고 했는데 연락이 없을 때는 어떻게 할까? 연락이 올 때까지 기다는 것이 맞다. 승낙을 했다고 빚쟁이 대하듯 하면 안 된다. 한 달쯤 기다려보고 그래도 연락이 없으면 다시 연락한다. 기부자의 상황을 모르는 상태에서 조급함은 화를 부를 수 있다. 두 번째도 연락하니까 또 하겠다고 대답을 했다. 마찬가지로 대답만하고 행동을 하지 않을 때 어떻게 할까. 이럴 때도 최소한 한 달은 기다려 준다. 기업과의 관계에서 이런 상황이면 더 이상 연락할 명분을 잃었다고 판단하는 것이 옳다. 그러나 개인의 경우는 다르게 보라. 기부자가 피치 못할 사정이 있을 수도 있다. 집안에 큰 일이 생겼거나, 건강상의 이유가 있는 경우도 있다. 이때는 기부자를 아는 지인을 통해 확인해 보는 것도 좋은 방법이다. 상황을 확인하고 다시 연락을 취하든지 포기할 것인지를 선택하면 된다. 기부자가 긍정의 응답을 했기 때문에 기부를 할 수 없다는 것을 확인한 다음에 결정하면 된다.

아홉째, 거절할 때다.

상대방이 거절을 하면 의욕이 없어진다. 그 자리를 빨리 떠나고 싶은 생각에 더 이상의 대화를 이어가기가 어렵다. 대부분의 경우 "시간 내주셔서 감사합니다." 하고 자리를 뜬다. 이것은 다음 기회가 없는 마무리다. 포기하지 말고 다음 기회를 만들자. "혹시, 오늘 제안한 내용 중에 부족한 점이 있다면 조언을 해주실 수 있겠습니까?"라고 의견을 구하고 거부당한 적은 없었다. 조언은 비용이 들지 않는다. 오히려 더 진지하게 답변을 해준다. 상대방이 하는 조언을 경청하면 된다. "조언 감사했습니다. 다음 제안에는 이 내용을 포함하여 찾아뵙겠습니다." 하고 마무리를 하라. 거절당한 상태로 자리를 뜨지 말고, 한 번 더 방문할 수 있는 기회를 만드는 것도 모금가의 역량이다.

모금가는 매일매일 사람을 만나는 것이 중요한 일과다. 경험이 많으면 어떤 상황이 되어도 당당하게 대응하지만 천의 얼굴을 가진 기부자의 성향을 모두 맞춰줄 수는 없다. 기부자와 대면하는 자리에서 실수가 있더라도 기죽지 말자. 의도적으로 한 실수가 아니라면 창피한 것이 아니다. 사람을 만나고 관찰하고 기록하면 조금 더 빨리 자신감을 회복할 수 있다.

요청하라. 또 요청하라.

사람들이 기부를 하지 않는 이유는 참 많다.

기부단체를 믿을 수 없어서, 경제적 여유가 없어서, 기부에 관심이 없어서, 직접적인 요청을 받은 적이 없어서, 기부하는 방법을 몰라서 등 다양하다.

모금가로서 부끄러운 통계들이다. 이 결과들은 비영리법인이 스스로 만들었다. 모금가가 태어나기도 전부터 있었던 각종 비리들이 국민들의 뇌리에 남아 있다. 연좌제가 적용되는 것은 아니지만 국민들의 의식에는 과거의 오점이 꼬리표를 달고 돌아다니고 있다.

교통사고 위험이 있다고 걸어서만 다닐 수는 없다. 사고를 내면 안 되겠지만 사고가 났다면 비용을 들여 수리를 해야 한다. 모금을 하다 보면 핀잔, 비아냥거림을 들을 때도 있다. 이런 이야기를 반복적으로 듣지 않으려면 기부자에게 신뢰를 줘야 한다. 신뢰의 가장 기본은 기부금을 투명하게 사용하고 결과를 알려주는 것이다.

요청은 모금가에게도 어려운 과제다. '괜히 요청했다가 관계만 나빠지는 거 아냐?', '내 요청을 들어줬다고 나한테 더 큰 걸 요구하면 어쩌지?'라는 부담을 가질 수 있다.

모금가는 기부를 요청한 것이지 빚을 진 것이 아니다. 기부금이 필요한 이유를 설명하고 거기에 공감하는 분들에게 요청을 하면 된다. 마음이 불편하면서까지 요청하는 것은 요청의 정도正道가 아니다. 다른 사람에게 기부를 요구해야 한다는 생각만으로도 마음이 괴롭고 끔찍하고 불안할 것이다. 모금가만 그렇게 느끼는 것이 아니다. 그것을 아무렇지 않게 여기는 사람은 고도로 훈련되거나 마인드컨트롤이 완벽한 사람이다. 합리적으로 요청하는 방법이 있다.

첫째, 기부자의 특성을 파악하고 요청하라.

기업이나 단체가 그동안 어떤 분야에서 사회공헌 활동을 했는지를 파악하는 것부터 시작하면 된다. 홈페이지나 포털사이트에서 검색하면 쉽게 확인할 수 있다. 기업은 아동 쪽에 관심을 갖는데 노인과 관련된 프로그램을 제안하는 우를 범하지 않길 바란다. 좀 더 여력이 있다면 기업의 생산 활동과 관련되는 자료를 찾아 숙지하고 만나면 자신감이 생긴다. 모금가가 자신감 있게 당당하게 요청하는 것은 좋은데 자만심을 갖는 것은 금물이다.

초보 모금가는 제안을 하면서 간과하는 것이 있다. 자기중심으로 생각한다. 모금가가 볼 때 이 프로그램은 꼭 필요하고 훌륭하니까 기업에서는 내 제안에 당연히 응해야 한다는 근자감을 가지는 경우다. 기업은 그들의 방향과 가치가 맞을 때 기부를 결정한다. 기업의 욕구에 맞는 제안을 할 때 성공률이 높아진다. 단체나 개인을 접근할 때도 방법은 같다.

둘째, 요청하라. 일단 요청하라.

여기서 요청의 기준은 개인이나 기관과 인연이 있는 사람들을 대상으로 설명하고자 한다. 경험 있는 모금가도 기부를 요청하는 것은 어렵다. 요청했을 때 거절을 당하면 다음에 볼 때 민망해 할 수도 있다. 이런 부담감을 이겨내고 요청할 수 있는 사람이 모금가다. 요청한다고 모두 좋은 반응을 보이는 것이 아니기 때문에 실패를 하더라도 시도하기 바란다. 실패가 쌓이면 경험이 되고 경험이 많아지면 모금가의 역량도 커진다. 작은 것부터 제안해 보라. 정기 기부나 소액 현금, 물품 등으로 접근해서 좋은 관계를 만들어 가다 보면 연결되는 사람들이 생긴다. 때로는 기관의 공익적인 활동을 자랑스러워하는 사람들이 있다. 그런 기부자를 만나면 멍석을 깔아주라. 기부자가 동기부여되어 새로운 기부자를 연결하기도 한다.

셋째, 다르게 요청하라.

모든 조직은 새로운 것을 좋아한다. 기업도 모금가도 마찬가지다. 하루 세끼 된장찌개만 먹을 수 없다. 작년에 보낸 공문에 날짜만 바꿔서 제안하면 기업은 반기지 않는다. 새로운 프로그램을 찾아야 한다. 호기심을 가질 만한 꺼리를 찾아 제안하면 기업에서 적극적으로 관심을 갖는다. 기업도 새로운 것을 기다리고 있다. 새로운 것을 찾는 방법은 이 책 군데군데 설명되어 있다.

넷째, 요청하는 사람에게 자문을 구해 보라.

우리가 요청을 한다는 의미는 기부금, 즉 돈을 기준으로 삼는다. 드문드문 돈보다 귀한 것을 얻을 때도 있다. 카페를 활용해서 '착한고무신 보내기'를 홍보하고 싶은데 어떻게 하면 좋을까를 고민하던 중 직원이 자주 이용하는 카페의 대표를 소개받았다. 취지를 설명했더니 흔쾌히 받아들였다. 자신들의 파트너인 디자이너까지 참여시켜 주었다. 우리는 쉽게 방향을 잡았고, 구체적인 실행 방법까지 조언을 받았다. 카페 대표는 우리가 좋은 일을 하니까 동참하고 싶다는 단순한 이유만으로 한 식구가 되었다. 착한고무신을 제대로 런칭하려면 비용이 얼마나 들까. 카페 대표의 말로는 수백만 원에서 수천만 원이 든다고 했다. 기관에서 감당하기 버겁다. 성과를 장담할 수도 없지만 예산도 없다.

모금가는 무無에서 유有를 창조하는 사람이다. 비영리기관의 강점은 '다른 사람을 돕는다'는 것이다. 이 강점을 잘 활용하여 자문을 구해 보라. 재능기부를 받는 것이 수월해진다.

요청하지 않으면 성공도 실패도 없다. 요청하면 방법이 생긴다. 부끄럽거나 거절당하면 어떻게 하지라는 생각을 버려라. 모금가가 열정을 갖고 적극적으로 움직이는 모습은 기부자에게 긍정으로 각인된다.

첫 대면 때 무엇을 준비할까?

첫 대면 때 무엇을 준비할까?

모금가가 가장 어려워하는 영역 중의 하나가 첫 대면이다. 첫 대면을 잘 하면 다음에 접촉할 때 용기가 생기는데 첫 대면에서 실패하면 부담만 생긴다. 실패를 줄이는 최선의 방법은 준비하는 것이다.

기업을 방문하는 경우, 기업관련 자료를 정리하고 숙지하는 것이 필요하다. 일반적으로 나를 모르는 사람보다 알아주는 사람에게 신뢰가 간다. 기업담당자도 다르지 않다.

기업의 정보를 가장 쉽게 알아볼 수 있는 채널은 홈페이지다. 기업 대표, 주요 생산 활동, 수상경력, 사회공헌 활동을 기본적으로 파악한다. 수집한 정보는 PC에 저장하되, 스마트폰에 연동되는 메모 어플을 활용하여 저장하는 것을 추천한다. 그래야 시간과 공간의 제약 없이 자주 확인하고 숙지할 수 있다.

홈페이지를 통해 기업을 이해했다면 최근의 이슈를 찾아보자. 포털 사이트 검색창에서 기업 이름을 검색하고 뉴스 카테고리를 선택한다. 가장 최근 보도자료 2개, 사회공헌 보도자료 1개 정도를 수집한다. CEO의 마인드, 기업 내부의 의사결정 구조에 대한 정보는 기업담당자를 만나서 물어보는 것이 정확하다. 자료를 많이 수집할수록 좋지만 숙지하지 못하면 노력대비 실전 활용도가 떨어진다. 생소한 기업정보를 숙지하는 것은 어렵다. 시험공부하듯이 따로 시간을 내어서 외우기보다는 틈틈이 스마트폰에 저장된 내용을 확인하면 수월하다. 사전에 준비했다는 것만으로도 기업담당자와 미팅 시 긴장감이나 버벅거림을 줄일 수 있다.

병원 사회공헌 담당자와 미팅을 하면서 주요 진료내용과 성과에 대해 먼저 이야기를 해 본적이 있다. "저보다 병원에 대해서 더 잘 아시네요."라고 말하며 놀라는 표정이었다. 전략이 제대로 먹혔을 때, 성취감은 배가 된다.

개인이나 단체를 방문할 때도 같은 방법으로 준비하면 된다. 기회는 준비된 자에게 돌아간다.

준비가 안 된 사람은 상대방이 먼저 알아본다. 면전에서 구박하진 않겠지만 시작하기도 전에 신뢰도 잃고 기도 꺾인다.

비영리기관의 종사자들은 착각을 하는 경우가 있다. 본인들이 좋은 일이 하니 상대방은 내 이야기를 듣고 후원을 해줘야 한다는 막연한 믿음, 후원을 받으려면 상대방을 객관적으로 파악하는 것이 좋다.

첫 대면에서 기부금을 요청하는 것이 맞는가?

"세 번 만나기 전까지는 절대 기부금 요청을 해서는 안 된다."

모금의 337 법칙에서 나오는 말인데 나는 생각이 다르다. 특히, '절대'라는 수식어가 있어 더 수용하고 싶지 않다. 처음 만난 자리에서도 상대방이 먼저 기부금에 대해 묻거나 분위기가 형성되면 기꺼이 요청할 수 있다. 상대방이 지금 기부금에 대해 묻는 데도 세 번 만나기 전까지는 요청하면 안 된다는 말을 의식해서 다음으로 미루면 그게 더 이상하다. 단지, 빚쟁이처럼 굴거나 보챌 필요는 없다. 상대방에게 급한 모습을 보이면 모금가의 이미지도 기관의 이미지도 별로다. 그러면 다음을 기대할 수 없다.

세 번 만났을 때 요청하라는 의미는 그 전에 라포를 형성하고 상대의 마음을 얻은 다음에 하라는 의미로 해석하고 싶다. 미국의 상황을 우리나라에 적용시키는 것은 무리가 있다. 첫 대면에서 기부금을 요청하지 않고 끝났다면 다음에 만날 시간을 정하면 된다. 그런데 중요한 것은 어떻게 마무리가 되었냐는 거다. 좋은 분위기에서 다음을 기약하고 끝냈다면 다행이지만, 첫 대면에서 '노우'라는 대답을 들었다면 다음을 기약하기 어렵다.

기부자와 첫 대면을 하는 방법은 두 가지다. 누구의 소개로 대면하는 경우와 공문을 통해 제안서를 보내는 경우다. 이 두 가지 방법 말고는 기부자가 기관을 찾아와 스스로 도와주겠다고 하는 경우인데 28년 동안 딱 한 번 있었다.

누구의 소개로 첫 대면을 할 때 기부금을 요청하는 것이 맞을까. '맞다', '틀리다'로 재단할 수 있는 이분법적인 구분이 아니다. 정답이 있으면 좋겠지만 그때그때 다르다. 휴대폰 광고 문구처럼 들리지만 옳은 말이다. 상황에 맞게 대응하는 것이 최선이다. 경험적으로는 첫 대면에서 불쑥 기부금을 이야기하는 것은 분명 좋은 방법이 아니다.

상대방을 만나는 이유가 기부금을 받기 위한 것인데 왜 금액을 요청하면 안 된다는 걸까. 모금가가 먼저 돈 이야기를 꺼내면 상대방은 부담스러워 할 수 있다. 그래서 가능하면 먼저 요청하지 말라는 의미다. 그럼 언제 이야기하면 좋을까. 사업을 설명하고 상대방이 "그래서 비용은 얼마나 들죠."라고 물으면 그때 대답하는 것이 좋다. 상대방이 물어보지 않으면 어떻게 할까. 모금가의 방문은 목적이 있다는 것을 알기에 대부분은 먼저 물어본다.

모금 관련 책에서는 기부금을 정확히 요구해야 한다고 주장한다. 1억, 2억 원을 언제까지 지원해 달라는 식으로 명확하게 요청하라는 것이다. 이 방법은 기업이나 단체에 제안할 때 필요하다. 특히, 기업에 제안할 때는 금액을 정확히 명기해야 한다. 기업의 담당자를 만나더라도 제안서에 기부금을 명기하는 것이 맞다. 기업은 밀당을 한다고 지원 방법이 바뀌지 않는다. 즉, 기부금을 표기했다고 안 주고 표기하지 않았다고 챙겨주는 경우는 없다.

기업이 기부금을 결정하는 과정은 담당자를 거쳐 단계적으로 결재를 받고 사장까지 간다. 그러기에 금액을 정확히 요청하는 것은 맞지만 단위를 생각하고 제안해야 한다. 소규모법인에서 억 단위를 제안해서 성공하는 경우는 매우 드물다. 기업과 특별한 관계에 있는 모금가가 억 단위의 기부금을 받는 경우도 있지만 말 그대로 특별한 경우이다. 천만 단위도 크다. 보통 백 단위로 제안하는데 그마저도 기업에서 결정하는 대로 받는 경우가 훨씬 많다. 천만 원이 필요한 프로젝트를 진행할 때 전액을 지원하는 기업은 거의 없다. 그래서 하나의 프로젝트를 진행할 때는 여러 기업이나 단체에 기부금 요청을 해서 목표액이 도달하면 계획대로 진행하고 목표액을 채우지 못하면 규모를 줄여서 진행한다.

첫 대면으로 성공시킬 명확한 방법이 있으면 좋으련만, 세상에 그런 묘수는 없다. 모금가는 사람을 상대하는 직업이다. 첫 대면에서 기부금을 요청하는 것이 좋은지 아닌지는 상황에 따라 사람에 따라 다르지만, 상대방이 먼저 '기부금'에 대한 이야기를 하도록 유도하는 것도 기술이다.

사람은 자기가 한 말에 대한 책임을 지려는 경향이 있다. '언제 식사 한 번 합시다'라고 무심코 던지고 지키지 못하더라도 자기가 한 말을 의식하는 것이 인간이다. 일 년 전에 식사 한 번 하자고 말하고 이런저런 핑계로 지키지 못했는데 며칠 전에 만났을 때 언제 식사할 거냐고 또 물었다. 가슴이 뜨끔했다. 기부금 이야기를 누가 먼저 꺼내느냐로 기부자와 기 싸움을 하라는 것이 아니다. 정적이 흘러도 그 무거움을 이겨낼 수 있으면 고수다. 기부자가 기부금을 먼저 말하도록 기다려 보라. 많은 기부자를 만나면서 얻은 노하우다. 기부가 필요한 이유를 명쾌하게 설명하면 기부금을 말하지 않아도 상대방이 먼저 묻는다.

초보 모금가가 첫 대면에 성공할 확률은 얼마나 될까?

초보 모금가가 기업이나 단체에 보낼 제안서를 만드는 데 얼마나 걸릴까? 최소한 2주일 이상 걸린다. 다른 기관에서 모금을 해본 경험이 있으면 모르지만, 처음 모금업무를 하거나 업무가 바뀌어서 모금업무를 해야 할 때는 보통 2주의 시간은 필요하다. 짧다고 말하는 사람도 있다. 최소한을 기준으로 한 것이다. 그 시간 동안 얼마나 많은 고민을 하고 자료를 준비했을까. 심기일전하고 나름 완벽하게 준비된 상태에서 제안서를 들고 호기롭게 찾아간다.

결과는 어떻게 되었을까. 입사한 지 1년도 안 되는 모금가가 '착한 고무신' 콘셉트로 카페에 제안을 했다. 내가 모든 과정을 직접 챙겼고 수차례 미팅을 가졌다. 목적이나 방법 등 제안서의 전반적인 부분이 양호했다.

"김 선생, 카페에 제안하고 왔지. 어땠어?"

"사장님을 만나지도 못하고 왔습니다."

"왜, 못 만났어. 4시에는 사장님이 있다고 했잖아"

"사장님이 계신다고 해서 뵙고 싶다고 직원에게 얘기했는데 대답이 없었습니다. 뻘쭘해서 커피도 시켜놓고 30분을 기다렸는데 결국은 안 왔습니다."

"그런 경험을 하니 기분이 어때?"

"허탈했습니다."

초보 모금가의 표정이 허탈해 보였다.

김 선생은 왜 허탈했을까. '기분이 나빴다', '언짢았다.', '실망했다' 등 여러 가지 표현이 있는데 머뭇거림도 없이 허탈하다고 했다. 몇 주에 걸쳐 자료를 준비하고 잘 만든 제안서라고 생각했는데 설명할 기회조차 얻지 못했으니 허탈할 수밖에.

이런 상황에서 신임 모금가에게 해줄 수 있는 말은 단순하고 뻔하다. 실망하지 마라. 겨우 한 번인데 실망하면 안 된다. 앞으로 수백 번을 실수하고 거절당해야 성공을 맛볼 수 있다고 이야기한다. 50번 정도 시도하면 3~4곳에서 반응이 온다. 확률이 낮다고 실망하지 마라. 실패도 많이 해보면 맷집이 생긴다. 50번 실패하다가 두 번 연속 성공하면 기분이 엄청 좋아진다. 실패를 하더라도 기죽지 말고 계속 도전해야 하는데 이 기간을 견디고 희망을 가질 신임 모금가가 몇이나 될까 우려스럽다. 모금은 처음에는 힘들다. 하지만 하다 보면 참 쉽고 재미있다. 쉽고 재미있다는 이야기가 초보 모금가에겐 조롱으로 들리지 모르겠다. 부모가 자식에게 먹이는 음식을 준비하는 마음과 같은 심정으로 재미있다고 표현하는 것이다.

이번엔 사장을 만나지도 못했지만, 며칠 후 같은 시간에 다시 찾아가기 바란다. 만나서 후원을 안 해도 좋으니 제안서에 어떤 부분이 부족한지를 물어 보라. 누구나 생각할 수 있을 것 같지만 거절당한 상태에서 묻는 것은 어렵다. 한 번 거절을 당한 사람을 다시 찾아가는 것은 큰 용기와 당당함이 필요하다. 다시 찾았는데 또 실패하면 기가 꺾인다. 모금가는 멘탈이 강해질 필요가 있다.

후원을 못 받더라도 제안서에 어떤 내용을 수정하거나 보완하면 좋겠냐고 묻는 것은 참 좋은 방법이다. 같은 업종에서 일하는 사람이니 그들의 입장을 잘 아는 사람의 이야기를 들어보는 것만큼 정확한 코멘트는 없다. 살아있는 현장의 이야기를 들을 수 있는 기회다. 선임 모금가의 긍정적이고 센스 있는 마인드가 신임 모금가에게 모금 기법으로 전수된다. 모금가는 다른 생각을 가진 모든 사람이 멘토가 될 수 있음을 명심하기 바란다.

키맨keyman을 찾아라.

‘日정계 “키맨을 찾아라” 트럼프 잘 아는 인물無’

도널드 트럼프는 미국의 제45대 대통령에 취임하였다. 일본 정부는 당초 클린턴이 대선에서 우세하다고 판단해, 클린턴과의 관계에만 공을 들여왔다. 한 일본 정부 고위 관계자는 “트럼프 진영의 누구에게 전화를 하면 좋을지 모르겠다.”고 토로했으며, 방위성의 고위 관계자도 “트럼프 진영 사람들 중 누가 정책에 정통한지 상상도 못하겠다.”며 손을 든 상태라고 했다.

키맨keyman, 기부금을 결정할 수 있는 사람이거나 결정하는 사람에게 영향을 줄 수 있는 최측근이다. 기업이든 단체든 가정이든 키맨이 있다. 일반적으로 기업에서 키맨은 사장이다. 하지만 모금가가 사장을 직접 만날 가능성은 별로 없다. 아는 사람을 통해서 만날 수는 있지만 위로 치고 들어가는 방법은 권하지 않는다. 기업에서 키맨을 찾는 방법은 사회공헌 담당 부서를 통해 알아보면 된다. 어떤 회사는 총무팀에서 담당하고 어떤 곳은 자재부에서 담당하기도 한다. 당연히 총무팀에서 담당할 것이라고 예상하고 그쪽으로 공문을 보내고 기다려봤자 실익은 없다. 회사로 도착되는 공문이 어느 부서에 도착하던 공문의 내용을 확인하고 해당 부서로 보내주면 좋은데 실상은 그럴까. 기업 입장에서 생각해 보면 잘못 온 공문이다. 그들에게 공문 내용은 중요하지 않다. 하루에도 수많은 공문을 처리하고 밀려드는 업무도 많은데 기부금을 요청하는 공문을 친절하게 해당 부서를 찾아서 가져다줄까. 만일 친절한 직원이 있어 담당부서로 공문을 이첩시켰다면 해당 부서에서는 본인들의 부서 이름도 적히지 않은 공문을 공식적으로 접수하고 싶을까. 또 친절한 직원이라서 화이트로 지우고 수신란에 담당부서 이름으로 바꿔줄 것이라는 기대는 하지 않아도 된다.

기업에 공문으로 제안서를 보낼 때는 담당부서를 정확히 알고 보내야 일말의 기대라도 가질 수 있다.

기업 중에는 부부나 가족이 경영하는 회사도 있다. 사장은 남편이고 부인은 상무인데 결정권은 부인에게 있는 경우도 있다. 이런 역학관계를 모두 알 수는 없지만, 담당자를 통해 회사 내부의 체계를 알아볼 수 있으면 제안하는 데 참고가 된다. 모금가가 돈의 힘에 움직이면 안 되지만 돈을 바라보는 것이 아니라 사람을 향하라는 의미다. 상무인 부인이 키맨이라면 그분의 취향을 알면 도움이 된다. 커피를 좋아한다든가 애완견을 키운다든가 독서를 좋아한다든가 그분에 대해 조금이라도 파악하면 대면할 때 자신감이 생긴다.

아는 사람으로부터 소개를 받을 때도 그 조직의 키맨이 누군지 물어 보라. 상대의 이름만 알고 가는 것보다 소개받은 사람이 회사에서 어떤 역할을 하는지 결정권은 있는지를 확인하고 찾아가라.

자영업을 하는 가게를 찾을 때도 키맨을 찾아야 한다. 남편이 결정을 하지 못하고 부인의 눈치를 보는 경우도 있고, 부부가 운영하지만 사녀가 결정을 하기도 한다. 또 운영은 아들이 하는데 결정은 엄마가 하기도 한다. 개인을 만날 때는 누군가의 소개로 가는 경우가 많다. 소개해준 분은 그 가정을 잘 아니까 결정권을 누가 쥐고 있는지 알고 있다. 그분을 소개해 달라고 하면 된다.

단체도 비슷하다. 보통 회장이 최고결정권자인데 항상 그렇지는 않다. 그래서 모금가가 기부자를 얻는 것이 어렵다. 조직의 체계상 결정권자를 만나 해결하면 좋은데 세상이 내 맘 같지 않다. 단체의 회장은 임기가 2년이고 국장이 모든 예산을 총괄하는 경우가 있다. 최종결정은 회장이 하지만 국장의 영향력이 클 때도 있다. 또 부회장의 입김이 강한 조직도 있다. 때문에 소개를 받을 때 자세하게 묻고 접근하면 성공률을 높일 수 있다.

키맨을 찾으면 불필요한 노력이나 움직임을 줄인다. 공문이나 계획서만 들고 접근할 때보다 훨씬 효율적이다. 경험이 쌓이면 대화를 하는 과정에서 누가 키맨인지 눈에 보인다. 자연스럽게 파악이 안 되면 담당직원에게 살며시 물어 보라. 좋은 목적으로 접근하는 것이기 때문에 서슴없이 이야기해 준다. 예상치 못하게 담당자가 너무 까칠하게 나오면 뾰족한 수가 없다. 그럴 땐 공식적으로 접근하고 결정권자의 옳은 선택을 기다리는 것이 모금가가 할 수 있는 일이다. 기업이나 단체를 대상으로 제안을 하고 성공할 가능성은 상당히 낮다. 이 낮은 성공률을 높이는 방법이 키맨을 찾는 것이다.

거부하기 힘든 매력 덩어리 '대량 우편물'

모금가가 가장 많이 시도하는 방법 중 하나가 제안서를 대량으로 보내는 것이다. 지역에 있는 기업 리스트를 뽑아 제안서를 공문으로 보낸다. 기관의 일방적인 방법이다. 잘 알다시피 성과는 없다.

나도 자리를 옮기고 두 번 시도했었다. 성과를 기대할 수 없다는 걸 알면서 왜 시도했을까. 이유는 두 가지였다. 하나는 지역에 어떤 자원이 있는 파악해 보고 경험을 쌓으라는 의미였고, 하나는 기관에서 새롭게 시도 하는 프로그램이어서 혹시나 하는 기대감을 가졌었다. 결과는 예상한 그대로다. 몇 군데서 연락이 있었지만 성과로 기록될 만한 내용은 아니었다.

대량 우편물에 반응이 없는 이유는 뭘까. 우편물을 대량으로 보낸다는 정도는 적게 잡아도 500통에서 1,000통 정도를 말한다. 수신란에는 총무팀이라고 일괄적으로 적거나 심하면 수신처 참조로 하거나 사회공헌담당이라고 적는다. 봉투에는 ○○회사 귀중이다. 우스갯소리로 나의 아버지는 한글을 모른다. 80 평생을 살면서 겨우 당신의 이름 석자 정도는 눈썰미로 알아본다. 우편물이 왔는데 '권** 귀하'

라고 적혀 있었다. 당신 이름도 없는 우편물이 왔는데 누구 거냐고 물었다. 자식으로서 가슴 아픈 일이지만 지금 한글을 가르칠 순 없는 노릇이다.

기업에서 '○○회사 귀중'으로 온 우편물을 소중하게 다룰까. 혹시나 하는 마음으로 개봉을 했는데 내용은 기부금을 요청하는 공문이다. 담당부서 이름을 정확히 적지도 않았고, 경기도 안 좋은데 기부금 요청 공문을 귀하게 다뤄 주기를 바라는 것은 장독대에 물 떠놓고 비는 것과 무엇이 다른가.

현장에서 모금가가 흔히 하는 실수인데 미련을 못 버린다. 다른 방법을 찾는 것이 어려우니 이렇게라도 해야 안심을 하는 것 같다. 고생고생을 해서 보냈는데 한두 곳에서 연락이 오면 그것이 긍정적인 반응의 신호로 생각하고 다시 보내기를 반복하기도 한다. 만일 예상치 않게 기부자가 나타났거나 큰 기부금을 받았다면 그 이유는 다른 데 있다고 생각해 봐야 한다. 마침 제안한 프로그램이 그 회사의 사회공헌 방향과 우연히 맞은 것이다. 그 뿐이다.

대량 우편물을 보내는 것은 일반적으로 성과가 없다. 그 시간에 다른 제안 방법을 찾는 것이 효율적이다. 투입하는 시간에 비해 성과가 없으면 모금가는 지친다. 모금가가 지치면 기관의 희망이 점점 줄어든다. 1,000부의 우편물을 보내려면 제안서를 만드는 시간을 포함해서 약 한 달은 필요하다. 게다가 보낸 곳에 일일이 전화로 확인까지 하면 시간은 더 필요하다. 때로는 기관장의 의지로 이 방법을 주기적으로 반복한다. 리더 중에 가장 안 좋은 유형은 무식하면서 부지런한 것이고 가장 좋은 리더는 똑똑하면서 게으른 사람이다. 지식이 없으면서 부지런하면 직원들은 고통스럽다. 리더십은 학습과 경험을 통해서 만들어진다. 경험이 많다고 연배가 높다고 훌륭한 리더십이 나오지 않는다.

모금가가 지역의 자원을 분석하는 것은 당연하고 중요한 일이다. 지역의 자원이라는 것이 기업의 리스트만 파악하는 것이 아니다. 메이저법인은 모금을 시작하기 전에 지역의 자원을 분석하고 전략을 세운다. 그 정도까지는 아니더라도 지역의 인구분포도, 기업의 지역사회에서 활동, 기업이 가진 특성, 매출과 영업이익의 정도, 사회공헌활동의 방향, 직원들의 참여 정도는 파악해서 그 기업에 맞는 제안을 하면 성공률을 높일 수 있다.

수동적인 '보기'가 아니라 적극적인 '관찰'을 하라.

기업이나 단체와 미팅 자리는 모금가에게 매우 중요한 순간이다. 만날 수 있는 자리를 만든 것 차제가 어려운데 이왕 만났으니 긍정의 결과를 끌어내기 위해 최선을 다해야 한다.

특히, 기부금을 결정할 권한을 가진 본부장, 사장, 대표 같은 분들을 만날 때는 더 좋은 기회다. 우리 사회구조상 결정 권한을 가진 분의 영향력은 막강하다.

만남의 기회가 생겼을 때 수동적인 '보기'가 아니라 적극적인 '관찰'을 하라. 적극적인 관찰은 그날 있었던 대화와 행동까지 관찰해야 한다는 뜻이다. 관찰은 생각의 한 형태이고 생각은 관찰의 한 형태다.

아이들을 대상으로 실종예방 교육을 할 때 '연상기법'을 설명한다. 아이들이 대면한 사람이 남자인지 여자인지, 머리가 긴지 짧은지, 무슨 색의 옷을 입었는지 등을 가르치는 훈련이다. 평소에는 설명할 필요가 없을 정도로 단순하지만, 만일의 상황에서 범인을 특정하는 데 큰 도움이 된다. 만약에 아이가 당황하거나 겁을 먹으면 남자인지 여자인지도 기억하지 못한다.

기업이나 기부자를 만났는데 모금가는 건성으로 듣고, 상대방은 모금가를 적극적인 관찰을 했다면 그 다음에 만날 때 신뢰를 잃는다. 사소한 것 같지만 두 번만 반복하면 다시 만나기 어렵다.

적극적인 관찰을 하는 모금가가 있다. 이 책의 공동저자다. 그는 기부자를 만날 때마다 기록을 한다. 어떤 자리에서 누구를 만나더라도 기록을 한다. 적극적인 관찰을 습관적으로 수행하는 대단한 모금가다. 미팅 일시, 장소, 참석자, 미팅 목적, 대화 내용을 기록한다. PC와 스마트폰을 연동하여 기록하기 때문에 실시간으로 미팅기록 검색이 가능하다. 이렇게 몇 년이 지났다고 가정해 보라. 그가 가진 데이터가 얼마나 쌓일까. 이 데이터가 모금가의 능력이고 기관의 경쟁력이 된다. 이 모금가의 경쟁자는 메이저법인이다. 지금은 메이저법인과의 갭이 크지만 이런 작은 노력들이 쌓이면 점차 줄어들 것이라 확신한다. 기부자와의 대화 내용을 정확하게 기록하고 싶은 욕심에 녹음을 하는 것은 금물이다. 녹음을 하고 있다는 것이 확인되면 매우 불쾌하게 생각한다. 아무리 좋은 의도였더라도 상대방은 이해하려 하지 않는다. 녹음이라는 행위를 상대방이 '부정'으로 인지하면 관계는 단절된다. 절대로 시도하지 마라.

수많은 모금가랑 일해 봤고, 수천 명의 기부자를 만났는데 이만큼 적극적인 관찰을 하는 모금가는 처음이다. 대부분은 그 자리 그 분위기에 편성하는 정도거나 업무와 관련된 날짜, 장소를 메모하는 정도에서 그친다. 모금가의 기지는 대화가 깊어질수록 발휘된다. 대화의 중요한 대목에서 '지난번에도 그렇게 말씀하셨습니다'라고 구체적으로 설명한다. 이런 표현이 나오면 상대방은 놀란다. 아니 '저 친구가 저걸 기억해', '예사롭지 않군', '다른 복지기관과는 뭔가 달라'라는 느낌을 준다. 모금가의 한마디가 기관을 신뢰하는 긍정의 결과로 이어지기도 한다. 기록은 모금가의 선택이고 관찰은 모금가의 관심정도가 표현된 행동이다. 모금가가 기록하는 이유는 다음에 다른 기부자를 만날 때 실수하지 않기 위해서다.

한 번 신뢰를 주면 꽤 오랫동안 유지된다. 한 명의 기부자를 만나기도 어려운데 신뢰를 얻으면 얼마나 좋은가. 많은 모금가가 기관장과 기업의 대표를 만나러 가면 그냥 듣기만 한다. 기록은 고사하고 딴생각을 하거나 조는 경우도 있다. 모금가가 누구를 만나든 대화에 집중하는 것은 기본인데 그 기본마저 지키지 않는다. 미팅을 마치고 그 자리에서 나눈 대화에 대한 의견을 물어도 별다른 의견이 없다고 말한다. 모금가는 기부자의 말에 집중해야 한다. 대화 내용을 기억에만 의존하면 안 된다. 그 기억은 시간이 지나면 중심을 잃는다. 적극적인 관찰을 잘 활용하면 사람을 많이 얻는다.

신규 프로그램을 제안할 땐, 간 크게

좋은 프로그램이 있으면 언론과 방송을 잘 활용하는 것도 모금가의 역할이다. 홍보마케팅팀이 따로 없기 때문에 모금가가 그 역할을 해야 하는 경우가 많다.

'꿈꾸는 아이들이 미래를 디자인한다' 프로그램을 시작했을 때 일이다. 이 프로그램을 통해 모금도 하고 홍보도 하고 싶은 욕심이 생겼다. 그래서 지역에서 가장 유명한 신문사를 섭외해 보라고 직원에게 말했다. 직원은 그 신문사는 기사로 안 내줄 거라고 단정적으로 말했다. 이 정도의 프로그램은 실어주지 않는다는 주장이었다. 그래도 제안을 해보라고 했다.

이틀 만에 답이 왔다. 참신한 프로그램이라고 적극적인 관심을 보였다. 그것을 계기로 기자가 이 프로그램에 참여할 아이들을 선정하는 심사위원으로 참여했고, 몇 명의 기부자까지 연결해 주었다. 그리고 프로그램 내용이 신문기사로 지역에 소개됐다. 일석삼조였다. 지역의 이름 있는 언론에 프로그램이 소개된다는 것은 중요한 의미를 가진다. 이 프로그램에 참여한 후원회장과 위원들 그리고 후원에 참여해준 분들께 신뢰를 얻는 좋은 방법이다. 이런 신뢰를 바탕으로 이 프로그램은 10년 이상 유지되고 있다. 비영리기관에서 하나의 콘텐츠가 10년을 이어간다는 것은 주목받을 일이다. 전문팀에서 기획한 것도 아니고 한 명 모금가의 열정으로 시작되었다는 것이 중요하다. 매년 2,000만 원 정도의 기부금을 받았다면 10년 동안 2억 원 이상이 확보되었다. 비용도 비용이지만 하나의 프로그램을 통해 얼마나 많은 아이들의 새로운 꿈을 키웠을까. 이 프로그램에 직간접적으로 참여한 기부자, 후원회장 등 얼마나 많은 사람들이 기관에 대해 긍정적인 생각을 가졌을까. 좋은 콘텐츠는 많은 이들에게 긍정의 영향을 미친다.

'고무신'을 해외로 보내면 어떨까라는 생각을 하고 우리나라에서 가장 유명한 곳 중 한 곳인 광고회사에 프로모션을 진행해 줄 것을 요청했다. 그것도 무료로. 정말 무모한 제안이었다.

모금가는 '안 될 거야'라는 생각을 가지면 위축되어 시도를 하지 못한다. 본인이 옳다고 판단되면 먼저 제안하고 기다려 보기 바란다. 물론 시시콜콜한 내용으로 보내는 것은 의미 없다. 스스로 확신이 선다면 반드시 제안해 봐야 한다. 성공하면 대박이고 실패해도 경험을 얻지 않는가.

몇 주 만에 응답이 왔다. 자기들이 해보겠다고 했다. 큰 기대를 하지 않았는데 연락이 와서 엄청 놀랐다. 모금가의 생각을 유명한 광고회사에서 받아주었다는 것에 기분이 좋았다. 불가능한 일이 이루어진 느낌이었다.

며칠 뒤 서울에 있는 광고회사의 팀장과 직원이 직접 지방에 있는 우리 사무실을 찾아왔다. 이 또한 사소한 일이 아니다. 광고쟁이들의 인건비와 프로모션 비용을 생각해 보라. 상상할 수 없는 일들이 연속적으로 일어났다. 그들은 런칭한 고무신에 대해 설명했다. 역시 광고쟁이다웠다. 모금가로서는 상상으로도 다가가기 힘든 결과물이었다. 조건도 단순했다. 런칭한 사진과 메시지를 그대로 사용하고 그들의 로고가 광고에 포함되도록 해달라는 정도였다. 완벽했다. 모금가의 입장에선 인생의 한 획을 긋는 것만큼 감격스러웠다. 너무 기쁜 나머지 곧바로 본사에 알렸다. 결과는 어땠을까. 보기 좋게 거절당했다. 빈국에서도 고무신은 안 신는다는 것이 이유였다. 조금이라도 보내서 반응을 살펴보고 판단하면 안 되겠냐고 거듭 요청을 했는데 헌신짝처럼 거부당했다.

고무신을 해외로 보내는 것은 모금가 혼자 할 수 있는 일이 아니다. 대한민국에서 가장 유명한 광고쟁이들이 몇 주 동안 수차례 토의와 논의를 거쳐 좋은 아이템이라고 판단하고 모든 프로모션을 완성했는데 사회복지를 하는 사람들이 아니라고 했다.

어렸을 때 살던 집 뒤에 큰 느티나무만큼 큰 살구나무가 한그루 있었다. 수령이 오래되었다. 살구나무가 큰 느티나무만큼 큰 것은 그 후로 본적이 없다. 어쩌면 대한민국에 한 그루 밖에 없을 수 있다. 본래 살구나무는 그렇게 크지 않은데 그 나무는 달랐다. 주인이 바뀌면서 그 살구나무가 밭에 그늘을 만든다는 이유로 잘려졌다. 보호수로 지정되어도 충분할 것 같은데 사라졌다. 지금 생각해도 마음이 아프다.

살구나무가 사라진 뒤로 두 번째로 허탈했다. 그때 런칭을 했다고 성공적이었다는 보장은 없다. 모금가로 일하면서 가장 설렜던 사건이었다. 오래 전 일이지만 참 고마웠다. 대한민국 최고의 광고쟁이한테 인정받은 거라 더 감사했다.

다행히 이 프로젝트는 '동티모르 착한고무신 보내기'로 다시 태어났다. 그때의 프로모션을 활용할 수 없지만, 모금팀과 논의를 거쳐 방향을 잡았고 반응도 좋은 편이다.

떠벌림 효과Profess Effect

떠벌림 효과는 기부자의 의사를 고려하여 공개적인 장소에서 기부금을 확답받는 공식적인 압박이다. 반드시 기부자의 양해를 구해고 진행해야 한다. 사람들 앞에서 본인의 기부행위가 알려지는 것을 선호하는 사람도 있지만, 본인의 사진이 한 장이라도 외부에 유출되면 기부를 중단하는 사람도 있다. 깜짝 쇼를 하겠다는 일념으로 기부자 몰래 준비했다가는 낭패를 당할 수 있다. 생일파티를 하는 정도로 착각하면 안 된다.

후원회의 소개로 기부를 하기로 약속한 분을 12월 초에 진행하는 행사에 초대했다. 그 자리에서 기부금 전달식을 하고 싶은데 가능하냐고 물었다. 그분은 흔쾌히 승낙했다. 100여 명이 모인 행사장에서 현판을 들고 기부금 전달식을 했다. 금액도 제법 컸다. 같이 사진도 찍고 화기애애했다. 그 자리에는 그분을 아는 사람이 여럿 있었다. 뜻밖의 기부금 전달식은 이분을 축하는 자리가 되었다. 의도한 건 아니지만 공개적으로 떠벌린 결과가 되었다. 이 모습을 지켜본 사람들에겐 이미 기부금을 낸 착한 사람으로 인식되었다. 기부자가 기부금을 먼저 내고 전달식을 하기도 하지만, 약정을 한 상태에서 확실하게 하기 위해 전달식을 하는 경우도 있다.

행사가 끝나고 연말이 다가오는데 기부금은 들어오지 않았다. 기부자가 약속을 했기에 보통은 기다린다. 그러다 12월 30일까지 기부금이 입금되지 않자 연락을 했다. 중간에 확인을 하는 것도 모금가의 역할이다. 마지막 날 오전 11시가 넘어서 후원금이 입금되었다. 이렇게 끝까지 내몰리는 경우는 거의 없는데 좀 특별했다.

12월 초에 기부금을 약정하고 기부자는 본인 회사 담당자에게 지원하라고 이야기를 했다. 당연히 지원된 것으로 알고 신경을 안 썼다. 그런데 기부금을 내려면 예산지출 절차를 따라야 하는데 그 과정에 문제가 생긴 모양이었다. 그분은 30일과 31일 이틀 동안 약정한 기부금을 절차를 거쳐 보내느라 진땀을 뺐다. 당신이 한 약속이라 지키려고 최선을 다했다.

우리 때문에 너무 애쓴 것 같아 많이 미안했다. 모금가가 기부자로부터 약정한 기부금을 받는 것은 당연한 업무다. 의도치 않게 기부자에게 불편함을 줬지만 떠벌림 효과는 모금을 하는 방법으로 효과가 있다. 예의와 절차를 거쳐 활용해 보기 바란다.

약정을 하고 기부금을 내지 않는 사람들에게 책임감을 부여하는 방법 중 하나가 떠벌림 효과다. 공개된 자리나 모임에서 그분이 기부를 하기로 했다는 사실을 알린다. 당사자가 없어도 이야기하면서 그분을 위해 감사의 박수를 보내달라고 유도한다. 이 분위기는 그분을 아는 사람을 통해서 그분의 귀에 들어간다. 본인이 약속을 했으니 약속을 지키겠지만 가끔 잊어버리는 경우도 있기에 상기시켜 준다고 생각하라. 스스로 한 약속이기 때문에 책임감을 더 가진다. 약정한 사람이 사회적인 지위가 있는 분이라면 본인의 명예를 지키기 위해서 약속을 지키려 애쓴다.

기부도 해 본 사람이 더 많이 한다.

기부를 하는 사람이 또 기부하는 경우를 자주 목격한다.

기빙코리아 자료에 따르면 기부를 해 본 사람 중 약 80%가 앞으로도 기부할 의향이 있다고 응답했다. 반면 기부하지 않는 사람 중 80%도 앞으로 기부할 의향이 없다고 응답했다. 상당히 생각하게 하는 통계자료다. 기부를 하는 사람의 이유는 단순하다. '좋은 일이니까', '당연히 해야 할 일'인 걸로 인지한다. 기부를 하지 않는 사람의 이유는 다양하다. 무엇을 결정할 때 따지는 사람이 구매로 이어질 가능성은 낮다. 구매를 하는 사람은 복잡하지 않다. 쉽게 선택을 하고 그 선택에 후회를 하지 않는다.

현장에서 기부자를 만나보면 기부를 하고 있는 사람이 또 다른 단체에 기부를 한다. 모금가가 볼 땐 기부를 하고 있는 사람은 더 이상 기부를 안 할 것 같은데 그렇지 않다.

오래 전부터 우리 기관에 기부를 하고 있는 분이었다. 우리가 하는 일을 누구보다도 잘 알고 있고 새로운 기부자도 적극적으로 소개해 주는 분이다. 특별한 행사가 있을 때 일시로 기부하기도 하는 충성도 높은 고객이다. 한 번은 안부 차 전화를 드렸더니 조금 전에 전철역에서 매월 2만 원이면 아이의 생명을 살린다는 캠페인을 하기에 한 구좌 신청을 했다는 것이다.

모금가 입장에선 우리한테 금액을 올려주면 좋을 텐데라는 생각이 들었지만 차마 입을 뗄 수 없었다. 우리와 충분한 신뢰관계에 있는 분임에도 불구하고 안면식도 없는 단체에 선뜻 기부를 결정했다. 이분은 '2만 원으로 생명을 살릴 수 있다'는 메시지에 마음이 움직였다고 했다.

모금가는 기부를 하고 있는 기부자에게는 요청을 하지 않는 편이다. 이미 기부하고 있는데 또 요청하는 것은 도리가 아니라는 생각을 한다. 기부를 하고 있는데 보채듯이 접근하는 것은 옳지 않다. 하지만 새로운 사업이나 프로그램을 진행할 때는 살짝 던져 보라.

'기부에도 DNA가 있다'는 말이 있다. 기부를 삶의 가치로 여기거나 당연하게 생각하는 사람들이다. 이분들은 모금가의 요청이 있을 때 본인을 닮은 다른 기부자를 연결하는데 별로 주저하지 않는다. 단지 당신이 먼저 나서서 적극적으로 움직이지는 않는다. 어떤 상황에서도 요청하는 것은 모금가의 몫이다. 모금가는 '미안해서', '부담스러워서'라는 생각을 머리에서 지워야 한다. 생각이 많아지면 스스로 굴레에 갇힌다. 굴레에 갇히면 마음의 부담을 떨치지 못한다. 모금가는 요청을 하고 선택은 기부자에 맡기면 된다.

자원봉사자로 활동하는 분들도 비슷하다. 우리 기관에 활동하는 분이 다른 단체에도 활동한다. 한두 곳이 아니다. 최소한 3~4곳 이상에서 활동한다. 흔한 말로 누가 시키면 그렇게 하겠는가. 기부와 자원봉사는 개인의 가치에 따른 선택이다.

반면에 기부를 하지 않는 사람을 기부자로 유입시키는 것은 매우 힘들다. 본인이 참여하지 않으니 다른 사람을 소개시키는 것은 불가능하다. 자원봉사 활동을 해본 적이 없는 사람은 앞으로도 참여할 가능성이 낮다. 기부든 봉사든 개인의 선택이니 강요할 것은 못 된다.

모금가는 기부자의 성향을 파악해서 요청할 뿐이다.

기부자와 소통하는 방법

모금가가 기부자와 소통은 매우 중요한 과정이다. 기부자로 등록되면 바로 소통이 시작되고 기부를 하는 동안 수시로 이어진다.

기부자로 등록되면 가장 먼저 시작하는 것이 감사인사 보내기다. 인쇄된 인사말이 나갈 수도 있고, 정성껏 작성한 손편지로 보낼 수도 있다. 인쇄된 인사말은 형식적이라 뜨뜻미지근하고 손편지를 보내면 좋은데, 후원자에게 일일이 보낼 만큼 여력이 없다. 할 수만 있다면 손편지를 보내면 반응은 참 좋다.

'모금이 세상을 바꾼다'에서 킴 클라인은 건마다 감사를 표시하라고 한다. 처음 기부를 약정했을 때, 첫 기부금이 들어올 때, 기부금이 증액되었을 때 기부자가 1년에 3번 증액을 하고 한 번 일시금을 냈다면 그때마다 감사를 전하라고 한다. 연말에 감사편지를 보낼 것을 주장한다. 그는 감사편지야말로 기부자에게 보답하는 최고의 서비스 중 하나라고 했다. 이론적으로 그의 주장은 전체적으로 다 옳다.

감사편지를 보내는 것은 기부자와의 중요한 소통방법이다. 기부자의 성향에 따라 감사할 수도 식상해할 수도 있다. 하지만 차별화가 없는 감사편지를 자주 보내면 달가워하지 않는다. 20년, 30년 이상 된

기부자에게 감사를 전하기 위해서 감사패나 작은 선물을 준비한 적이 있는데 부정적인 견해가 상당히 많았다. 기부자에게 제공하는 서비스가 기관 중심으로 진행되는 것은 경계해야 한다. 기부를 시작하고 처음에 보내는 감사편지 외에는 기부금 사용내역서를 보내는 것이 좋다. 기부자별로 욕구를 파악해서 서비스를 제공하는 것은 무리다. 불가능에 가깝다. 단지 주장하고 싶은 것은 틀에 박힌 인쇄물로부터 벗어나면 좋겠다.

기부자와 소통하는 최고의 방법은 기부금을 사용해서 대상자에게 어떤 변화가 있었는지를 알려주는 것이다. 어떻게 알려줄 것인지 법인이나 기관의 상황에 맞게 고민을 해보기 바란다. 지난 연말, 전체 기부자에게 감사 메시지를 보냈다. 평소와는 다르게 손편지 형태로 담당직원 명의로 보냈다. 편지의 내용은 담당자의 감성을 담았고, 편지지는 한지를 선택했다. 몇 군데서 반응이 왔는데 긍정이었다. 감사편지는 공적인 문서가 아니라서 형식보다는 감사함을 진정성 있게 담아내는 것을 중요하게 생각했다. 기부자의 취향에 따라 호불호가 갈릴 수는 있지만 변화를 시도하는 것 자체가 의미 있는 시도였다.

일 년 동안 손편지를 직접 써서 수백 명의 기부자에게 보낸 적이 있었다. 반응이 엄청 좋았다. 한통의 손편지에 대한 피드백이 너무 강렬해서 영웅이 된 것 같은 착각을 할 뻔 했다. 손편지를 받은 분들은 존중받는다는 느낌이 들었다고 했다. 사회적으로도 뉴트로 바람이 불고 있다. 손편지는 어느 시대 누구에게 보내더라도 진정성이 전달된다.

한 명의 소액기부자를 잘 관리하면 고액기부자로 발전할 가능성도 있다. 사회복지공동모금회 아너소사이어티가 대표적이다. 이들도 처음 기부할 때는 1만 원에서 수십 만 원으로 시작했다. 회원들이 1억 원을 기부하는 데 평균 18년이 걸렸다. 재산을 모으고 기부 철학을 다지는 데 짧지 않은 세월이 걸린 것이다.

기부자서비스 관점으로 보면 18년 동안 담당자가 얼마나 바뀌었을까? 1만 원 후원자에게 처음부터 정성으로 관리했을까? 단언컨대 그렇지 않았을 것이다. 그런데 어떻게 1억 원을 기부하게 되었을까?

개개인의 사례를 일반화할 수는 없지만, 소액기부자가 고액기부자로 발전할 수 있었던 요인은 세 가지로 설명될 수 있다는 생각을 해봤다. 첫째는 담당자가 바뀌어도 시스템으로 서비스가 제공되었으리라 믿는다. 둘째는 대한민국의 대표 모금기관이라는 이미지가 굳건하게 자리를 잡았기에 신뢰가 생겼다. 셋째는 연말이 되면 사랑의 온도탑을 비롯해서 유명연예인 등의 아너소사이어티 참여가 큰 영향을 줬으리라 짐작한다.

이 세 가지가 직접적인 이유인지는 몰라도 가능성은 커 보인다. 기부자는 개인의 가치와 철학에 따라 다르지만, 믿음과 신뢰가 있는데 사회적인 분위기까지 맞닥뜨리면 행운이 따른다.

아너소사이어티 이야기는 모금계의 전설적인 이야기라서 부럽기만 하다. 이것도 처음에 시작할 때는 내부적인 반대가 심했다고 들었다. 모금가가는 확신에 찰 때도 행동하고, 감이 왔을 때도 행동하는 사람이다. 성공하면 기부금이 쌓이고 실패하면 경험이 쌓인다.

소규모법인에서도 고액기부자를 만날 수 있다. 기관에서 하는 선하고 차별화된 프로그램을 지역의 언론에 지속적으로 노출시켜 보라. 당신의 기관을 눈여겨보는 기부자가 있을 것이다. 그 사람이 언제 어떤 형태로 나타날지 모르지만 믿음을 갖고 시도해 보라. 항상 말했듯이 지금 시작하지 않으면 내년이 처음이 된다. 그러면 벌써 1년이 늦는다.

모금가는 당장에 필요한 기부자도 만나지만 장기적으로 법인의 이미지를 긍정적으로 유지할 방법도 고민해야 한다. 방향성을 가지고 현재에 충실하면 기대감을 높일 수 있다.

기부자들의 사생활

기부자는 어떤 사람들일까?

기부자는 천의 얼굴을 가졌다. 모금가가 지금까지 만나본 유형도 있지만, 한 번도 경험해 보지 못한 유형이 더 많다고 생각하면 된다. 어디서 겪어본 사람과 비슷한 것 같아도 시간이 지나다 보면 또 다른 유형이다. 그 천의 얼굴을 가진 사람들이 우리 주변의 이웃들이다. 매일 만나는 자원봉사자, 식당주인을 비롯해서 지역의 단체, 기업인들이다. 이분들의 특징은 부지런히 사는 사람들이다. 기부에 대한 개인의 가치가 높고 공익을 위한 활동에 뿌듯해하며 언제나 더 나은 삶을 추구하는 분들이다. 기부자는 그들이 옳다고 믿는 가치에 따라 기부에 참여한다. 기관의 가치와 그들의 가치가 일치하면 망설임이 없다.

기부하는 사람들은 그들이 삶의 기준으로 삶는 가치가 가장 우선된다. 기부하는 사람들은 나누는 것을 사회적 책임으로 여긴다. 어떤 소문이 들려도 자신의 가치에 따른 선택을 믿는다.

이런 가치를 가진 기부자를 얻는다는 것은 어떤 의미일까? 기부자를 한 명 확보한다는 것은 그 사람의 네트워크를 전부 기관으로 가져오는 것이다. 최대로 확대 해석하면 그렇다. 기부자가 본인의 네트워크에 있는 사람들을 기관의 기부자로 연결만 시켜준다면 얼마나 좋을까?

기대가 크면 실망도 큰 법이다. 기부자는 쉽사리 마음을 열지 않는다. 본인은 기부를 해도 주변사람을 소개하는 것은 꺼린다. 기부하는 사람들은 자발적인 동기보다는 누군가의 권유로 참여하는 경우가 많다. 그래서 일단 관망을 한다. 이 기관을 신뢰할 수 있는지를 면밀히 관찰한다. 그 기간이 보통 6개월에서 수년이 걸린다. 물론 1년쯤 후에 적극적으로 나선다는 보장도 없다. 이들을 나서게 하는 방법은 동기부여를 어떻게 시켰느냐에 따라 달라진다. 공감을 하고 마음이 움직이면 그들의 네트워크를 활용하도록 허용한다.

아너소사이어티 회원이 되는데 평균 18년이 걸렸다는 것은 시사하는 바가 크다. 기부자가 후원을 시작했다고 처음부터 큰돈을 기부하는 것도 아니고, 본인의 마음을 활짝 열지도 않는다.

이들의 마음을 열려면 수많은 동기부여와 긍정의 접촉이 있어야 한다. 그 접촉은 기관일 수도 있고, 기관장일 수도 있고, 모금가의 역할일 수도 있다. 큰 기부를 하는 사람은 기관이나 기관장의 역할이 영향을 미치지만, 모금가의 역할로 고액 기부가 연결되기도 한다. 몇 달 사이에 1억 원의 기부자를 연달아 두 명 개발한 사례도 있다. 기부자의 지역에서 네트워크는 모금가보다 훨씬 넓다. 그들의 마음을 얻으면 모금가의 네트워크도 넓어진다.

중소기업을 운영하는 기부자의 사생활을 들여다보자.

밤 12시가 넘도록 사람을 만나고 술을 마신다. 이들은 대체로 술이 세다. 취하도록 마셔도 생활의 리듬을 잘 깨지 않는다. 다음날 새벽 5시쯤에 일어나서 운동을 한다. 운동을 마치는 대로 7시 30분 조찬모임에 참석한다. 9시쯤 회의를 마치고 간단히 아침식사를 하고 회사 일을 시작한다. 낮에 숱한 업무처리와 사람들을 만나고 저녁 7시경부터 약속을 잡는다. 오늘도 자정까지 사람을 만나고 술을 마신다.

모든 기부자의 하루가 이런 것은 아니다. 하지만 많은 기부자들은 일상에서 사람을 만나는 것에서 시작해서 사람을 만나는 것으로 마무리를 짓는다. 이 과정에 술은 빠지지 않는다. 이런 일상이 주말에까지 이어진다. 이들의 네트워크는 지역을 중심으로 이루어지기 때문에 일과 사생활에 대한 구분이 거의 없다.

모금가가 이들의 일상을 맞추려면 힘들다. 술 마시기를 즐기면 그나마 다행이지만, 술을 싫어하거나 못 마시면 괴로운 시간이다. 기부를 받겠다고 술독에 빠질 필요는 없다. 모금가가 기부금을 받기 위해 술을 마시라는 메시지가 아니다. 모금가의 의도와 상관없이 이런 자리가 종종 만들어진다는 걸 알고 있으란 거다. 기부자가 모금가를 평가할 때는 그들이 인식하고 있는 대로 판단한다. 술을 잘 마시면 사회생활 잘 하는 사람, 못 마시면 사회생활을 못할 것이라 생각하기도 한다. 그래도 큰 걱정은 마시라. 나는 술을 거의 안 마신다. 억지로 마시더라도 한두 잔으로 끝낸다. 그래도 지금까지 잘 버티고 있다. 기부자의 얼굴은 낮과 밤이 다른 경우도 많은데 만나다 보면 사람을 보는 요령이 생긴다.

기부자의 사생활을 설명하는 이유는 갑작스러운 기부자의 요청에 거부할 명분을 찾지 못할 경우도 있으니 예상하고 있으면 대처하는 데 도움이 된다. 술자리를 즐겨하는 기부자를 만날 때는 기관장을 보내기 바란다. 모금가가 상대하기 벅찬 경우가 많다. 기관장은 책임감으로 나서고 모금가는 전략가로 남아 있어야 한다. 술을 즐기더라도 잦은 자리는 피하길 바란다.

기부금 전달식도 작전을 짜라.

기부금이 결정되면 회사나 단체에서 전달식을 요구하는 경우가 있다. 전달식은 양 기관의 대표자를 중심으로 진행하는 것이 가장 깔끔하다.

때로는 기부금 전달식에 참여한 직원들이 다 모여 단체사진 찍듯이 하는 경우가 있는데 좋은 모습은 아니다. 기부금을 전달하는 목적을 생각하면 사진을 어떻게 찍어야 할 것인지 그림이 나온다. 두 가지다. 하나는 언론 홍보용이고 하나는 내부 결과 보고용이다. 어느 경우라도 모금가는 빠지는 것이 맞다. 상대직원은 우르르 같이 찍더라도 모금가는 사진에 찍히지 않는 사람이다. 모금가는 기부가 이루어지도록 준비를 하고 성사시키는 사람이다. 한마디로 스태프다. 스태프가 무대에 오를 필요는 없다. 일은 모금가가 다했는데 무대에 오르지 못해 서운한가. 무대에 오르지 않는 것이 모금가의 역할이다.

기부금 전달식을 할 때는 기부금의 목적이 무엇인지를 잘 드러내는 문구를 적고, 기부단체명과 받는 단체명 그리고 금액이 들어가면 된다. 전달판의 크기는 적당하게 하라. 너무 크면 전달판이 사람을 가린다. 신문에 난 전달식의 사진들을 들여다보면 적당한 크기를 가늠할 수 있다.

행사 때 여러 기업과 단체가 동시에 전달식을 할 때가 있다. 그렇더라도 기업, 단체별로 전달판을 각각 준비해서 실시하면 된다. 어떤 기업은 1,000만 원, 어떤 단체는 30만 원을 기부한다. 이럴 때 가장 먼저 드는 생각이 적게 내는 곳에서 언짢아하지 않을까 걱정한다. 그다지 의식하지 않아도 된다. 그들은 모금가가 생각하는 만큼 신경 쓰지 않는다. 큰 회사에서 많이 내고 작은 단체는 적게 내는 것은 당연한 것이지 이상한 것이 아니다. 기업과 단체는 그들에게 필요한 사진만으로 충분히 근거를 마련하는 것이다. 하나의 행사에 10개 이상의 기업이나 단체가 후원금 전달식을 갖기도 한다. 놀랄 일이 아니다. 하나의 프로그램에 참여 업체가 많다는 것은 모금가의 역량이 뛰어나다는 반증이다. 너무 많은 것을 고려하려 하지 말고 기관에 이득이 되는 결정을 하면 된다.

각각의 전달식이 끝나면 모두 무대로 올라와 단체사진을 함께 찍는 퍼포먼스도 해보라. 단체촬영도 행사의 전체적인 흐름을 기록하는 과정이다. 큰 행사를 할 때는 기자들에게 사진 선택권을 주기 위해서도 단체촬영이 필요하다. 많은 꺼리를 제공하고 선택은 언론사에서 한다. 특히, 인터넷 언론은 사진자료를 많이 사용하기 때문에 여러 가지 장면을 선호한다. 행사가 끝나고 포털사이트에 다양한 사진이 올라가면 기관의 이미지에 좋은 영향을 준다. 이 과정에 대해 소규모법인들은 기부금이 적은 단체가 창피해 하는 것이 아니냐고 거듭 묻는다. 더 이상 신경 쓰지 않아도 된다. 그들은 그들이 할 수 있는 만큼 한 것에 만족할 뿐이다.

전달판을 센스 있게 만드는 것도 좋은 방법이다. 김장김치 만들기 행사를 한다면 배추 모양으로, 자동차를 전달한다면 차키 모양으로 전달판을 만들어 보라. 작은 차이에 신선함이 있다.

기부자와 상호相好적인 관계 유지하기

"제가 이 기관을 일 년 동안 접촉했는데 한 번도 요구를 하거나 불편해하는 얼굴을 본 적이 없습니다. 그래서 믿음이 갑니다."

기업인들의 모임에서 기관의 설명을 마치자마자 디자인업체 대표가 한 말이다.

'요청'은 기부에서 정석定石이다. 앞에서도 요청의 필요성에 대해 여러 가지 상황을 예로 들었다. 기부는 요청으로부터 시작된다고 하더라도 과언이 아니니 강조하는 것은 당연하다. 그럼에도 요청과 요구는 다르다. 요청은 공식적인 절차나 과정을 통해 제안하는 것이고 요구는 제안에 대한 기대를 가지고 접근하는 것이다. 요청도 기대를 가지지만 상대를 억압하지는 않는다. 대신에 요구는 기부자가 부담을 가진다고 느낄 수 있는 요청을 한다는 의미다.

기부자와 상호相好적인 관계를 맺어 보라. 서로 좋은 기억을 가질 수 있도록 해보라는 것이다. 기부자의 작은 반응에 감사하고 또 다른 제안을 할 때도 매너 있게 합리적으로 해보라. 이것은 경험과 전략보다도 모금가의 인성이 더 크게 영향을 미친다. 상호적인 관계를 유지하기 위해 도를 닦을 필요는 없지만 여유를 갖고 접촉하다 보면 늦게 마음을 여는 기부자를 만날 수 있다.

디자인업체 대표를 일 년 동안 만나면서 한 번도 요청하지 않는 것은 모금가의 깊은 전략이 숨어 있다. 사람이 화를 내는 것은 쉽다. 하지만 참는 것은 어렵다. 잘 알다시피 화를 내면 마음은 후련하나 관계가 끊긴다는 것을 감수해야 한다. 참는 것은 더디지만 실패를 하지는 않는다. 모든 기부자와 상호적인 관계를 유지할 수는 없다. 특히, 잘 아는 사람이나 지역에서 영향력이 있는 분들을 접촉할 때는 인내심을 가져야 한다. 그분들을 접촉하면서 모금가의 입장이나 기준에 맞춰 접근하는 것은 금물이다. 그들은 모금가가 무엇을 필요로 하는지 잘 안다. 알더라도 그들이 가진 것을 쉽게 내어 놓지 않는다. 그분들 입장에선 급할 것이 없다. 모금가가 급할 뿐이다. 이런 상황에서는 최대한 기다려라. 좋은 관계를 유지하면서 기다리면 그분들이 먼저 다가온다. 그때 모금가가 필요한 것을 자연스럽게 이야기하면 된다.

일 년 동안 한 번도 요구하지 않은 모금가에게 어떤 일이 생겼을까. 일 년이 지날 무렵 디자인업체 대표로부터 연락이 왔다. 월 10만 원 정기기부를 신청했다. 뿐만 아니라 본인이 속해 있는 협회를 접촉하는 방법을 알려주고 기관에서 하는 사업에 적극적으로 협조하기로 했다.

기부자를 만날 때 어떤 기부자에겐 바로 요청하고 어떤 기부자에게는 일 년 동안 한 번도 요청하지 않아야 하는 것을 어떻게 구분할까. 정도正度는 없지만 기부자가 먼저 물어보면 구체적으로 요청하고 그렇지 않으면 다음에 만날 기회를 만들어 보라. 수천 명의 기부자를 만나 보면 조금씩 구분이 된다. 서둘지 마라. 상호적인 관계를 유지하면서 사람을 얻어라.

기부자를 미안하게 만드는 것도 전략이다.

"본부장님, 오늘 몇 명이 올지도 모르고 설명할 시간을 얻을지도 불투명합니다. 그래서 저 혼자 다녀와도 될 것 같습니다." 직원의 대답이 끝나자마자 1초도 머뭇거리지 않고 대답했다.

"아니다. 같이 가자. 기업인들을 한꺼번에 만날 기회가 자주 오는 것이 아니다. 일단 가서 판단하는 것이 맞을 거야. 나랑 같이 간다고 전해줘."

여성기업인들을 만나기로 약속이 되어 있었다. 일주일 전쯤에는 30

명 이상이 온다는 연락을 받았다. 그런데 오늘 인원이 더 줄어들 수 있으니 기관장까지 참석을 할 필요가 없겠다는 생각으로 직원이 한 말이다. 게다가 사업을 설명할 시간을 할애받을지도 모르는 상황이라고 했다. 이런 상황에서 당신은 모금가로서 어떤 선택을 하겠는가.

이런 상황이면 대부분 직원 혼자만 가도 되겠다는 생각을 할 것이다. 일반적으로는 직원의 판단이 맞다. 기관장이 같이 갔는데 역할도 없고 성과도 없으면 직원으로서는 난처해 할 수도 있다.

그러나 영리한 모금가는 다르게 생각한다. 이런 상황에서 기관장이 함께 가야 하는 이유는 두 가지다.

첫째는 명함만 주고 오더라도 동행하는 것이 맞다. 기관장은 모금가가 되어야 한다. 만의하나 사업을 설명할 시간이 없고, 자료만 주고 돌아오는 한이 있어도 가야 한다. 안면을 터두면 모금가에겐 큰 자원이 된다. 잠깐이라도 사업을 설명할 시간을 얻는다면 그 자체로 기회가 된다. 오늘 설명을 하고 다음에 다른 자리에서 그들 중 누군가를 만나면 공감대 형성이 좋아진다. 또 관심을 갖는 분이 있다면 그분을 통해 설명할 기회가 생길 수 있다.

두 번째는 미안하게 만드는 것도 전략이다. 러시아워를 뚫고 약속시간 전에 약속 장소에 도착했다. 이분들은 미리 도착해서 회의를 하고 있었다. 우리는 마당에서 기다렸는데 나는 직원에게 앉아서 기다리자고 했다. 이 상황에서 앉아 기다리는 것도 작전이다. 한옥의 본채에서 문을 열어둔 채 회의를 하고 있는데 우리는 마당에 서 있었다. 아니 조금 어슬렁거렸다. 그래서 앉자고 한 것이다. 우리가 계속 서서 어슬렁거리면 우리를 초대한 분은 신경이 쓰였을 것이다. 왠지 모를 불안을 줄 수 있다. 기다리는 것도 당당하고 여유가 있어야 한다. 최소한 안에서 보고 있는 사람들한테 신경을 쓰게 하는 것은 마이너스다.

얼마 지나지 않아 우리를 불렀다. 우리에게 할애된 시간은 단 5분. 5분의 황금 같은 시간을 활용하고 밖으로 나왔다.

우리를 초대하신 분은 연신 시간을 적게 드려 죄송하다고 몇 번을 말했다. 직원은 밝은 미소로 기회를 준 것만으로 감사하다고 답례를 했다.

설명을 마치고 마당으로 나오는데 한 분이 내 이름을 부르면서 따라 나왔다. 얼굴을 마주하고 깜짝 놀랐다. 우리 기관의 기부자였다. 설명하는 동안에는 그분이 있는 줄도 몰랐다. 처음 마주하는 자리에서 아는 분을 만난 것은 행운이다. 마당에 서서 잠시 이야기를 나눴다. 우리는 협회의 임원단과 사업에 대해 설명할 수 있는 자리를 만들어 줄 것을 요청했다. 그는 해 보겠다고 하고, 협회를 접근하는 요령과 다른 단체도 알아봐 주겠다고 약속했다. 큰 성과였다. 당장 결과를 얻은 것은 아니지만 인연이 연결된 것이 성과다.

이분은 우리가 5분 정도 설명했던 분위기에 대해서도 말을 이어갔다. 팀장이 설명하고 나는 한쪽에 앉아서 듣기만 했다. 진행자는 본부장이 일부러 왔는데 한 말씀 하라기에 "초대해 주셔서 감사합니다. 앞으로 인연이 되었으면 좋겠습니다. 감사합니다."로 끝냈다.

기관장에게 말할 기회를 주면 주절주절하는 경우가 많은데 분위기상 깔끔해서 좋았다고 했다. 직원과 함께 간 자리지만 이 자리는 팀장이 전체적으로 리드하는 자리다.

며칠 뒤 이분을 만나서 협회를 접촉하는 방법을 확인했고 당신께서 적극적인 역할을 하기로 했다. 우리가 설명하기 전에는 어떤 사업을 하는지 몰랐다고 했다. 기존의 기부자들과 소통하는 방법도 생각할 필요가 있다는 것을 느꼈다.

우린 출발할 때 이런 예상을 했다. 만약에 우리에게 사업을 설명할 기회를 안 준다면 우리를 초대한 분이 미안해할 것이다. 미안하면 다음에 다른 기회를 만들어 주겠다는 책임감을 가질 수 있으니 '미안하게 만드는 것도 전략'이라고.

기부자가 모인 자리에 인원이 적어서 안 가고, 성과가 없을 것 같다고 피할 수는 없다. 모금가는 기부자가 있는 곳은 찾아가야 한다.

한 방향One Way으로 소통하라.

'한 방향One Way으로 소통하라'라는 말이 생소하게 들릴 것이다. 무슨 의미인지 의아해할 것이다. 책에서 본적도 없고 모금하는 동안 알려준 사람도 없었다. 기부자를 만나고 현장을 누비면서 얻은 노하우다.

우리 기관에 대한 신뢰가 매우 높은 Q로부터 새로운 기부자 M을 소개받았다. M은 중소기업을 운영하고 평소에 기부활동을 많이 하는 통 큰 분이었다. 모금가는 기대를 갖고 찾아가 사업을 설명했고 M은 흔쾌히 기부를 약속했다. 모금가는 기분이 좋았고 감사인사를 전하며 긍정적인 라포 관계를 형성했다. 모금가의 입장에선 새로운 기부자를 얻을 뿐 아니라 M을 통해 또 다른 기부자를 소개받을 가능성도 높았다. 그러는 과정에서 모금가는 Q에 대한 감사함은 잊고 M과 좀 더 밀접한 관계를 유지하는 데 온 신경을 쏟았다. 어떤 일이 벌어졌을까.

"이제 제 도움은 필요 없겠지요?"

Q는 언짢다는 투로 한마디 던졌다.

이 한마디가 싸늘하게 느껴지지 않는가. Q는 자신에게 소홀하게 한 것에 대한 서운함을 한 번에 들어낸 말이다. 큰일은 전혀 예측하지 못한 상황에서 시나브로 다가온다. Q와 M은 어떤 선택을 할까? 기관을 선택할까 친구를 선택할까. 이런 상황이 되면 Q와 M 둘 다 기관과의 관계가 점점 멀어진다. 주의를 해야 한다. 여기서 Q를 잃으면 안 되고 M을 놓쳐서도 안 된다. 사람이 가장 언짢게 느낄 때가 소외받을 때다. 인정받지 못하거나 자존심이 구겨지면 소리 없이 떠난다. Q가 이유를 밝히지 않고 관심을 끊으면 감을 잡기도 어렵다. 이렇게 떠나는 기부자가 제법 많다. 한 번 돌아선 마음을 되돌리는 것은 너무너무 어렵다. 나도 수많은 기부자를 잃었다. 그들이 떠나는 이유도 알지 못했다. 수없이 실수를 한 다음 몇 년 전부터 겨우 그 이유를 조금 알 것 같다.

한 방향One Way으로 소통해야 한다. 즉, M을 만나러갈 때는 Q에게 연락을 하고 가는 것이 좋다. 언제 만나러 갈 건데 같이 동행해 줄 수 있는지를 확인하면 된다. 동행을 해주면 가장 좋고, 어려우면 혼자 다녀오라고 한다. 그럴 때는 혼자 찾아가서 설명하고 Q의 덕분에 왔음을 전하는 것도 잊지 마라. Q가 모금가가 M을 접촉하는 것에 대해 부담을 느끼면 기다리는 것이 좋다. Q가 시간이 될 때 함께 동행을 하라. 그 기간이 6개월이 걸릴 수도 있다. 기다려야 한다. 급한 마음에 서두르면 둘 다 잃는다. M을 만났을 경우에는 그 결과를 Q에게 알려주는 것이 좋다. 매번 이렇게 하지 않아도 된다. 먼저 Q와의 신뢰관계를 충분히 형성하고 M을 만나라.

우연한 기회에 A를 알게 되었다. A는 지역에서 네트워크가 넓은 분이었고 우리에게 많은 도움을 줬다. 1년 후 A가 소속된 모임에서 사업을 설명할 기회를 얻었다. 설명을 하는 장소에서 B를 우연히 만났다. 평소에 아는 분이었다. B는 우리의 설명을 듣고 호감을 보였고 다른 장소에서 만나기로 했다. 이럴 때 모금가는 어떤 선택을 할 것인가. 당신의 예측이 맞기를 바란다.

이런 상황에서 모금가는 B를 만나러 가는 것을 대수롭지 않게 생각한다. 만날 때 제안서까지 준비해서 어떻게든 B를 활용할 생각을 한다. 모금가의 눈에는 B도 기부자일 뿐이다. 맞다. 맞지만 주의해서 접근해야 한다. B를 통해서 A가 주관하는 모임의 멤버들에게 접촉하려해서는 안 된다. 이때 모금가는 B를 만나되 구두로 설명하고 그쳐야 한다. B가 아군이 되었다고 들떠서 한치 앞을 못 보는 우를 범하지 마라. 굳이 B를 통해서 접촉을 하고 싶더라도 반드시 A에게 양해를 구해야 한다. 처음부터 A를 통해 시작되었기 때문에 A에게 공을 넘기는 것이 옳다. 어설프게 B를 통해 얻으려다 만에 하나 A가 언짢아하면 낭패 보기 십상이다. 얼마든지 일어날 수 있는 일인데 모금가는 눈치를 못 챈다.

모금가는 B를 만나서 이렇게 이야기하면 된다. 이 제안은 A를 통해 전달할 테니 모임에서 논의될 때 지지발언을 부탁하라. B는 모금가도 알고 모임의 특성도 알기 때문에 알아서 본인의 역할을 잘 한다. 성급하면 돌부리가 눈에 들어오지 않는다. 모금가의 역할에 따라 A와 B를 다 얻을 수도 있고 다 놓칠 수도 있다. B는 원래 생각지 않았던 분이다. 다른 기회로 연결되면 좋겠지만 여기서 중요한 사람은 A다. A를 놓치면 그 모임에 다가갈 명분이 사라진다.

한 방향으로 소통해야 한다. 모금가가 Q와 A의 감사함을 잊으면 안 된다. 모금가의 역할에 따라 M과 B를 덤으로 얻을 수 있다. 모금가는 돈을 좇지 말고 사람을 얻어야 한다.

소개를 받아서 찾아갈 때의 성공 확률

소개를 받아서 찾아가는 것은 긍정적일까. 좋은 방법이다. 긍정의 기준은 정기기부나 기부금을 받아오는 확률이 높다는 것을 말한다. 소개를 받지 않고 가는 것과 비교하면 성공 확률이 상당히 높다. 소개를 받는다는 것은 신뢰관계가 있어야 가능하다. 소개받는 방법도 세 가지 유형이 있다.

첫째는 소개해준 사람이 함께 동행해줄 때다. 같이 동행을 하면 성공 확률은 80%를 넘는다.

연속적으로 20명을 소개받았는데 100% 성공한 적도 있다. 그것도 다른 두 사람이 각각 소개했는데 두 번 다 100% 성공이었다. 소개해준 분의 신뢰가 쌓였기에 가능하다. 두 분의 특징은 소개할 사람을 만나러 같이 동행을 해준다. 참 고마운 분들이다. 주변에 이런 분들만 있으면 얼마나 좋을까. '인생 참 잘 살았다'라는 생각이 팍팍 들게 한다.

이 두 분이 우리 조직을 신뢰하기에 가능하고, 원래도 일을 할 줄 아는 분들이다. 한마디로 관계의 고수다. 모금가로서 감사한 일이다. 소개를 시켰을 때 확실히 도움을 준다는 판단이 들었기에 동행할 수도 있다. 그 방법에 대해 평가할 필요는 없다. 모금가가 무엇을 바라는지 알고 군더더기 없이 처리해 준다. 인간으로서도 모금가보다 높은 경지에 있는 분들이다.

둘째는 소개해 주는 사람이 전화를 미리 해줄 때다. 이를 경우 성공 확률은 60% 정도 된다.

찾아가서 누구의 소개로 왔다고 하면 그분과 함께 온 것처럼 귀하게 대접을 받는다. 그분의 30년 이상 네트워크를 고스란히 전수받는 것과 같다. 우리가 하는 일을 자세하게 설명하지 않아도 기부자로 흔쾌히 참여한다. 게다가 또 다른 사람을 소개해 주겠다는 경우도 종종 있다. 이런 반응을 보이는 분들의 특성은 두 가지다. 소개해준 분과의 신뢰가 좋거나 그동안 요청받은 적이 없어서 참여하지 않은 경우다.

반면 소개를 받고 갔는데 반응이 뜨뜻미지근한 경우가 있다. 전화를 받았을 때는 알았다고 했는데 사실 이만저만해서 후원을 할 형편이 못된다. 다음에 형편이 나아지면 하겠다라고 말한다. 기부자를 만나다 보면 가끔 경험하게 된다. 기대를 품고 갔기에 약간 당황스럽기도 하지만 그런들 어찌하리. 선택은 그분의 몫이고 지금은 후원을 할 수 없는 상황이라는데. 이럴 때는 쿨하게 감사인사를 하고 나오면 된다.

소개해준 분께는 어떻게 전할까. 실망하지 않게 전하는 게 중요하다. 경우에 따라서는 소개해준 사람을 험담하거나 부정적인 이야기를 잔뜩 풀어놓기도 한다.

이럴 땐 "전화를 받았을 때는 지인의 부탁이라 거절할 수 없어서 오라고 했는데, 막상 만나보니 경기가 어려워 전보다 수입이 많이 줄었다고 하더라고요. 좋은 분 소개시켜 주신 것만으로도 충분히 감사드립니다."라는 정도로 전하면 어떨까. 전하는 방법은 실제의 상황과 전하는 사람의 성향에 따라 결정할 문제니 이 정도로 설명하면 될 듯싶다.

셋째는 소개받을 사람의 연락처만 알려주는 경우다. 이때 성공 확률은 50% 정도 된다.

두 번째의 경우와 비슷하지만 차이점이 있다. 소개해준 분의 이름을 밝힐 것인지 말 것인지의 문제도 있다. 밝힐지 말지는 소개해준 분에게 물어보면 된다. 대다수는 소개를 하면서 본인을 밝히라고 한다. 밝히면 두 번째의 상황과 비슷하게 흘러간다. 하지만 소개해준 분이 본인을 밝히지 말라고 하는 경우도 있다.

단체를 소개받고 방문했다. 그쪽 담당의 이름을 정확히 확인하고 찾았다. 당연히 상대방은 모금가가 어떻게 알고 온 건지 궁금해한다.

"평소에 부장님을 매우 존경한다면서 찾아가 보라고 했습니다. 부장님께서는 어떤 일을 할 때 진취적이고 창의적인 것을 선호하니 저희가 추진하고자 하는 사업과 잘 맞을 거라고 했습니다. 그래서 저를 보냈습니다."

소개해준 분이 이렇게 이야기하라고 했다. 근데 두 사람은 앙숙이다. 회의 때마다 으르렁거리는 사이다. 그럼에도 불구하고 우리가 하는 프로그램이 부장의 성향과 맞고, 부장이 결정권을 가지고 있으니 잘 설명하면 성공 가능성이 있을 것이라고 귀띔을 했다.

모금가가 사업을 설명할 때 부장의 표정은 매우 깐깐해 보였다. 이 녀석들이 무엇을 들고 왔는지, 자기를 어떻게 설득하려는지 꿰뚫어 보는 듯했다. 설명을 다 듣고 몇 가지 질문을 하더니 거침없이 같이 하자고 했다. 결과는 성공이었다.

성공했던 이유를 두 가지로 추측해 본다. 첫째는 우리가 제안한 프로그램이 마음에 들었다. 본인들도 새로운 것을 시도해 보고 싶었는데 마침 적당한 것을 제안했다. 둘째는 소개해준 분이 본인에 대해 긍정적인 이야기를 했기 때문에 본인과 좋은 관계에 있는 사람이 소개했을 것이라고 생각했을 거라고 짐작해 본다. 사이가 틀어진 상태에 있는 사람을 소개하는 것은 흔치 않다.

특별한 유형의 기부자를 만나는 것은 행운이라고 말했다. 또 다른 행운을 만났다.

소개를 받고 기부자를 찾았는데 대뜸 "찾아온 이유가 뭡니까."라고 쏘아 붙이듯 물었다. 누구의 소개로 찾아왔다고 분명히 말했는데 많이 당황스러웠다. 손님이 찾아가면 명함을 주고받고 통성명을 하고 찾아간 이유를 설명하는 것이 일반적이다. 그런데 앉자마자 다짜고짜 성질을 부렸다. 싸움을 거는 줄 알았다. 만나기 싫은 사람을 억지로 만나고 있다는 표정이었다. 뭐 이런 사람이 다 있지. 그분은 왜 이런 사람을 소개시켜 준거야. 여러 가지 생각이 다 들었다. 지금까지 내가 살아온 모든 것이 부정당하는 느낌이었다. 소개를 받고 만난 사람 중의 최악이었다.

그럼에도 당황하지 않았다. 그동안 거절을 받아본 경험이 많았던 것이 나를 의연하게 했다. 저 분의 태도와 말투를 내가 바로 잡아줄 수 없다. 다리도 꼬고 자세도 삐딱했다. 연배도 훨씬 많았다. 가르치려 들었다간 순식간에 아수라장이 될 판이었다. 마음을 진정시키고 담담하게 설명했다. 10분쯤 흘렀을까. 이분의 자세가 조금씩 바뀌기 시작했다. 다리를 풀고 앉았다. 그러다 어느새 바른 자세로 내 눈을 바르게 응시하며 듣고 있었다. 설명하는 동안 이분의 자세가 저녁노을이 마을 아래로 내려온 것처럼 시나브로 바뀌고 있었다. 그날 그 상황에서 묘한 느낌을 받았다. 뭔가 이루어질 것 같은 좋은 느낌.

"그럼 제가 매년 500만 원 후원하겠습니다."

이분은 분명하고 시원했다. 매월 10만 원 정기후원도 하기로 했다. 너무 쉽게 이루어졌다. 무엇이 이분의 마음을 움직였을까. 더 이상 묻지 않았다. 괜히 말을 이어갔다가 후원을 취소하겠다고 하면 안 되니까.

이것을 인연으로 후원회에 가입하고 10년 이상 이어왔다. 기부금은 매년 늘었고 새로운 사람도 많이 소개받았다. 인연은 천사의 모습으로만 나타나지 않는다. 그 첫 인연이 잘 연결되려면 모금가가 하는 일에 바른 가치를 불어 넣어야 한다. 어떻게 바른 가치를 가질지의 판단은 모금가가 결정해야 한다. 기관의 미션을 자랑스럽게 이야기하는 모금가가 있는데 좋은 방법이 아니다. 기관의 미션에 기대지 마라. 미션은 종사자의 철학이지 기부자의 가치와는 다르다. 기부자는 법인의 미션을 보고 참여하지 않는다. 본인의 가치와 기관의 사업이 맞을 때 참여한다.

모금가의 끝판대장 '가까운 사람'

모금가가 가장 어려워하는 대상이 셋이다. 형제, 친구, 직원이다. 숱한 사람들을 만나기 때문에 가까운 사람을 설득하는 것은 쉬울 것 같은데 의외로 어렵다. 인생을 완벽하게 살아온 모금가라면 모를까 웬만한 모금가는 어려워한다. 이 챕터는 개인적인 경험이 다분히 있으니 감안해서 이해해 주길 바란다. 일반화시키는 것은 무리지만 나의 경험에 공감하는 모금가도 있을 것이다.

첫째, 형제를 설득하기 어렵다.

형제가 하는 일이니 흔쾌히 참여하기도 하지만 아닌 경우도 많다. 가까이 있으니 모금가가 하는 일을 잘 이해해줄 것이라고 생각했는데 결과는 의외다. 이유가 뭔지를 곰곰이 생각해 봤다. 스스로 찾은 이유는 서로를 너무 잘 알기 때문이다. 멀리서 언덕 위의 목장을 바라보면 푸른 초원이 아름답게 보인다. 막상 가 보면 멀리서 보는 것과 그 모습이 많이 다르다. 소의 배설물을 비롯해서 군데군데 웅덩이가 있고 벌레들이 살고 있다. 형제의 모습도 비슷하리라 생각한다. 어려서부터 봤으니 장점도 있지만 단점도 같이 보인다. 열 번 중에 여덟 번을 잘하고 두 번을 못하면 그 두 번이 더 오래 기억된다는 사실을 알지 않는가.

모금가가 하는 일을 긍정으로 평가하는 사람들은 오히려 기부자다. 기부자는 모금가가 하는 일을 형제와는 다르게 평가한다. 모금가인 동생이 볼 때 형은 경제적으로 여유도 있고 소비를 과하게 하는 것 같은데 기부를 이야기하면 본인이 기부를 받아야 할 대상이라고 엄살을 떤다. 형제마다 다르지만 가까운 사람을 설득하는 것이 어렵다는 이야기다. 사무실 직원이 다섯 명일 때와 스무 명일 때 어느 그룹의 분위기가 더 좋을까. 스무 명이 있을 때다. 다섯 명이 있는 사무실은 서로를 너무 잘 안다. 잘 알면 시간이 지나면서 보이지 않던 것이 보인다. 안 보고 싶은 모습이 반복되면 냉랭해진다. 스무 명이 있으면 관심이 분산된다. 분산된 상태로 계속 흐른다. 깊이보다 넓을 때 더 편안하다.

둘째, 친구를 설득하기 힘들다.

형제의 상황과 같으면서도 다르다. 잘 나가는 친구에게 기부를 부탁하면 '예스'라는 대답을 듣기 어렵다. 열 명 중의 두 명은 바로 대답하지만 여덟 명은 이유가 훨씬 많다. 예스라는 대답을 하지 않은 친구에게 반복적으로 말하는 것도 부담이다. 학창시절에는 공부를 잘하지도 못했고 공부하는 걸 좋아하지도 않았는데 어느 순간 교수가 되어 있는 친구가 있다. 친구들이 볼 때는 교수라는 직책이 어울린다고 생각하지 않는다. 그 친구가 아무리 옳은 말을 해도 고등학교 시절만 생각하면서 무시한다. 그동안 그 친구가 어떻게 노력했는지는 별 관심이 없다. 친구였기 때문에 쉽고 편하게 대하는 경우가 많다.

모금가가 친구들에게 어려운 사람들을 돕는 일을 하니 기부를 해달라고 요청하면 본인이 제일 어려우니 오히려 자기부터 도와달라고 한다. 농담 섞인 말이겠지만 이후에도 태도가 바뀌지는 않는다.

모금가의 요청에 좋은 반응을 보이지 않는 이유는 본인한테도 잘못이 있다. 친구들 사이에서 당당하게 밥 한 끼 산 적이 있는가. 아마도 수동적인 행동을 할 때가 훨씬 더 많을 것이다. 이때 모금가의 비애가 나타난다. 사업을 하거나 경제적인 여유가 있는 친구와 사회복지사인 모금가의 입장은 다르다. 사회복지사를 비하하는 것이 아니다. 경제적인 면에서 차이가 크다는 의미다. 모든 행동의 결과물은 본인의 몫인 경우가 많다. 모금가가 친구들 사이에서 베풀었다면 기부를 요청할 때 반응이 다를 것이다. 그렇다고 기부를 받기 위해 친구들이 만족할 만큼 사비를 쓸 수는 없다. 대부분은 주변 사람들을 설득하는 것은 어려운 것이니 괜히 스스로를 탓하지 않기 바란다.

셋째, 직원을 설득하기 어렵다.

직원들은 각자 맡은 직무가 있다. 직원들 입장에선 맡은 업무만 잘하면 된다. 큰 행사를 치룰 때만 협력하면 일상에서 자신의 업무를 중심으로 움직인다. 반면에 모금가의 업무는 범위가 넓다. 사람을 만나는 일이 태반이기 때문에 기부자가 요구하는 것을 다른 팀에 요청을 해야 한다. 기부자가 요구하는 자료는 팀의 도움을 받아야 할 때가 많다. 그것도 평소에. 상대팀은 일 년에 몇 차례 도움을 요청하는 반면 모금가는 수시로 요청해야 한다.

이런 상황에서 직원들은 모금가의 요청을 성가시게 받아들일 수 있다. 기관의 일은 모금가 혼자서 다하는 것 같다는 불만을 드러낸다. 게다가 기부금이라도 받아오면 모금가만 집중을 받는다. 일은 같이 했는데 성과는 모금가가 독차지 하는듯한 분위기가 만들어진다. 모금가가 의도했든 아니든 직원들이 느끼는 감정은 그럴 수 있다. 각각의 직원들이 느끼는 감정을 모두 헤아릴 수는 없다. 모금가도 기관을 위해 최선을 다하는데 부정적인 평가를 받으면 의기소침해진다. 이런 분위기를 약간이라도 누그러뜨리는 방법은 협조해준 직원에게 고마움을 표시하고 공개된 자리에서 그들의 도움을 이야기하면 좋다. 한두 번 말했다고 모두 이해하는 것은 아니니까 부장이나 기관장의 역할을 빌려도 좋다. 기관장을 통해 도움을 준 직원들을 칭찬하는 방법이다. 칭찬은 직원들의 협조를 끌어내는 데 큰 도움이 된다.

때리는 시어머니보다 말리는 시누이가 더 밉다는 말처럼 가깝다고 모두 협조적이지는 않다. 부부 사이가 냉랭하면 분위기가 험악해진다. 분위기가 험악해지지 않으려면 남편의 역할이 중요하다. 괜히 부인의 감정을 건드렸다간 뼈도 못 추린다. 다행히 모금가는 부부 사이와는 다르다. 진정성을 가지고 하면 인정받을 날이 온다.

"나는 혁철이가 친구라는 게 자랑스러워."라는 말을 들은 적이 있다. 오해 마시라. 자주 들었다는 것이 아니라 딱 두 번 들었다. 그럴 때도 있다는 것이다. 이 친구는 내가 신문에 소개되고 방송에 출연한 것을 보고 자랑스러워했다. 다른 한 명은 책을 썼다는 것을 매우 긍정적으로 평가했다. 모금가가 기부활동을 하다 보면 언론에 노출될 때가 많다. 언론에 노출되는 빈도가 많으면 그만큼 긍정의 이미지도 쌓인다. 이 이미지는 형제와 친구들의 생각을 바꾸는 데 도움이 된다.

첫 만남 땐 맨몸으로 가는 것도 전략이다.

모금가는 기부자를 만날 때 습관적으로 서류부터 들이민다. 좋은 방법이 아니다. 기업의 담당자를 만날 때나 공식적으로 업무를 처리해야 할 때는 그렇게 하는 것이 맞다. 하지만 아는 사람을 만나거나 소개를 받았을 때는 방법을 달리하는 것도 전략이다. 맨몸으로 가서 이야기로 제안할 것을 설명하는 방법이다.

기부자를 소개받고 앉자마자 제안서를 펴서 업무적인 설명을 하는 것보다 차를 한 잔 하면서 이야기로 시작하면 편한 분위기가 만들어진다. 이럴 땐 기관의 이야기보다도 지역의 주요 현안이나 동정에 대한 주제로 시작하는 것이 좋다. 대화를 하면서 서로 공감되는 화젯거리를 찾아보라. 이렇게 시작하면 두 가지 긍정의 의미가 있다.

첫째는 말에 집중하게 된다. 서류를 펴고 이야기하면 모든 신경이 서류에 맞춰진다. 서류 중심으로 이야기가 흐르면 서먹서먹하고 목적만 이야기하고 마무리되는 경우가 많다. 대신에 기부를 할지 말지는 빨리 결정되는 강점이 있지만 다음을 기대하기 어렵다. 얼굴을 보고 이야기하면 집중이 더 잘 된다. 텔레비전을 볼 땐 재미있고 역동적이지만 기억에 오래 남지는 않는다. 반면 라디오를 통해서 사연을 들으면 그 이야기가 가슴까지 와 닿는다. 본인이 실제로 겪은 것 같은 착각이 들 정도다. 기부자와 마주 앉아 이야기하듯이 사업을 설명하면 귀를 열고 듣기 때문에 진심이 닿는다.

두 번째는 또 만나기 위해서다. 처음 만났을 때 기부금을 받으면 그 후에 일어나는 모든 것들이 공식적으로 흐른다. 꼭 필요한 일이 없으면 기부자를 찾지도 만나려 하지도 않는다. 모금가가 서류를 펴고 대화를 시작한다는 것은 지금 담판을 지으려는 태도로 비춰진다. 서류를 폈다는 것은 육하원칙에 따라 설명하고 가부를 결정해 달라고 압박하는 것처럼 느껴지기도 한다. 소개를 받거나 아는 사람을 처음 만날 때는 이야기로 시작해 보라. 처음엔 무슨 말을 해야 할지 몰라 버벅대더라도 시도해 보라. 이야기를 하다가 기부자가 자료를 보여 달라고 하면 서류를 만들어서 다시 찾아뵙겠다고 말하면 된다. 모금가는 기부자를 만날 기회를 만드는 것이 중요하다. 기부자가 모금가를 자주 만나는 것을 부담스러워하지 않으면 긍정의 신호다. 기부자는 모금가가 본인을 만나는 이유가 모금활동에 있음을 잘 안다. 그래서 본인이 연결해줄 자원이 없으면 굳이 모금가가 찾아오는 것을 반기지 않는다.

기부금을 받아야 하는 목적을 가지고 기부자를 만나는데 마주보고 이야기만 하는 것은 어려운 일이다. 그래도 용기를 내보라. 모금가가 가장 자신 있는 사업을 중심으로 이야기하면 된다. 굳이 안 될 것도 없다. '그림 없는 그림책'이라는 책이 있다. 그림책에 그림이 없다는 생각을 하는 사람은 없다. 하지만 그림이 없는 그림책도 있다. 사람을 만나는데 꼭 자료를 가지고 만나야 한다는 생각을 바꿔 보라.

맨몸으로 이야기하면서 상대를 설득하면 좀 더 친밀한 관계를 유지할 수 있다. 짧은 시간이지만 대화를 통해 모금가의 진정성이 잘 전달되었기 때문이다. 자료 없이 이야기하는 것이 정말 부담스러우면 자료를 가져가되 처음에는 이야기를 하고 분위기가 무르익거나 자료를 보여 달라고 할 때 제시해도 된다. 이 단계까지 이야기를 이어갈 수 있으면 자료가 없이 이야기해도 가능하다. 다음에 한 번 더 만나는 것도 전략이다.

나는 아는 사람이 후원신청서를 가져와 달라고 해도 때로는 빈손으로 간다. 만나면 이런저런 이야기만 한다. 목적을 가볍게 보여주지 않는다. 상대가 신청서를 달라고 하면 급하게 나오느라 깜박하고 못 가져왔다고 이야기하면서 다음에 언제 다시 뵐 수 있는지 물어본다. 매번 이러면 실수로 생각하지 않기 때문에 기부자와의 관계를 고려하여 선택하기 바란다.

기부자를 한 명 얻는 것이 쉽지 않음을 알기에 친밀감을 유지하지 하려고 갖은 방법을 생각하는 것이다. 모금가의 성향에 따라 어울리지 않는 방법일 수도 있으니 자신이 있을 때 시도해 보기 바란다. 어설프게 따라하면 오히려 신뢰가 깨질 수 있다. 하지만 잘 활용하면 고수가 될 수 있다.

chapter

2

미세한 차이, 그러나 결정적 차이 스토리텔링

대표 사례를 스토리텔링으로 설득하라.

우리를 신뢰하지 않는 사람들

지난 일 년 동안 사용한 기부금 내역을 알려주시오.

복지기관의 비리 뉴스가 보도된 날 후원자 만날 때

그만하고 갑시다.

chapter

2 미세한 차이, 그러나 결정적 차이 스토리텔링

대표 사례를 스토리텔링으로 설득하라.

기부자를 만났을 때 어떻게 설명하면 성공 확률을 높일까.

설명하는 방법은 두 가지다. 사업보고를 하듯이 할 것인지, 스토리텔링을 할 것이지를 선택하면 된다. 사업보고식으로 설명하는 것은 교장선생님 훈시를 듣는 느낌이고 스토리텔링은 친구와 이야기 나누는 것과 비슷하다. 스토리텔링을 잘 하려면 사례를 많이 만나야 한다. 그들의 이야기를 주변에 많이 알려라. 필요하면 동료들에게도 이야기하라. 이런 어려운 가정이 있는데 지금은 어떠어떠해서 이렇게 도움을 주고 싶은데 어떻게 생각하느냐고 물어보라.

모금팀이 매일 아침 브레인스토밍을 하는 이유는 그날 할 일을 체크도 하지만, 서로의 생각을 공유하기 위해서다. 나는 나눔 교육을 하기 전에 의도적으로 말을 좀 더 많이 한다. 나름대로 입을 푸는 방법이다. 수백 차례나 교육을 해봤기 때문에 긴장되는 것은 없지만 교육 전에 말을 하면 마이크를 잡았을 때 훨씬 편안하다. 혼자 머릿속으로 생각만 하고 있다가 교육장에서 말을 시작하는 것과는 다르다. 모금가는 본인이 감동적으로 이야기할 수 있다고 생각되는 사례를 스토리텔링하는 연습을 해보라. 주변 사람들, 즉 동료나 팀 회의를 통해 사례를 이야기하고 피드백을 받으면 기부자를 만날 때 자연스럽게 표현할 수 있다.

"미진이는 중학교 3년으로 장애인가정입니다. 아버지가 시각장애인 1급이고 엄마는 일찍 돌아가셨습니다. 오빠는 23살인데 지적장애가 있어 근로활동을 못합니다. 미진이는 집안일을 도맡아 하고, 아버지와 오빠의 끼니마저 챙기면서 고단한 일상을 보내고 있습니다. 아무리 힘들어도 공부만이 가난을 탈출하는 유일한 길이라는 걸 잘 알고 있습니다. 역경지수가 높고 집중력이 좋은 미진이는 학업성적이 전교에서 최상위권입니다. 저희 기관에서는 안과의사를 꿈꾸는 미진이의 꿈을 응원하고 있습니다. 매월 1만 원의 기부자 30명을 찾아서 수학학원비를 지원하고자 합니다."

"현지는 중학교 1학년으로 엄마랑 둘이 살고 있는 모자가정입니다. 엄마는 40대 후반이고 시각장애 1급으로 거의 앞을 볼 수 없습니다. 현지도 유전적으로 물려받는 망막색소변성증으로 시력이 점점 희미해지고 지적장애를 가지고 있습니다. 엄마가 언제 시력을 완전히 잃을지 몰라 늘 불안합니다. 현지는 가끔 어렸을 때 엄마랑 바다에 갔던 이야기를 합니다. 혼자서는 아무것도 할 수 없는 현지에게 엄마랑 바다를 볼 수 있게 여행을 보내주고 싶습니다."

“예지는 8살이고 삼 남매입니다. 쌍둥이 동생 동우, 남동생 민우랑 삼 남매 모두 지적장애 3급입니다. 엄마는 예지가 2살 무렵 유방암으로 돌아가셨고, 아빠도 지적장애 2급입니다. 아빠는 고물을 주워 팔아 근근이 생계를 꾸리고 있는데, 장애인 유치원에 다니는 민우와 예지의 언어치료비가 필요합니다.”

모금가가 가장 잘 설득할 수 있는 대표 사례를 정해두면 좋다. 기부자를 만날 때마다 대표 사례 하나만 활용하라는 의미는 아니다. 상황과 대상에 따라 활용하려면 많이 알고 있는 것이 좋은데 그 중의 대표 사례를 선정해 두면 마음이 든든하다. 기부자와 이야기하는 과정에서 축구에 대한 이야기가 나왔는데 축구를 잘 하는 아이의 사례를 알고 있으면 설득이 용이하다.

프로그램을 가지고 모금을 하는 경우에도 대표 사례로 스토리텔링하는 것이 좋다. 연말에 산타크루 행사를 하는데 2,000만 원이 든다고 치자. 보통은 이렇게 설명한다. “크리스마스 때 우리 지역의 아이들 200명에게 선물을 할 계획인데 기부를 부탁드립니다.” 즉, 200명에 포인트를 둔다. 이렇게 해서 기부금을 받는다면 그 또한 훌륭한 방법이다. 어떻게 해야 모금을 잘 할 수 있다는 정해진 방법은 없다. 모금은 확률이 높은 방법을 선택하는 과정이다. 대표 사례로 스토리텔링을 한다고 기부금을 받는 것은 아니지만 확률이 높다. 이 방법 저 방법을 활용해 보고 확률을 높이는 방법을 활용하면 되는데 경험적으로 스토리텔링으로 설명할 때 반응이 가장 좋았다.

"민우는 초등학교 3학년입니다. 엄마랑 아빠는 민우가 돌 무렵 헤어져서 그때부터 할아버지랑 살고 있습니다. 세탁기가 없어 할아버지는 매일 손빨래를 합니다. 추운 겨울에 손빨래 하는 할아버지를 도와주고 싶다는 마음에 민우가 편지를 보내왔습니다. 꼬깃꼬깃한 종이에 삐뚤삐뚤한 글씨지만 간절함이 담겼습니다. 민우와 같은 입장에 있는 아이들의 소원을 조사해 봤습니다. '메이커 있는 운동화를 신고 싶어요', '옷이 낡고 해져 너무 추워서 롱패딩을 갖고 싶어요', '학교가 먼데 자전거가 있으면 빨리 갈 수 있어요', '이불이 너무 해져서 잘 때 추워요' 등 요구가 쏟아졌습니다. 우리는 이 아이들의 소원을 들어주기로 하고 '산타크루' 행사를 진행하고자 합니다."

기부자가 일시적으로 돕거나 무료급식 등 지역의 어르신들을 위해 후원하는 분들도 많다. 이런 목적으로 찾은 분들이라 하더라도 사업 설명회처럼 하기보다는 스토리텔링 형식이 낫다.

"우리 기관에는 하루에 200명의 어르신들이 무료급식을 이용합니다. 200명 중 120명분은 보조금이 지원됩니다. 하지만 80명분은 저희가 기부자를 찾아서 충당하고 있습니다. 그래서 가장 필요한 것이 쌀입니다. 지원금이 부족하다고 매일 오는 분들에게 오지 말라고 할 수가 없기 때문입니다. 주변에 뜻있는 분들이 있으면 소개시켜 주십시오."

모금가는 어떤 방법으로 기부자를 설득할 수 있을지 본인이 가장 잘 안다. 기부자를 처음 만날 때와 다시 만날 때의 방법은 달라야 한다. 모금가가 경험한 대상자들의 이야기를 들려 주자. 사례가 가장 좋은 무기다.

우리를 신뢰하지 않는 사람들

기부자를 만나 보면 별의별 사람이 다 있다. 모금가가 지금까지 한 번도 경험하지 못한 사람들이 수두룩하다. 이런 분들을 겪어 보면 당신이 만나본 유형의 사람들은 양반이었다는 것을 알 수 있을 것이다. 모금을 하면서 특별한 성향을 가진 사람들을 만나는 것은 행운이다. 특별한 성향을 가진 분들의 이야기는 내게 많은 생각을 하게 하고 바른 역할을 하는 나침반이 되기도 한다. 미처 깨닫지 못하거나 간과하고 있던 일들을 불현듯 깨우쳐 주기도 한다. 고마운 일이다. 특히, 나눔 교육을 할 때 이분들의 이야기는 다른 기부자를 설득하는 스토리텔링으로 활용한다. 수강생들도 쉽게 들을 수 있는 이야기가 아니라서 흥미로워한다.

잘 알고 지내는 회장님과 저녁을 먹으러 식당에 갔다. 식당 사장님과 회장님은 호형호제하며 지내는 20년 지기다.

식사를 하면서 이런저런 이야기로 꽃을 피우다가 회장님께서 "김 사장, 복지관에 후원 한 구좌 해줄 수 있을까? 이분이 관장님인데 좋은 일 하시는 분이니까 자네가 좀 도와줘." 회장님은 정중하게 권했다.

"후원요? 복지관이 뭐하는 곳인지도 모르는데 후원을 어떻게 해요."

"많이 하라는 것이 아니라 한 구좌 만 원만 해줘." 목소리에 약간의 언짢음이 느껴졌다.

"저도 지금까지 어려운 사람들을 많이 도왔고, 서울까지 가서 봉사도 하고 했는데 기부금이 어디에 쓰이는지 잘 모르겠더라고요. 뉴스나 방송을 보면 복지기관의 비리도 나오고."

"자네 날 알잖아. 내가 복지관을 잘 아는데 나를 믿고 한 구좌만 해줘. 그러면 내가 손님 많이 데리고 올게. 내가 자네한테 부탁 한 번 한 적 있어. 없잖아." 목소리에 짜증과 실망감이 약간 더 묻어났다. '20년 지기로서 부탁하는데 이 정도도 못 들어주나. 내가 자네한테 그것 밖에 안 되나'라고 느끼는 것 같았다.

"형님이 저를 많이 도와 주셨죠. 그래도 후원을 하려면 좀 알아보고 하는게…."

말이 끝나기도 전에

"알았어. 알았어. 그만 둬. 안 해도 돼." 분위기가 묘했다. 회장님은 화가 났다. 누구도 의도치 않은 방향으로 흘러가고 있었다. 괜히, 나 때문에 20년의 우정이 벌어지는 건 아닐까 걱정스러웠다. 두 분을 달랠 필요가 있었다.

"네, 사장님 말씀이 옳습니다. 시간 되실 때 저희 복지관에 한 번 오십시오. 오시면 저희가 하는 일을 자세히 설명드리겠습니다. 설명을 듣고 마음이 동하시면 후원을 하시고 생각했던 것과 다르면 안 하셔도 됩니다."

분위기가 조금은 진정되었다.

"그래, 김 사장 시간 될 때 연락하고 한 번 찾아가봐. 여기서 가깝잖아."

이 상황을 극단적으로 끌고 가면 안 된다는 걸 두 분은 잘 알고 있다. 그깟 후원 한 구좌가 뭐라고 논쟁을 벌이겠는가. 회장님은 감정을 드러내지 않고 부드럽게 마무리했다.

"네, 시간 한 번 내 볼게요."

모금가는 누구를 만나든 상대방을 기부자로 생각하는 경향이 있다. 나 또한 그렇다. 회장님께서 식당 사장님께 20년 지기라고 이야기하면서 후원을 권했을 때 '오늘도 한 명 개발하는구나'라고 생각했었다. 두 분 정도의 사이라면 묻지도 따지지도 않고 흔쾌히 참여할 것이라 믿었다. 그런데 두 분의 대화가 진행되면서 '이건 아닌데', '뭔가 잘못되고 있는데'라는 분위기를 느꼈지만, 끼어들 틈을 찾지도 못했다. 대화의 흐름을 끊으면 상황이 어정쩡하게 끝날 수도 있다. 말을 꺼냈으니 마무리를 짓는 게 낫다고 생각했다.

회장님 입장에선 믿는 동생한테 부담스럽지 않은 선에서 정중하게 부탁을 했는데, 상황이 예측하지 않은 방향으로 흘렀다. 그날 회장님은 자존심이 살짝 구겨지지 않았을까 생각한다.

이런 경우는 가끔 있지 않는가. 저 친구만큼은 내가 부탁하면 아무런 조건 없이 들어줄 것 같았는데 의외의 반응이 나올 때, '내가 잘못 살아온 건가', '내가 저 친구를 너무 몰랐나'라는 생각들이 스쳐 갔을 것이다. 소개를 받고 기부자를 찾아갈 때도 비슷한 상황들이 생긴다.

식당을 나서면서 사장님과의 인연은 '여기서 끝이구나'라고 생각했다. 기부에 대한 불신이 있는 분들은 십중팔구 연락을 하지 않는다. '다음에 꼭 연락을 하겠다', '집에 가서 작성해서 우편으로 보내 주겠다', '홈페이지로 신청하겠다'라고 호언장담을 한 사람치고 연락이 온 경우를 본적이 없다. 확률적으로 그렇다. 28년 동안 기부자를 만났어도 이런 기억은 없다.

이틀 후, 오후 2시경, 직원이 방문을 노크했다.

"어떤 분이 관장님을 찾는데 후원하러 오셨답니다." 나도 모르는 사람이 후원하러 찾아오는 경우는 매우 드물다. 아니 없다. 누군지 전혀 감이 잡히지 않았다. 그런데 얼굴을 보는 순간 놀랐다.

"아, 어서 오십시오. 아직 가게 오픈할 시간도 아닌데 일찍 오셨네요." 회장님과 같이 봤던 식당 사장님이었다. 반갑게 인사를 했다. 사실 나는 기대감을 조금도 안 가졌기 때문에 잊고 있었다.

"네, 가깝더라고요. 장 보러 가는 길에 들렀습니다." 표정이 조금 밝아 보였다.

이틀 동안 어떤 일이 있었는지 모르지만, 이분은 찾아왔다. 그날 시간될 때 한 번 오시라고 한 것은 인사치레였고, 상황을 마무리하는 정도의 멘트였기 때문이다.

"저희 복지관은 이 지역을 중심으로 아이들부터 어른들까지 돕고 있는… 주저리주저리 약 15분 정도 설명했다." 이분은 관심 있게 들었다.

"좋은 일을 많이 하시네요."

설명이 끝나자마자 아무런 질문도 없이 후원신청서를 작성했다. 그것도 거금 2만 원.

"앞으로 저도 많이 돕겠습니다. 아이들이나 어르신들이나 회를 좋아하는 분들을 모시고 오면 제가 대접하겠습니다."

사장님의 표정이 더 밝아졌다. 그저께 복지기관의 비리를 운운하며 절대로 생각을 바꿀 것 같지 않은 모습과는 많이 달랐다. 기억에 남는 경험이었다.

모금가가 한 사람의 기부자를 찾는 일은 녹록치 않다. 특히, 기부활동에 대해 부정적인 생각을 가진 사람의 마음을 돌려놓는 것은 더 어렵다. 모금가 혼자 세상을 바꿀 수는 없지만, 우리와 소중한 인연이 되어준 분에게 보답하는 길은 기부금을 필요한 곳에 잘 사용하는 것이라는 사명감으로 임하고 있다.

지난 일 년 동안 사용한 기부금 내역을 알려주시오.

"여보세요. 거기 ○○기관이죠."

노기 띤 목소리가 수화기 넘어까지 흘러나왔다.

"네, ○○기관 맞습니다. 무슨 일로 그러시는지요."

직원은 침착하면서 친절하게 응대했다.

"내가 후원잔데 내가 낸 기부금이 어떻게 사용됐는지 당장 파악해서 알려주시오."

"네 기부자님, 알려드리겠습니다. 우편으로 보내드릴 건데 주소를 한 번만 확인하겠습니다."

"아, 잠깐. 주소는 됐고 당신들 지난 일 년 동안 들어온 기부금 사용내역을 모두 알려줘."

"네, 뭐라고요."

"뭔 말이 많아 당장 확인해서 알려줘."

그는 전화를 끊어버렸다.

참 황당한 전화였다. 119에 장난전화가 자주 걸려오고, 공항에 폭탄을 설치했다는 소리는 뉴스에서 봤지만, 이런 유형의 기부자는 처음이다.

그래도 어쩌겠는가. 지난 일 년 동안 들어온 전체 기부금을 알려줄 필요는 없지만 본인이 낸 기부금은 알려줄 의무가 있지 않은가. 이분의 후원내역을 확인했다. 월 만 원 정기기부자였다. 인적사항을 확인해서 찾아갔다.

그는 자그마한 체구에 평범한 얼굴이고, 작은 업체의 종업원이었다. 찾아간 용건을 밝혔더니 이분이 너무 황당해 했다. 급히 사람들이 없는 곳으로 우리를 데려갔다. 무슨 상황인줄 몰라 그의 의도대로 따랐다. 이 사람은 갑자기 죄송하다며 용서를 해달라고 빌었다. 아니, 이게 무슨 시추에이션이란 말인가. 그는 매우 당황했다. 우리가 직접 찾아 갈 줄은 꿈에도 생각하지 못했던 것이다. 우리가 찾아간 건 별일이 아닌데 전화로 그렇게 황당한 요구를 한 이유가 궁금했다. 그는 개인적으로 안 좋은 일이 있었는데 화가 나서 전화를 걸었다고 했다. 어이가 없었다. 앞으로는 그러지 않겠다는 다짐을 받고 아는 사람이 찾아온 것처럼 하고 나왔다.

고객관리에서 보면 좋은 이야기는 2~3명에게 전달하고 불만은 7~8명에게 전달한다는 통계가 있다. 나쁜 소식이 훨씬 더 많이 더 빨리 퍼지는 것이다. 이분의 통화 내용으로 보면 악성 고객이다. 우리가 찾아가지 않았다면 주변에 더 많은 불만을 퍼뜨렸을 것이다. 불만이 있는 기부자를 일일이 만나러 다닐 순 없지만, 본능적으로 만나야겠다는 생각이 들었던 사례다.

한 달쯤 후에 전화를 했더니 반갑게 받았다. 그때의 일을 다시 사과를 했는데 괜찮다고 달랬다. 후원도 계속 이어지고 있다. 특별한 경험을 제공해 주는 기부자의 이야기는 훌륭한 사례로 회자된다.

복지기관의 비리 뉴스가 보도된 날 후원자 만날 때

오늘은 공기업에 기부금을 요청하러 가기로 정한 날이다. 두 번째 미팅이었다. 처음 만났을 때 이분의 나눔에 대한 가치가 너무 감동이었다. 당신은 1992년부터 후원을 시작해서 승진할 때마다 기부금액을 올렸고 이동한 곳의 사회복지기관 한 곳을 정해 정기후원을 하고 있다고 했다. 처음 만났을 때 우리 직원이 3명 갔으니 매월 3만 원을 후원하겠다고 약속했다. 이런 좋은 기억만 생각하고 별 준비 없이 찾아갔다.

본부장을 비롯해서 8명 정도가 둘러앉았다. 직원이 차를 가져왔다. "오늘 아침 ○○복지재단 관련 뉴스를 봤습니까?" 차를 마시면서 본부장이 물었다.

“아니요. 못 봤습니다. 어떤 내용입니까?” 좋은 소식은 아닐 것이라고 짐작했다. 불길한 예감은 틀린 적이 없다.

“뉴스에서 많이 때리던데요. ○○복지재단 족벌체제로 운영되었다고 나오더라고요. 이사장을 비롯해서 공무원까지 구속되고.” 아뿔싸, 이를 어쩐단 말인가. 오늘 기부금을 받기로 약속한 날인데 아침에 안 좋은 뉴스가 나갔으니 분위기가 좋은 게 더 이상한 상황이었다.

본부장은 정중하게 물었다. 과하지도 부족하지도 않게 분위기를 끌어갔다. 요즘도 뉴스처럼 운영하는 곳이 있느냐. 복지기관이 투명하게 운영되어야 한다는 등 의견을 이야기했다.

그러다 스스로 결론을 냈다. 아마도 복지기관의 9할은 잘 운영할 거라고 믿고 우리 복지관도 그 중의 하나일 것이라고. 그러다 화재가 바뀌었다.

“저는 6식구인데 혼자 벌었습니다. 자식도 다 키웠고 돈도 조금 벌었습니다. 특별히 한 것은 없는데 땅을 샀더니 그 지역 땅값이 올라 이득을 봤습니다. 내가 왜 이렇게 복을 받았을까 생각해 봤는데 좋은 일을 해서 그런가 봅니다. 저는 퇴직하고 복지기관을 운영하는 게 꿈입니다.”

“좋은 일을 하셨으니, 하늘이 복을 준 모양입니다.” 동의를 해주고 대화를 이어갔다.

“지난해 연말, 관광버스회사를 운영하고 있는 분이 현금 50만 원을 들고 저희 사무실을 찾아왔습니다. 이분이 하는 말이 그 전 해에 회사가 어려워 기부를 안 했더니 마음이 엄청 불편하고 하는 일도 안 풀렸답니다. 원인이 뭔가 생각해 봤더니 어렵다고 후원을 안 해서 그런 것 같아서 다시 후원을 하니까 일이 잘 풀리는 경험을 했다고 하더라고요. 이게 과학적으로는 설명이 어려운데 이분은 후원을 통해 심적으로 위안을 얻어서 더 그렇게 느끼는 것 같아요. 이분은 기부를 하는 것이 당연한 도리라고 생각하는 사람입니다. 아마 올해도 마음 편하게 사업을 하고 있으리라 생각합니다. 마음이 편하니 모든 것이 잘 풀리겠지요. 본부장님도 마음을 선한 데 쓰고 편하니 하는 일이 잘 됐을 겁니다."

이 대화의 핵심은 '편안한 마음'이다. 좋은 생각으로 후원을 시작하니 마음이 편하고, 마음이 편하니 모든 것이 잘 풀린다는 논리다. 과학적으로 설명이 안 되지만 종종 듣는 이야기다.

상황에 맞는 적절한 멘트는 분위기를 되살린다. 지난 연말에 복지관을 찾아준 기부자님의 이야기 덕분에 오늘의 분위기를 전환할 수 있었다. 그 뒤로는 시종일관 긍정과 희망의 대화가 오갔고 예정에도 없던 점심식사도 하게 됐다.

이 분위기는 식사장소로 이어져 본부장께서 일일관장을 하기로 했고, 새로운 기부자도 연결해 주겠다고 약속했다. 결과가 나오지 않은 약속은 큰 의미를 둘 순 없지만, 이분의 언행은 신뢰가 간다. 연말에 하는 산타크루 행사에도 직원들이 참여하겠다고 약속했다.

적당한 멘트를 한 번 날렸다고 모든 것이 긍정은 아니다. 하지만 상황에 맞는 한마디가 긍정으로 이끄는 것은 충분히 가능하다. 성공하든 실패하든 많은 사람을 만나라. 많은 사례를 알면 두려움이 사라지고 성공 확률이 높아진다.

그만하고 갑시다.

중소기업에 세무조사가 나왔다. 소득세신고 등이 제대로 안 됐다고 나온 표적감사였다. 기업하는 분들이 가장 싫어하는 것 중의 하나가 세무조사란 얘길 들었다. 타깃을 정하고 나오는 건 막을 방법이 없다. 한참을 살펴보던 조사팀들이 갑자기 그만하고 나갔다.

조사원들이 사장의 방을 뒤지다 서랍에서 한 뭉치의 편지를 발견했다. 편지에는 고사리 손으로 기부자께 쓴 감사편지였다. 사장은 오래 전부터 어려운 아이들을 여러 명 돕고 있었다. 매년 아이들이 보내온 편지를 서랍에 넣어 두었는데 조사원들이 발견한 것이다.

법에도 인정이 있다고 하지 않는가. 사업을 하는 사람들이 세금을 적게 내려고 애쓰는 경우는 많은 것으로 안다. 하지만 사업을 하는 사람들이 세금을 적게 내려고 후원을 하는 경우 많지 않다. 특히, 개인 돈으로 후원하는 경우는 더 없다.

이 사장님은 본인이 어떤 이유로 후원을 시작했는지 모르지만 참 좋은 선택이었고, 이번 일로 많은 것을 느꼈을 것으로 생각한다. 본인도 서랍에 아이들이 보내온 편지가 있다는 걸 몰랐을 것이다. 알았더라도 세무조사를 신경 쓰느라 의식하지 못했을 게다. 수년 전 스스로 선택한 마법 덕분에 운이 좋았다. 이번엔 조사원들이 그냥 돌아갔지만 선행을 했다고 세무조사가 없어지는 건 아니지 않은가. 아이들에겐 키다리아저씨였는데 세금을 탈루하는 이미지로 남고 싶어 하지 않을 것이다. 사장님은 아이들을 도왔고, 사장님은 아이들의 도움을 받은 것이다. 후원을 했기에 아이들의 편지를 받았고, 아이들이 쓴 편지 덕분에 세무조사가 무마되었으니 앞으로는 바르게 할 것이라 생각한다. 결국은 사장님이 아이들을 도운 것이 아니라 아이들 덕분에 큰 깨우침을 얻었다고 생각한다.

방파제를 달리던 차량이 바다에 추락하는 것을 보고 망치를 들고 바다에 뛰어들어 조수석 창문을 깨고 운전자를 구한 시민, 한 승용차가 중앙분리대를 들이받는 것을 목격한 뒤 불길에 휩싸인 차량의 문을 열고 운전자를 구한 시민이 'LG 의인상'을 받았다.

폐지로 가득 찬 손수레를 밀고 있는 할머니를 도와준 버스기사의 이야기에 시민들은 자기 일처럼 감사해 한다.

"우리 사회에 아름다운 선행바이러스를 퍼뜨리셔서 참 좋은 나라가 되리라 믿습니다.", "너무 멋지세요. 기사님 덕분에 아직은 세상이 따뜻하다는 걸 느끼게 됩니다. 건강하세요!"

하늘은 스스로 돕는 자를 돕는다고 하지 않는가. 기부를 시작할 때 목적을 가지고 하는 사람은 없다. 기껏해야 기부금영수금을 받는 것이 전부다. 예나 지금이나 선행을 베풀면 국민들로부터 칭송을 받는다.

chapter

3 끌어당기는 이미지 vs 불편하게 하는 이미지

기부자관리에서 100-1=0이다.

이미지가 전부다(Image is Everything)

시야에서 사라질 때까지 서비스하라.

첫 대면 때 복장은 어떻게 할까요?

모금의 3-3-7 원칙에 대한 이론(異論)

후원자서비스는 시스템으로 이루어져야 한다.

빅데이터를 활용한 기부자 개발

chapter

3 끌어당기는 이미지 vs 불편하게 하는 이미지

기부자관리에서 100−1=0이다.

‘100−1=0’이라는 이론이 있다. 고객만족경영의 개념을 최초로 도입한 스칸디나비아항공의 CEO였던 얀 칼슨은 “100번의 고객 접점에서 99번 만족시켰더라도 단 한 번의 불만을 느끼면 고객의 종합만족도는 0이 된다. 고객과 접하는 최초 15초에서 100−1=0이다.”라고 주장하며 고객 접점 관리를 강조했다.

왕중추汪中求는 ‘디테일detail의 힘’에서 100−1=0 이론을 설명하고 있다.

대만 최대 갑부였던 고故 왕융칭王永慶 포모사그룹 회장은 16세의 나이에 쌀가게를 열었다. 이미 인근에 30개의 쌀가게가 있었고, 그의 가게는 외진 골목에 있어 경쟁이 되지 않았다. 하지만 그는 두 동생을 동원해 쌀에 섞인 이물질을 골라낸 뒤에 팔고, 노인 고객에게는 집으로 직접 쌀을 배달해 주는 서비스로 큰 성공을 거둔다.

사소해 보이는 세심함이 개인과 기업의 성패를 좌우한다. 1%의 부족이 일 전체를 망친다.

모금가로 일을 하면서 100－1＝0 이론의 중요성을 몇 번 깨달았다.

후원회를 창립하고 첫 모임을 가졌다. 처음 만나는 사람들이지만 새로운 출발에 대한 기대감으로 분위기가 좋았다. 회의가 마무리될 무렵이었다. 회원들의 회비 납부 리스트가 자료에 있었다. 그런데 P가 본인은 회비를 냈는데 왜 미납명단에 있는지 모르겠다며 이의를 제기했다. 일이 꼬일 때는 엎친 데 덮치는 법이다. 저희가 통장을 확인하고 정리했는데 들어오지 않았다고 설명을 했다. 보통은 며칠날 냈으니 확인해 보라는 식으로 말을 하는데 P는 아무런 대꾸도 하지 않았다. 표정이 살짝 좋지 않았다. 표정은 어두웠지만 더 이상 요구사항이 없어 대수롭지 않게 생각했다. 오히려 우리가 실수할 리가 없다고 확신을 했다. P는 회의가 끝나자마자 식사도 하지 않고 돌아갔다.

P는 후원회장과 둘도 없는 친구 사이이다. 친구가 회장으로 선임된 것을 축하하기 위해 예쁜 수반 꽃꽂이를 손수 준비해 왔다. 지역에서 대표적인 여성리더로 칭송받는 분으로 각종 단체를 운영해본 경험이 많고 탁월한 네트워크를 가졌다.

회의를 마치는 대로 통장을 다시 확인했다. 아뿔싸. 예상했던 일이 벌어졌다. P는 4월 말에 이미 회비를 냈다. 그것도 1년 치를 한꺼번에. 부끄러워서 쥐구멍에라도 숨고 싶었다. 세상에 이런 실수를 하다니, 왜 통장내역을 꼼꼼하게 살피지 못했을까.

나는 P를 4월 말에 만났었다. 만났을 때 회비와 계좌번호도 알렸는데 그는 설명을 듣자마자 그날 입금했던 것이다. 그 후 순차적으로 회원들에게 공지를 했는데 시기가 5월이었다. 당연히 입금내역을 확인하는 것도 5월부터였다. 4월에는 회비가 입금되었으리라고는 생각을 못했다. 숫자만 하나 바꾸면 확인할 수 있었던 디테일함을 놓치는 순간이었다. 아, 어찌할 바를 몰랐다.

곧바로 이 사실을 후원회장께 알리고 수습에 나섰다. 다음날 P를 찾아 전후사정을 설명하고 사죄를 했다. 불길한 예감은 틀린 적이 없었다. 우리의 실수를 인정하고 진심으로 사과를 하면 이해하리라 기대했는데 P는 온화한 표정으로 괜찮다며 우리를 밀어냈다. 두 번이나 더 찾아가 용서를 구했지만 P의 태도는 달라지지 않았다. P는 왜 우리의 사과를 받아들이지 않았을까.

회비가 입금되지 않았다는 대답을 들었을 때 그는 이미 포기했던 것이다. 시시콜콜 따지거나 시시비비를 가리고 싶은 생각이 아예 없었다. P는 그날 당신의 명예와 자존심이 짓밟혔다고 느꼈을 것이다. 우리는 P의 삶의 가치에 씻을 수 없는 상처를 남긴 것이다.

나중에 깨달았지만 그 순간 P는 우리를 상대할 가치를 못 느꼈을 것이다. 이렇게 작은 일도 챙기지 못하는 사람들과 함께 가야 하는 것이 용납되지 않았을 것이다. 지금 생각해도 창피하고 죄송하다.

중요한 건 무지로 인한 실수의 대가가 너무 크다는 것이다. 우린 P와 P의 네트워크를 모두 잃어버렸다. 좋은 관계를 유지했다면 얼마만큼 기부를 했을지는 모른다. 이는 기부금의 많고 적음의 문제가 아니라 지금 깨닫지 않으면 앞으로도 같은 실수를 할 수 있다는 것이다. 심각하게 받아들여야 한다. 단순한 실수가 아니다. 무지에서 온 계획된 실수다. 창피한 이야기라 표현하고 싶지 않은 마음도 있었지만 이 책을 읽는 모금가들은 실수하지 않기를 바라는 마음으로 고백한다.

지난 일은 돌이킬 수 없다. 얼마나 큰 손실이 있었는지도 모른다. 그렇다고 실수한 것에 매몰될 수는 없다. 지난 일은 잊고 같은 실수를 하지 않는 것이 최상의 선택이다.

이미지가 전부다 Image is Everything

모금가의 첫 이미지는 기부금 결정에 중요한 영향을 미친다.

여기서 말하는 이미지는 태도를 포함한다. 어느 법인에서 있었던 일이다. 고액기부자가 사무실을 방문한다는 연락을 받았다. 직원들은 기부자를 맞을 준비를 했다. 감사 메시지를 만들고 꽃다발을 준비하고 들어오는 입구에서부터 환영을 했다. 미팅장소에 도착하자마자 소등이 되면서 기관을 소개하는 영상과 기부자의 기부활동을 담은 내용들이 직원의 내레이션으로 강당에 울려 퍼졌다. 소개가 끝나고 기부자에게 인사말을 청했다.

"작은 기부에 크게 환영해 주어 감사합니다. 제 돈이 소중하게 사용된다는 믿음을 주어 고맙습니다. 앞으로도 형편이 되는대로 조금씩 보태겠습니다."

우레와 같은 박수가 터져 나왔다. 소액이던 고액이던 기부자에게 좋은 이미지를 심어주는 것은 기관과 모금가 모두에게 중요하다.

한 여름이었다. 당신은 기부자를 만나기로 한 회사에 먼저 도착했다. 직원들은 점심식사를 마치고 삼삼오오 사무실로 들어가고 있었다. 기부자를 소개시켜 주기로 한 분이 생각보다 늦었다. 양복을 입고 바깥에서 기다리는 당신은 짜증이 났다. 얼마의 시간이 지나고 만나기로 한 분이 도착했다. 당신은 옷매를 가다듬고 기부자를 만나러 갔다. 사무실은 천국이다. 밖에서 땀 흘리며 기다린 것을 생각하면 사무실에 들어온 것만으로 얼마나 큰 선물인지, 기부자와는 기분 좋게 이야기를 나누고 돌아왔다.

며칠 뒤 소개해준 분으로부터 전화가 왔다. 기부가 어렵겠다는 통보였다. 그날 대면에서 분위기도 좋았고 실수한 것도 없었다. 당신은 아무리 되돌아봐도 이유를 알 수가 없었다.

그날 사무실 앞에서 기다리던 시간으로 돌아가 보자. 당신은 소개해주는 분이 늦어서 화가 났다. 날씨마저 덥다고 짜증을 부리며 가로수를 발로 차고 담배까지 피고 꽁초를 아무데나 버렸다. 그 광경을 본 사람은 아무도 없었다. 몇몇 사람들이 점심식사를 마치고 건물 안으로 들어갔지만, 그들은 당신이 누군지 모른다. 당신 생각으론 흠 잡힐 데가 없었다.

그런데 영화의 한 장면처럼 그날 당신을 지켜보는 눈이 있었다. 여직원 서너 명이 점심을 먹고 탕비실에서 차를 준비하는데 밖에 직원이 아닌 사람이 서 있는 모습을 봤다. 가로수를 발로 차고 담배꽁초를 함부로 버렸다. 당신의 행동은 여직원들의 호기심이 되었다. 그 광경을 다 지켜봤는데 당신이 사장님 친구분과 사무실로 들어온 것이다. 여직원은 당신이 돌아가고 사장님께 어떻게 찾아온 사람들이냐고 물었고, 여직원은 사실을 이야기했다. 이제 이해가 되는가.

신입직원 면접을 마치고 나오는데 직원이 물었다.
"방금 면접 본 직원 어땠습니까?"
"응, 괜찮은 것 같던데. 왜?"
"아니, 아까 대기실에서 기다리는 모습을 봤는데 말을 함부로 하고 공격적인 성향을 보이는 것 같아서요."
"그래? 고마워."
그 친구는 우리의 동료가 되지 못했다. 면접관의 눈은 속였지만 직원들을 간과한 것이다.

이미지는 한두 사람의 눈을 피한다고 감춰질 수 있는 것이 아니다. 모금가의 작은 행동도 기부자에게 꼬투리를 잡힐 필요가 없다. 기부자만 의식하라는 것은 아니다. 모금가의 가치와 철학이 일상의 행동으로 나타나는 것이 이미지다. 특히, 기부자의 직원들도 의식하고 기부자의 시야에서 벗어날 때까지 주의하기 바란다. 낯선 사람이 사무실에 들어오면 그 사람의 숨소리까지 모니터링된다. 사람은 누구나 실수를 할 수 있다. 그 실수를 굳이 기부자 앞에서 보여줄 필요는 없다. 이미지는 언어와 행동을 모두 포함한다. 기부자는 모금가가 던진 한두 마디의 말도 인격을 판단하는 기준으로 삼는다.

시야에서 사라질 때까지 서비스하라.

기부자와 헤어질 때 어떻게 인사를 나누면 좋을까?

모금가가 기부자를 찾아갔을 때와 기부자가 기관을 방문했을 때로 나뉜다. 모금가가 찾아갔을 때는 기부자를 맞이하고 이야기를 나누고 헤어진다. 헤어질 때 무슨 원칙이 있는 것은 아니다. 기부자의 사무실이나 카페 등에서 만났을 때는 자연스럽게 감사의 인사를 전하고 나오면 된다. 매너와 정중함만 있으면 태도에 아무런 문제가 없다.

반면, 기부자가 사무실을 찾아왔을 때는 다르게 배웅해 보기 바란다. 이야기를 마치고 기부자가 돌아갈 때 한사코 모금가의 손을 밀며 나오지 말라고 한다. 기부자가 모금가에게는 중요한 사람이지만 본인은 스스로 큰일을 한다고 생각하지 않는다. 별것도 아닌 것에 모금가가 많은 애를 쓴다는 생각을 가진다. 기부자의 이런 행동은 예의 차원에서 하는 것임을 잘 알 것이다. 예의 차원에서 말한 것을 진짜로 받아들여 목례만 하고 보낸다면 기부자의 기분은 어떨까? 모금가가 특별히 잘못을 한 것은 없지만 매너 있는 사람으로 인식하지는 않는다. 이럴 때는 "귀한 시간을 내서 오셨는데 최소한의 배웅을 해드리는 것이 예의지요."라고 말하면 분위기가 편해진다. 이동하면서 오늘의 방문에 감사함을 전하면 된다. 모금가는 기부자에게 긍정의 이미지를 심어주면 다음에 만날 때 친근하게 다가갈 수 있다.

'시야에서 사라질 때까지 서비스하라'는 말이 있다. 기부자가 타고 온 차가 시야에서 사라질 때까지 지켜보는 것이다. 사람은 본능적으로 자기를 배웅한 사람을 돌아보는 습성이 있다. 기부자는 차가 모퉁이를 돌아 시야에서 벗어는 곳에서 룸미러를 본다. 그때 모금가가 그 자리에 서서 본인을 배웅하는 모습을 발견하면 괜히 기분이 좋아진다. 기부자의 차가 사라지는 순간 모금가가 목례를 하거나 손을 흔들어 주면 완벽한 서비스다.

시야에서 사라질 때까지 서비스하라는 말은 오랜 경험에서 나온 노하우다. 책이나 교재에서도 나오지 않는다. 이렇게 했다고 기부자의 마음이 바뀌거나 기부가 유지된다고 장담할 수는 없지만, 기부자의 기분을 좋게 해주는 효과는 있다. 시쳇말로 돈이 드는 것도 아니고 기부자가 갈 때 작은 정성을 보이는 것으로 신뢰를 형성하는 데 큰 도움이 된다.

기업의 담당자가 외근을 나갔다 들어가는 길에 기관을 자주 찾아왔다. 올 때마다 친절하게 안내하고 그들의 이야기를 들어주고 담소를 나눴다. 돌아갈 때는 어김없이 위와 같이 배웅을 했다. 그 후 기업의 기부금은 늘었고 오랫동안 지속되었다. 기부금에 대한 칼자루는 기업이 쥐고 있다. 기업을 찾는 모금가는 많다. 많은 모금가들 사이에서 어떻게 차별화를 할 것인가. 시야에서 사라질 때까지 서비스를 해 보라. 효과가 있다.

첫 대면 때 복장은 어떻게 할까요?

모금가가 대면 접촉을 할 때 복장이 중요한 이유는 두 가지다.

첫째, 모금가가 접촉해야 할 기부자들은 대부분 연배가 높다. 연배가 높다고 모두 보수적이지는 않지만, 기부자의 연령대를 무시할 필요는 없다. 앞서 이야기했듯이 모금가가 복장을 의식하는 이유는 모금의 성공률을 높이는 과정이다.

둘째, 복장은 모금가의 전문성과 신뢰를 주는 데 많은 도움이 된다. 정장을 했다고 전문가로 보는 것은 아니지만 우리가 손님을 만나러 갈 때 단정하게 차려 입는 것과 같은 이치다. 동네 시장에 갈 때와 기부자를 만날 때는 다르게 입는 것이 맞다. 예의를 갖추자는 의미다. 청바지에 슬리퍼가 편하다고 모금가의 개인적인 선호도에 복장을 맞출 필요는 없다.

복장이 중요하지 않다고 생각하는 모금가가 있다면 적극적으로 설득하고 싶지는 않다. 복장이 필요충분조건은 아니지만 필요조건이다. 유명한 사람들은 강의를 할 때 청바지에 재킷을 입는 경우를 자주 본다. 그들은 말 그대로 '유명인'이라는 수식어가 붙은 사람이다. 모금가는 유명인이 아니다. 기부자 입장에서는 돈을 달라고 요구하는 염치없는 사람일 뿐이다. 모금의 성공률을 높이고 싶다면 복장을 가볍게 여기지 않길 바란다.

보통은 양복이나 세미정장 정도면 된다. 기업과 기부금 전달식을 한다면 정장이 어울릴 것이고, 기업의 담당자를 만난다면 세미정장이면 충분하다. 누군가로부터 소개를 받고 사회적 지위가 있는 분을 만날 때도 양복이 적당하다. 복장이 정해진 것은 아니지만 사회적인 통념을 기준으로 잡으면 된다. 사실 이 사회적인 통념이라는 것이 어려운 문제이다. 처음부터 정장을 입고 오라거나 편하게 입고 오라고 말해주면 간단한데 '적당히 예를 갖춰라'라고 하면 기준점을 정하기가 어렵다. 어려울 때는 스스로 옳다고 생각하는 선택을 하면 된다. 모금가에게도 특별한 상황은 생길 수 있다. 휴가 중에 등산을 갔다가 오는 길인데 아는 회장님으로부터 연락을 받았다면 그 상태로 만나면 된다. 이유를 설명하면 이해가 되기 때문이다. 만일 자유로운 복장으로 누굴 만난다면 그만큼 당당하면 된다. 당당함으로 기부자의 마음을 얻을 수도 있다.

한때 메이저법인은 모금가에게 품위유지비를 지원하는 것에 대해 진지하게 고민한 적이 있었다. 그만큼 복장이 모금에 영향을 미칠 수 있다고 생각한 것이다. 지금은 누가 말하지 않아도 알아서 코디를 한다. 옷은 걸치는 것이 아니라 입는 것이다. 이왕 입을 거면 센스 있게 갖추면 더 좋다. 코디 비용을 따로 주지 않으면서 요구사항이 많다고 생각하지 않길 바란다. 기관의 예산에서 모금가에게 품위유지비를 지원할 명분이 없다.

무엇이 첫인상을 결정지을까?

미국의 뇌 과학자 폴 왈렌Paul J. Whalen의 연구에 따르면 우리는 뇌의 편도체amygdala를 통해 0.1초도 안 되는 극히 짧은 순간에 상대방에 대한 호감도와 신뢰도를 평가한다. 첫인상을 결정짓는 중요 요인은 외모, 목소리, 어휘 순으로 나타났다.

외모가 첫 번째다. 여기서 외모는 복장이 포함되었다고 해석한다.

외모는 대화를 나누기 전에 눈으로 먼저 인식된다. 아무리 잘 생긴 모금가라도 반바지에 운동복을 입고 기부자를 만날 필요는 없다. 모금가가 기부금을 요청할 때 만나는 사람은 대부분 처음 보는 사람들이 많다. 처음 만나는 사람에게 모금가는 어떤 이미지를 남기고 싶은가. 깊이 생각하지 않아도 어떤 선택이 옳은지 알 수 있다.

어떤 자리에서도 양복을 선호하는 모금가도 있다. 하물며 한여름에도 긴 와이셔츠와 넥타이를 꼭 맨다. 그것은 개인의 선택이다. 더운 여름에는 넥타이를 하지 않아도 된다. 위로는 대통령부터 에너지 절약을 위해 노타이 운동을 펼치는데 굳이 예의범절이라는 주관적인 의지로 더위를 이겨낼 필요는 없다. 모금가는 복장이 본인의 이미지와 기부금을 결정하는 데 영향을 미칠 수 있다는 생각을 해보기 바란다.

모금의 3-3-7 원칙에 대한 이론異論

『비영리단체 모금전략』이라는 책에서 모금의 337법칙을 주장한다. 337법칙은 '3'이라는 숫자가 모금에서 7번 사용된다는 의미다. 이 책에선 4가지를 설명하고 있다. 이 중 하나는 공감이 되고 나머지 세 가지는 다르게 생각한다. 하나씩 간단히 살펴보자.

첫째, 3초 안에 첫인상이 결정된다.
첫인상이 중요하다는 것은 공감하지만 3초 안에 결정된다는 것은 받아들이고 싶지 않다. 앞서 호감도와 신뢰도는 0.1초도 안 되는 극히 짧은 순간에 평가한다는 설명이 있었는데 복장이 호감도에 영향을 준다는 설명을 하고자 함이었다. 모금가가 첫 대면에서 3초 만에 판단된다는 것은 수용하기 어렵다. 그러면 잘생긴 모금가를 뽑으면 성공 확률이 엄청나게 높아지는가. 인간은 3초 만에 판단될 만큼 단순한 존재가 아니다. 특히, 모금가가 제안서를 들고 찾아갈 때는 더욱 그렇다. 모금가가 사람을 만날 때는 약속을 하고 찾아간다. 목적을 가지고 만나기 때문에 마주 앉아 찾아온 이유를 듣고 진정성이나 제안 내용을 보고 판단하는 경우가 더 많다. 따지고 싶지는 않지만 맹신하듯이 설명하고 있어 이론異論을 제기하는 것이다. 오랜 기간 뚝심으로 모금을 잘하는 모금가도 많다.

둘째, 기부금이 필요한 이유를 30초 안에 설명하라.

시간적인 여유가 있는데 30초 안에 설명하라면 동의할 수 없고 성공 확률도 낮다고 생각한다. 그러나 여기서 말하는 30초가 엘리베이터 메시지를 말하는 것이면 공감하고 한 번씩 사용하는 방법이다. 엘리베이터 메시지를 활용하면 짧은 시간에 상대방에게 각인시킬 수 있다.

행사장에 시장님을 내빈으로 초대했다. 모금가가 시장님을 만날 일은 별로 없다. 우리 기관의 내빈으로 오셨으니 기관에 대해 설명하는 것은 당연한 수순이다. 주차장에서 행사장까지 걷는데 1분 정도 걸리는 거리였다. 그 시간에 지난 일 년 동안 기관에서 진행한 성과와 행정기관과의 협조관계에 대해 설명했다. 시장님은 고개를 끄덕였다. 축사를 하면서 그 중 두 가지를 자랑스럽게 이야기했다. 모금가의 설명이 적절했다는 의미다.

이처럼 엘리베이터 메시지는 짧은 시간을 적절하게 잘 활용하라는 의미다. 즉, 엘리베이터를 타고 올라가는 정도의 시간이 주어지는 상황에서 핵심적인 메시지를 전달하는 기법이다. 반면에 기업이나 단체를 만날 때 30초의 시간 밖에 없는 경우는 없다. 미리 약속한 상태에서 만남이 이루어지기 때문에 30초에 얽매이지는 않는다. 단지 그런 상황이 되었을 때 30초 안에 충분히 요청하라는 것으로 이해하고 싶다.

셋째, 세 번 만나기 전까지는 절대 기부금 요청을 해서는 안 된다.

워렌 버핏이나 빌 게이츠를 만나자마자 기부금을 요청하는 것은 맞지 않다. 큰 기업을 접촉해서 아주 큰 금액이 필요한 프로젝트 성 사업을 진행할 때는 섣불리 기부금을 먼저 말하지 않아도 된다. 미리 패를 보이면 성공 가능성이 낮아진다. 이때는 탐색과 전략이 필요하다. 비약적인 예로 워렌 버핏을 만나는데 1억 원을 요구할 필요는 없지 않은가. 세 번 만나기 전까지는 기부금을 요청해서는 안 된다는 의미는 상대의 관심과 의중을 파악하고 더 큰 금액을 요청하라는 것으로 이해하고 싶다. 이런 맥락이면 세 번 정도 만났을 때 요청하는 것이 옳다고 생각한다.

그럼에도 불구하고 우리나라의 상황, 특히 소규모법인에서 기업이나 단체에 제안하는 방법은 다르다. 소규모법인에서 모금가가 제안하는 금액은 소액인 경우가 많다. 즉, 백만 원 단위다. 그 이상을 제안해도 지원받기는 어렵다. 천만 원 단위만 넘어도 전국을 단위로 사업을 하거나 사회복지공동모금회로 쏠린다. 모금가가 수백만 명의 생명을 살릴 수 있지만 이상과 현실은 구분되어야 한다. 때문에 기업, 단체, 개인을 만날 때 세 번씩이나 미팅으로 이어지는 경우는 거의 없다. 모금가보다 그들이 더 바쁘다. 기업이나 단체는 기관에서 제안하는 요청액에 큰 의미를 두지 않는다. 요청액과 상관없이 그들이 결정하는 대로 지원받는 것이 모금가의 현실이다. 그들은 기부금을 결징하는데 많은 시간을 허비하려 하시노, 모금가의 요청을 싶이 생각하지도 않는다. 기업은 예산에 정해진 범위에서 지원할 기관을 선택한다.

넷째, 3일 안에 반드시 감사를 표하라.

머리로는 이해가 되는데 가슴으로는 받아들여지지 않는다. 감사의 표시라는 것이 말 그대로 후원해 줘서 감사하다는 인사를 하라는 것으로 이해하고 설명해 보겠다. 감사인사와 기부금 사용결과보고는 다르다. 3일 전에 기부금을 받을 때 충분히 감사표시를 했는데 3일 안에 또 하라는 건가. 고개가 갸우뚱거려진다. 기부금이 결정되고 감사를 표했는데 3일 후에 기관의 소식지를 보내면서 감사문을 보내라는 것이면 이해는 간다.

3일 전에 천만 원을 받았다면, 아마도 기부금이 통장에 그대로 남아 있을 것이다. 아직 사용하지도 않았는데 감사표시를 하라는 것은 이해하기 어렵다. 3일 안에 감사를 표시해야 할 기부자의 범위가 어떻게 되는가. 고액기부자 중심인가. 만일 3일 전에 방송이나 캠페인을 통해서 1,000명에서 50명까지 정기기부자를 개발했다면 어떻게 하는 게 옳을까. 그래도 3일 안에 반드시 감사표시를 해야 할까. 현장에서 기부자가 유입되는 과정은 기관마다 천차만별이다. 3일 안에 감사를 표하라는 것은 감사표시를 잊지 말고 잘 챙기라는 의미로 이해하고 싶다.

'비영리단체 모금전략'에서 모금의 337법칙을 주장하는 것에 대해 이론異論을 제기하는 것은 현실성의 문제다. 위의 네 가지는 모금가가 현장에서 자주 맞닥뜨리는 상황이다. 미국은 모금 규모가 크고 모금가의 역할이나 기부에 대한 국민들의 인식이 엄청나게 높다. 우리나라는 메이저법인 중심으로 모금이 활성화되고 있지만 소규모법인은 걸음마 단계다. 이제 시작하려는 모금가에게 삼성이나 현대를 접촉해서 최대한 많은 기부금을 받아오라는 것은 너무 벅찬 일이다. 전략은 옳더라도 현실성은 떨어진다. 그럼에도 '비영리단체 모금전략'은 내게 흥미로운 책이었다. 모금가로서 가야 할 방향을 잡는데 큰 도움이 되었다.

후원자서비스는 시스템으로 이루어져야 한다.

후원자서비스는 기관의 신뢰를 보여주는 척도다.

후원자서비스를 제공하는 이유는 충성도 높은 고객을 확보하는 것이다. 충성도 높은 고객은 후원을 유지하는 것뿐만 아니라 신규 고객을 적극적으로 추천하고 법인의 사업에 무한한 지지를 보내주는 사람이다.

"신규 고객을 개발하는 평균비용은 기존 고객 10명을 유지하는 비용과 같다."Bain&Company Research고 한다.

확보된 고객을 관리하는 비용이 신규 고객을 발굴하는 것보다 훨씬 수월하다는 것은 알고 있지만 체계적으로 관리되지는 않는다. 매일 운동하면 건강에 좋은데 실천하기 어려운 것과 같다.

후원자를 관리하려면 예산, 인력, 시스템이 필요한데 이를 다 갖춘 법인은 드물다. 이런 어려운 조건들이 있어 모금가나 비영리법인의 종사자가 후원자서비스 업무와 관련해서 객관적인 기준을 가지고 있는 직원은 별로 없다. 이 챕터에서는 후원자서비스의 전반적인 흐름을 설명하고자 한다. 개념을 알면 방향을 정하는 데 도움이 된다.

후원자서비스는 후원자가 처음에 기관에 유입되는 과정부터 중단할 때까지 발생되는 모든 부분을 입력하고 기록하고 결과를 알려주는 과정이다. 이 과정을 제대로 수행하려면 하나의 팀이 필요하다.

신규 고객이 유입되면 감사 메시지를 보내는 것부터 후원자서비스가 시작된다. 입력과 동시에 후원자에게 문자메시지가 발송된다. 신규 후원자는 신청서를 받는 즉시 등록해야 한다. 다른 어떤 업무보다 먼저 수행하기 바란다. 신청을 받고 차일피일 미루다가 일주일, 심하면 한 달 후에 등록하는 경우도 있다. 미루면 안 된다. 한 명의 고객을 확보하는 것이 얼마나 어려운지 안다면 그날그날 등록하는 것이 맞다.

등록이 끝나는 대로 후원감사안내문, 기관소식지를 보낸다. 이 과정은 신규 고객 등록과 동시에 이루어진다. 그 이후에는 법인의 주요 행사를 SNS나 우편 등을 통해 알려준다. 연말에 기부금영수증을 발송하고, 후원 1주년 축하메시지와 후원자 표창 상신이 후원자서비스의 일반적인 과정이다.

메이저법인은 신규후원자관리, 정기발송관리, 후원금납입관리, 약정만기관리, 후원자정보관리, 후원자소리관리, 결연서비스관리, 후원자등급관리, 장기후원자관리가 체계적으로 이루어진다.

각각의 '관리'에는 구체적인 매뉴얼이 있다.

후원금납입관리와 장기후원자관리만 간단히 설명하고자 한다. 후원금납입관리는 후원자로 등록된 후 후원금이 들어오지 않거나 후원금이 체납된 경우에 관리한다. 후원금 체납리스트를 출력하여 콜센터 상담원들이 직접 전화를 한다. 상담원은 체계적으로 훈련받은 분들이라 모금가보다 훨씬 더 설명을 잘한다. 가끔 계좌번호 등 고객의 기본정보가 제대로 입력되지 않아 출금이 안 되는 경우도 있다. 기본정보를 수정한 것만으로 기부자를 한 명 개발한 것과 같다.

또 후원금 미납자를 대상으로 체납후원금을 관리한다. 매월 20일에 자동이체를 신청했는데 잔액부족으로 후원금이 안 들어오면 30일에 재청구한다. 30일에도 안 들어오면 다음달 10일에 한 번 더 재청구한다. 2회에 걸쳐 재청구하면 10~20% 정도 후원금이 들어온다. 모든 과정은 시스템으로 이루어진다. 시스템이 갖춰져 있지 않으면 모금가가 일일이 전화로 확인을 해야 한다. 번거롭고 그럴만한 여유도 없다.

장기후원자관리는 10년, 20년, 30년 이상 후원자에게 차별화된 서비스를 제공한다. 후원자의 욕구를 파악해서 '장기후원자 감사패' 등을 제공한다. 오랫동안 후원을 했어도 대가를 바라지 않는 후원도 많다. 가끔 친구들 집에 장기후원자 패를 거실에 자랑스럽게 올려놓은 것을 볼 수 있다. 감사패를 거실에 둔다는 것은 본인의 활동에 스스로 만족하고 있다는 의미다.

메이저법인의 후원자서비스는 시스템으로 관리된다. 후원자 수가 수십만 명에 달하기 때문에 당연한 방법이다. 모든 법인들이 시스템을 활용하면 좋은데 문제는 예산과 운용인력이다.

CAM, FMS, FRS, SSS, Single-View 등 다양하다. 후원자관리시스템과 후원금관리시스템 등이 모두 연동되게 설계되었다. 50만 명의 후원자가 있어도 단 몇 분 만에 필요한 데이터를 출력한다. 그 뿐만이 아니라 시스템상 없는 자료도 조건을 걸어서 확인해볼 수 있다. 이 자료들은 빅데이터로 구축된다. 후원자의 정보와 특성을 파악해서 신규 고객을 확보하는 통계자료로 활용할 수 있다는 의미다. 이것이 차별화된 시스템이다.

소규모법인도 그들만의 방법으로 충성고객을 유지할 수 있다. 후원자의 수가 적은 만큼 그에 맞는 방법을 찾으면 된다. 우리는 기부자를 지정후원금, 비지정후원금, 일시후원금으로 분류해서 서비스를 제공하고 있다. 지정후원금은 후원금을 집행하고 3일 내에 카드뉴스 형태로 만들어서 알려주고, 원 페이지 결과보고를 제공하기도 한다. 방향을 잡아서 가다 보면 길이 생긴다. 후원자서비스의 목적은 평생동안 고객이 법인의 후원자로 머물게 하는 것이다.

빅데이터를 활용한 기부자 개발

빅데이터big data는 데이터가 너무 방대하여 기존의 방법이나 도구로 수집, 저장, 분석 등이 어려운 정형 및 비정형 데이터들을 말한다. 2019년 현재 1분 동안 유튜브에서는 450만 건의 뷰가 발생하고, 구글에서는 380만 건이 검색되고 인스타그램은 34만 7천여 건의 새로운 정보가 생성된다.

빅데이터의 특징은 크기Volume, 속도Velocity, 다양성Variety을 들 수 있다. 크기는 일반적으로 수십 테라바이트 혹은 수십 페타바이트 이상 규모의 데이터 속성을 의미한다. 속도는 대용량의 데이터를 빠르게 처리하고 분석할 수 있는 속성이다. 다양성Variety은 다양한 종류의 데이터를 의미하며 정형화의 종류에 따라 정형, 반정형, 비정형 데이터로 분류할 수 있다.

세계적인 기업과 비교하는 것은 무리지만 빅데이터의 중요성을 설명하고자 한 것이다. 비영리법인에서도 빅데이터에 대한 관심이 많아지고 있다. 그러나 빅데이터를 활용한 모금 방법은 메이저법인만 가질 수 있는 특권이다. 아쉽고 쓰리지만 현재는 그렇다.

소규모법인들이 해보고 싶다고 시도해볼 수 있는 영역이 아니다. 태산을 오르는 것은 체력이 좋든 부족하든 1년 정도만 준비하면 오를 수 있다. 하지만 빅데이터는 짧은 기간에 축척할 수 있는 것이 아니다. 돈을 들여도 한꺼번에 데이터를 쌓을 수 없다. 시스템의 문제가 아니라 데이터의 영역이다. 수십 년간 꾸준하게 확보한 기부자 정보의 총합이 빅데이터다.

그럼, 비영리법인에서는 어느 정도를 빅데이터라고 규정할 수 있을까. 여기에 대한 기준은 없는 것으로 안다. 예측을 한다면 기부자수가 최소 10만 명은 넘어야 활용하는데 용이하다고 생각한다. 이 기준을 5만, 3만 명으로 낮추면 얻을 수 있는 결과가 적어서 설명의 편의를 위해 10만 명을 기준으로 삼았다. 메이저법인들은 50만 명이 넘는 곳도 많다. 빅데이터의 의미는 데이터를 잘 활용해서 새로운 기부자를 최대한 확보해야 유용한 것이다. 성과를 낼 수 없는 데이터는 빅데이터라고 부르기 민망하다. 기부자의 정보가 촘촘하게 수집되어야 한다.

메이저법인을 기준으로 빅데이터를 마케팅에 활용하는 방법을 가정해 보자.

아동학대 문제가 사회적인 이슈가 되고 있는데, 수도권에 거주하는 3~40대 주부들이 관심을 많이 가진다는 통계가 있다고 전제하자. 그러면 법인의 전산시스템에 등록된 수도권에 거주하는 3~40대 주부 후원자의 리스트를 뽑아 아동학대와 관련된 정보를 제공하거나 아동학대로 고통 받는 사례를 돕자는 안내문을 보낼 수 있다. 방법적으로 가능하다. 불특정 다수를 대상으로 접근하는 것보다 훨씬 유용하다.

다른 가정을 해보자. 기부자 50만 명 중에 1만 원 이하의 후원금을 납부하는 기부자가 20만 명이라고 했을 때 20만 명에게 지금 우리 사회에서 1만 원이 갖는 의미와 가치에 대해 설명하고 기부금 증액을 요청하면 얼마나 응답할까.

만일 3%가 응답을 했다면 600명이 개발된다. 3%를 잡은 이유는 법인을 이해하고 참여하는 기부자들이기 때문에 현실성이 있는 비율이라고 생각했다. 600명이 1만 원씩 증액을 한다면 매월 600만 원이 들어오고 1년이면 7,200만 원이 늘어난다. 메이저법인의 평균 후원기간이 10년이 넘는다는 것을 감안하면 기부금은 꾸준하게 유입된다. 데이터를 뽑고 안내문을 보내는 데 걸리는 시간은 한 달 남짓이다. 소규모법인에서 일 년 만에 600명의 후원자가 증가되기만 해도 대박이다. 하지만 메이저법인에서는 어려운 일이 아니다. 사회적인 이슈만 잘 활용해도 모금으로 연결할 수 있다. 이런 경우에는 모금가의 역할이 앞에서 예시한 것과는 많이 다르다. 메이저법인에서 일할 기회가 생기면 활용해 보기 바란다.

좀 더 통 크게 상상을 해보자. 후원자 50만 명에게 기부금 증액 캠페인을 한다고 가정하자. 50만 명에게 법인 후원금 증액의 필요성을 설명하고, 이 중 3%가 응답을 했다면 1,500명이 개발된다. 모금가가 불특정다수를 대상으로 무작위로 안내문을 보내면 1~2% 정도 반응을 한다는 것이 통례다. 기존의 기부자는 법인의 사업에 동의하고 참여하고 있기 때문에 3%는 억지가 아니다. 1,500명이 1만 원씩 증액을 한다면 매월 1,500만 원이 들어오고 1년이면 1억 8천만 원, 10년이면 18억 원이 늘어난다. 숫자놀음이 아니다. 이 방법은 '후원자배가운동'이라는 이름으로 15년 전쯤 시도한 적이 있었는데 처음에는 10% 정도 개발되었다. 어마어마한 반응이 있다.

메이저법인이야 이미 활용해본 방법이라서 기대치와 차이는 있겠지만, 시작해 보지 않은 법인들은 생각해 봄직하다. 지금 확보된 후원자의 규모에 따라 시도해볼 수 있다.

기업이든 사람이든 덩치가 크면 일단 느리다. 하지만 메이저법인들은 규모가 큼에도 모금 영역에서는 엄청 기민하다. 우리가 어떤 것을 시작하려고 생각할 때 그들은 벌써 뛰어다니고 있다. 시스템을 활용한 빅데이터 관리가 상당한 역할을 하리라 생각한다.

chapter

4 불편해도 공감하면 구입한다. 콘텐츠

미래인재 꿈 키움 프로젝트

꿈꾸는 아이들이 미래를 디자인한다.

연말 모금은 역시 산타크루

카카오 같이가치를 활용한 모금

일일관장 제도

자녀 이름으로 기부하세요.

동서화합 천사프로젝트

나눔 교육을 통한 모금

동티모르 착한고무신 보내기 프로젝트

특별한 프로그램에는 기부자를 참여시켜라.

chapter

4 불편해도 공감하면 구입한다. 콘텐츠

미래인재 꿈 키움 프로젝트

'미래인재 꿈 키움 프로젝트'는 꿈이나 끼가 있는 아이들을 지원하는 프로그램이다. '꿈꾸는 아이들이 미래를 디자인한다: 꿈디'라는 주제로 청소년 해외문화체험과 같이 추진했다. 이 프로젝트는 2005년도 만들어졌다.

꿈디 안에 미래인재 꿈 키움 프로젝트와 청소년 해외문화체험이 들어 있는 것이다. 이 두 개의 프로젝트는 지금까지 이어지고 있고 전국적으로 많이 퍼졌다.

미래인재 꿈 키움 프로젝트는 음악, 운동, 바둑, 글쓰기, 댄스 등에 재능이나 호기심이 있는 아이들을 찾아서 돕는 계층이동 사다리 사업이다.

빈곤가정 아이들을 돕는 전통적인 방법은 결연기부금, 생활비, 장학금 등을 지원하는 것이 고작이었다. 기부금이라고 해봤자 매월 1만 원에서 3만 원 정도였는데, 지금은 평균 10만 원 정도가 지원되고 있다. 기부자 입장에선 적은 금액이 아니지만, 받는 사람들 입장에선 큰 금액도 아니다. 기부금 사용에 대해 기부자와 대상자의 생각 차이가 크다. 기부자는 당신이 낸 기부금은 아이들이 먹고, 입고, 학용품을 사는데 사용되기를 바란다. 주로 대상자의 의식주를 해결하는 데 사용되길 희망한다.

하지만 재능이 있고 호기심이 많은 아이들에겐 '빵'으로 욕구를 충족시킬 순 없다. 꿈을 꾸는 아이들에겐 꿈에 도전할 기회를 줘야 한다. 이 아이들이 꿈을 이룬다는 것은 계층을 이동한다는 의미다. 나눔의 궁극적인 목적은 대상자의 자립에 초점을 맞춘다. 가난의 고리를 끊을 수 있게 도와주는 것보다 더 의미 있는 나눔이 있을까. 재능과 끼가 있는 친구들을 찾아보라. 그들은 모금가가 손 내밀어 주길 기다리고 있다.

2016년 브라질 리우 올림픽에서 펜싱 종목 금메달을 딴 박상영 선수. '할 수 있다'는 메시지로 국민들에게 희망을 준 박 선수도 메이저법인 인재양성 지원사업의 도움을 받았다. 기부금으로 한 사람의 운명을 바꿔준다면 얼마나 감동적일까. 박 선수는 펜싱을 하는 어린 꿈나무들에게 영웅이 되었다. 이 어린 선수가 올림픽에서 금메달을 따는 순간 국민들은 큰 위로를 받았다. 이 선수의 성공 요인은 무엇일까. 박 선수의 재능을 발견하고 기꺼이 기부금을 내준 기부자들 덕분이다. 기부금이 중간에 끊겼다면 박 선수의 미래는 어떻게 됐을까. 예측할 수는 없지만, '올림픽 금메달'이라는 결과를 만들어 내기는 어려웠을 것이다.

미래인재 꿈 키움 프로젝트는 한 명의 대상에게 큰 금액이 지원되는 프로그램이다. 기부금이 충분해야 시도해 볼 수 있다. 기관에서 관리하고 있는 대상자 중에 특별한 재능과 끼가 있는 아이가 있으면 메이저법인의 제도를 활용하는 것도 좋은 방법이다.

소규모법인으로 옮기고 처음에 선언한 것이 메이저법인으로부터 탈피였다. 이 다짐은 3개월을 넘기지 못했다. 호기롭게 기부자를 찾아 미래인재 꿈 키움 프로젝트를 성공시켜 보겠노라고 굳은 결심을 했는데 모든 것이 의지와는 달랐다. 그래서 메이저법인의 제도를 활용하는 것으로 전략을 바꿨다. 재능과 호기심을 가진 대상을 찾아서 메이저법인에 추천하고 지원을 받아 기관에서 관리하는 방식이다.

유나는 안과의사를 꿈꾸는 친구다. 학습에 대한 열망이 많고 학업 성적도 최상위권이다.

굳은 의지로 최선을 다해 버티고 있지만, 시각장애인인 아버지와 지적장애인 오빠가 버팀목이 되어 주면 좋겠지만 기댈 수 있는 상황이 아니다. 게다가 학원비가 많이 들어 마음의 부담이 엄청나다. 기부금이 중단되면 학원을 못 다닐지도 모른다. 학원은 유나에게 유일한 희망이다. 학원을 다니지 않는다는 것은 꿈을 포기하라는 것이 된다. 형편이 어려우니 돈을 벌어 나중에 꿈에 도전하라고 해야 할까.

모금가는 유나를 돕는 방법을 찾아야 한다. 유나와 같이 꿈꾸는 아이들을 지켜주는 좋은 방법은 메이저법인의 제도를 활용하는 것이다. 모금가가 자존심만 내세웠다간 피해를 보는 것은 유나와 같은 꿈꾸는 아이들이다. 어떤 경로든 우리 지역의 아이들이 도움을 받는 것은 감사한 일이다. 그렇다고 모금가가 메이저법인만을 바라보는 해바라기가 되라는 의미는 아니다. 방향을 잡고 미래를 향하다 보면 메이저법인의 무릎만큼은 따라갈 수 있다고 생각한다. 그만큼 따라가면 더 큰 꿈을 꾸지 않을까. 모금가도 꿈을 꿔야 한다. 꿈꾸는 모금가는 아이들의 운명을 바꿀 수 있다.

꿈꾸는 아이들이 미래를 디자인한다.

지수는 책 살 돈이 없어 서점에서 쪼그려 책을 읽고 있는데 그 책을 찾는 손님이 나타났을 때, 슬그머니 나와 신발코만 보고 걷는다. 한두 번 겪는 일이 아니라서 담담하지만, 이런 상태가 싫다.

철민이는 방학이 끝나면 한동안 학교 가기를 싫어한다. 친구들은 유럽을 다녀왔느니 미국을 다녀왔느니 자랑하는 통에 자존심을 상할 때가 많다. 중학교 때부터 숱하게 들었지만 그때마다 속이 끓어 오른다. 재들보다 공부도 운동도 자신 있고 잘 할 수도 있는데, '왜 나는 꿈꿀 수 없는가'에 화가 나기도 한다.

지수와 철민이의 상황은 한 달이 지나고 일 년이 지나도 나아질 가능성은 없다. 이러한 상태가 빈곤가정 아이들의 현재다. 이 친구들은 아무리 좋은 능력을 가져도 친구들보다 뛰어난 끼가 있어도 돈의 노예가 된다. 희망도 기대도 없이 1년이든 2년이든 흘려보낸다.

'꿈꾸는 아이들이 미래를 디자인한다: 꿈디'는 지수와 철민이처럼 재능이나 끼가 있는 친구들에게 꿈에 도전할 용기를 주고자 기획되었다. 재능은 있는데 기회를 얻지 못하는 친구들, 해외에 한 번도 나가보지 못한 친구들에게 새로운 경험을 제공하고자 시작했다.

뜻이 있는 곳에 길이 있는 법, 바로 기부자를 찾아 나섰다. 처음에는 녹록하지 않았다. '어려운 아이들을 해외에 보내줄 필요가 있느냐', '프로그램에 드는 비용이 너무 많다', '우리 애도 해외에 데려가 본 적이 없다'는 반응과 함께 '한 번 해봅시다', '아이들에게 좋은 기회가 되겠네요'와 같은 반응이 팽팽했다.

50%의 가능성이 생겼다. 많게는 10%, 적게는 1~2%의 상태에서 도전하는 모금가에게 50%의 가능성은 절호의 찬스다. 회의에서 가장 우호적이었던 후원회장을 찾아 꿈디의 필요성을 다시 설명했다. 회장께서는 흔쾌히 동의했다. 당신이 절반을 낼 테니 반대했던 분들을 설득해 보라고 조언을 했다. 한 분씩 찾아가 꿈디를 통해 아이들의 인생이 어떻게 바뀔 수 있는지를 설명했다. 결국 분위기는 바뀌었고 후원회에서 전액 지원하기로 결정했다. 회장님의 의지가 큰 힘이 되었다. 모금가의 적극적인 역할로 비행기를 이륙시켰다.

"잠시 후 우리 비행기는 하노이 국제공항에 도착할 예정이오니 모두 자리에 앉아 좌석벨트를 매주시기 바랍니다."

이 멘트가 나오자마자 여러 명의 아이들이 선반 위의 짐을 챙기려 자리에서 일어났다. 승무원은 분명히 자리에 앉아 좌석벨트는 매라는 멘트였는데, 승무원의 제지를 받고서야 아이들은 자리에 앉았다. 어리둥절한 아이들의 얼굴엔 '왜 다시 자리에 앉으라는 거지'라는 표정이었다. 버스나 기차를 타고 목적지에 도착할 무렵이면 짐을 챙기는 것은 당연한 행동이니까. 이렇게 첫 해외문화체험을 성공리에 마쳤다.

"다시 공부할 힘이 생겼어요."
"평생 못할 수도 있는 경험을 했어요."
"내가 무엇을 위해 살아가는지 돌아보게 되었어요."
"저의 좁은 시야가 넓혀지는 시간이었어요."
"새로운 꿈과 도전할 용기가 생겼어요."

꿈디를 다녀온 친구들의 반응이다. '새우잠을 자더라도 고래 꿈을 꾸어라', '지금 자면 꿈을 꾸지만, 지금 노력하면 꿈을 이룬다'는 말처럼 꿈을 꿔야 하는 값진 경험을 얻었다.

꿈디 활동보고회 때 후원회장을 비롯해서 회원들을 초대했다. 참가한 친구들이 한 명씩 소감을 말했다. 회원들은 '참 잘했다고 생각한다', '아이들이 저 만큼 좋아할 줄 몰랐다', '내년에도 꼭 다시 하자'라는 반응이 많았다.

꿈디에 참여한 친구들은 훗날, 검사가 되고, 직업군인이 되고, 선생님이 되고, 작가가 되었다. 한 번의 도움으로 '계층을 이동'하는 결과를 가져왔다. 한 명이 꿈을 이루면 한 가정을 살린다. 모금가의 꿈은 아이들이 꿈꿀 수 있는 여건을 만들어 준다.

연말 모금은 역시 산타크루

일 년 중에 모금이 가장 잘 되는 시기는 연말이다.

모든 법인들은 연말 모금에 집중한다. 그만큼 효과가 있다는 의미다. 매년 돌아오는 연말 프로그램을 무엇으로 차별화할 것인가. 우리는 산타크루를 선택했다. 산타크루는 이중성을 가지고 있다. 흔함과 동시에 차별화다. 많은 법인들이 연말에 산타 콘셉트로 모금을 하고 있다. 수많은 방법들이 있지만 **산타크루는 아이들이 갖고 싶어 하는 선물을 구해서 아이들 앞에 나타나는 산타다.** 아이들의 반응은 기대 이상이다. 수줍음을 타는 친구도 있지만 신기하게 여기는 친구들이 더 많다.

산타크루는 준비기간이 길다. 8월 말부터 아이들의 욕구를 파악한다. 산타할아버지한테 받고 싶은 선물이 무엇인지 그림과 편지로 보내달라고 한다. 아이들의 욕구는 다양하다.

'곰 인형을 받고 싶어요.'

'형이나 누나로부터 옷을 물려받는데 새 옷을 입고 싶어요.'

'학교가 먼데 자전거가 있으면 신나게 다닐 것 같아요.'

'태권도 보장구가 낡아서 고민이에요.'

아이들의 소원은 단순하다. 거창한 것을 바라는 것이 아니라 이거 하나만 있으면 좋겠다는 바람을 이야기한다. 보통 아이들은 옷장에 있는 옷 중에 무엇을 선택할지 고민인데, 이 아이들은 올해는 제발 형이나 언니 것을 물려받지 않게 해달라고 기도한다.

방과 후 공부방 아이들과 일반 초등학생을 대상으로 소원이 무엇인지를 조사한 자료가 있다.

방과 후 공부방 아이들은
'엄마와 같이 살게 해 달라.'
'할머니가 빨리 낫세 해 달라.'
'선물 받게 해 달라.'
'친구들이 괴롭히지 않게 해 달라.'
'자신감과 용기를 갖게 해 달라.'라고 하는데

일반초등학생들은
'우리 가족이 건강하게 해 달라.'
'좋은 대학 가게 해 달라.'
'1등 하게 해 달라.'
'예뻐지게 해 달라.'
'방학이 빨리 오도록 해 달라.'라고 했다.

어떤 생각이 드는가? 같은 또래인데 소원의 차이가 이토록 클까.
방과 후 공부방 아이들의 소원은 일반가정 아이들의 현재에 맞춰져 있다. 일반가정 아이들의 소원은 미래에 가 있다. 경쟁이 가능하겠는가. 그래서 빈곤을 이야기할 때 출발선에 대한 이야기를 한다. 출발이 다른데 어떻게 경쟁이 가능하냐고 되묻는다.

모금가는 아이들의 기도에 응답하는 사람이다. 이토록 간절함이 담긴 아이들의 이야기를 가지고 기부자를 찾는 것은 수월하다. 산타크루를 시작하고 반응이 참 좋았다. 이 프로그램의 핵심은 세 가지다.

첫째는 아이들이 꼭 갖고 싶은 것을 선물하는 것이다. 단순해 보이지만 차이가 크다. 아이들의 욕구를 파악해서 그에 맞는 선물을 하는 것은 단순한 것 같지만 특별한 접근이다. 우리가 어떤 행사를 할 때 기관 중심으로 진행하는 것이 많다. 20명의 아이를 대상으로 하더라도 개개인의 욕구를 맞추는 것은 쉽지 않다. 언젠가부터 질보다는 양적인 접근을 해왔다. 더 크고 더 화려하게 하는 것이 더 큰 사회복지를 한다는 생각을 가진 것 같다. 아이들의 욕구는 10년 전이나 지금이나 다름이 없다. 그때도 옷과 신발, 자전거 등 오롯이 내 것을 갖고 싶었을 뿐이었다. 아이들은 지금도 산타의 선물을 크게 기대하지 않는다. 선물을 받은 적이 없거나 받더라도 학용품세트나 문화상품권이었다. 주니 감사하지만 감동은 아니다.

아이들이 받고 싶은 선물을 받았을 때 어떤 반응을 보일까. 방방 뛴다. 좋아서 어쩔 줄 몰라 한다. 모금가가 갖고 싶은 것을 그려 보라고 했을 때는 기대를 않고 적었는데 그 선물이 눈앞에 있는 것이다. 추억이 있는 아이는 힘듦을 견디는 에너지가 된다.

둘째는 기부자의 참여다. 기부자가 선물을 들고 직접 아이들을 방문한다. 기업이나 단체, 개인이 낸 기부금으로 선물을 사서 직접 전달하는 것은 신선한 체험이다. 프로그램의 취지, 기부금 사용, 결과보고를 한 번에 보여주는 좋은 기회다. 기부자가 신뢰를 가지면 기부금이 이어지거나 증액될 가능성이 높아진다. 첫 번째 산타크루를 진행하면서 기부자들의 반응에 더욱 보람을 느꼈다. 대기업의 사원은 '평소에 미처 못 하던 생각들을 할 수 있어 개인적으로 참 좋았습니다.'라고 메시지를 보냈고, 요식업 법인의 대표이사는 '너무 감사합니다. 정말 좋은 경험이었어요. 앞으로도 많이 불러 주세요.'라고 직접 연락을 주었다. 뿐만 아니라 자신의 인스타그램 계정에 직접 홍보하기도 하였다. 요즘 기부의 트렌드는 '참여'다. 기부자가 직접적인 피드백을 받으면 기부는 자동으로 유지된다.

셋째는 모금가의 동기부여다. 모금가가 딜레마에 빠지는 이유 중의 하나가 기부금 사용에 대한 투명성이다. 모금은 공익을 목적으로 하기 때문에 가치가 공감되지 않으면 활동이 위축된다. 기관에서 모금가를 동기부여시키는 좋은 방법은 기부금을 투명하게 사용하고 그 흐름을 공유하는 것이다. 기부금이 공정하고 정의롭게 사용된다는 확신이 생기면 모금가의 열정은 식지 않을 것이다.

산타크루를 진행하면서 가장 가슴이 뜨거웠던 순간은 선물을 받고 기뻐하는 삼형제의 반응을 보았을 때다. 아이들은 서로의 선물을 자랑하기에 바빴고 선물 외에는 아무것도 보이지 않는 것 같았다. 동행했던 기부자의 일부는 눈시울을 붉혔다. 산타크루라는 콘텐츠를 만들고, 모금을 하고, 선물을 전달하기까지 많은 과정이 필요하다. 노력과 수고에 대한 최고의 보상은 '삼형제'의 반응이었다.

모든 법인들이 어떤 형태로든 연말에 모금을 한다. 매년 해오던 방법을 활용하든 새로운 방법을 사용하든 기부자를 확보하는 노력을 하기 바란다. 메이저법인은 12월 한 달 동안 일 년 기부금의 20~40%를 모금하기도 한다. 말 그대로 집중 모금을 한다. 연말에 모금액이 증가하는 이유는 국민들의 마음이 크게 열렸다는 것이다. 모금을 할 거라면 연말 모금을 기획해 보기 바란다.

카카오 같이가치를 활용한 모금

카카오 같이가치에 대해서는 이미 다 알고 있는 내용이라 흥미가 떨어질 수도 있다.

하지만, '미다스의 손'도 있다. 시작부터 너무 자신만만하게 나가서 조금 불안한 감도 있지만 사실만을 이야기해 보려 한다. 전국 수백 개의 기관에서 카카오 같이가치를 활용해서 모금을 하고 있다. 다들 성과도 좋으니 특별한 차이는 없어 보인다. 근데, 잘 들여다보면 모금 목표가 채워지지 않는 모금함도 많이 보인다. 차이가 뭘까. 원래 훌륭한 모금가는 같은 상황에서 조금 더 나은 성과를 내는 사람이다. 비슷비슷한 것을 가지고 그만그만한 성과를 낸다면 보통이다. 모금가로 성장하고 싶다면 같은 조건에서 작은 차이를 내는 방법을 찾길 바란다.

지난 2년 동안 같이가치를 통해 11개의 모금함을 개설했는데 거의 성공적이었다. 금액이 수천 만 원 단위였다. 겨우 2년 해놓고 번데기 앞에서 주름잡는다고 핀잔을 줄 수 있다. 이 꼭지를 다 읽고 핀잔을 주면 겸허히 받아들이겠다. 그렇다고 너무 기대는 마시고 읽어보고 참고하기 바란다. 같이가치 모금함을 보면 유난히 모금의 총량이 많거나 빨리 모금되는 경우가 있다. 모금액이 많은 것은 카카오 기금, 카카오 크루를 비롯해서 기업 등이 후원을 하는 경우다. 짧은 시간에 모금액이 빨리 늘어나는 경우는 응원, 댓글, 공유할 때 1,000원씩 쌓이기 때문이다. 기업에서 협찬하는 특별한 방법이다. 여기에 지원받으려면 공개적으로 모집할 때 제안서를 내고 선정이 되어야 모금함이 개설된다. 각 협회로부터 모집한다는 공문이 내려온다. 눈여겨 살펴보고 지원기준에 맞게 작성하면 혜택을 받을 수 있다.

'하나도 거룩하지 않은 지민이의 산타' 처음 시도였는데 결과는 비참했다.

'안과 의사를 꿈꾸는 유나의 편지'

'누가 장난감을 창밖으로 던졌을까요.'

'비겨라. 장애. 난 꼭 작곡가가 될 거야.'

'요즘 누가 고무신을 신어요. vs 없어서 못 신어요.'

'새 교복 못 입어도 괜찮아요.'

'엄마, 저 바다 보여? 소리로 기억될 우리 여행'

'지수의 입학, 할아버지의 근심은 깊어집니다.'

'이런 Hot한 밥상은 처음이시죠?'

'예지야, 엄마가 병이 나으면 꼭 데리러 갈게.'

'여름밤 Cool Cool 잠들고 싶어요.'

같이가치에서 모금함의 성공률을 높이려면 네 가지가 필요하다. 경험적인 관점에서 이야기하는 것이기 때문에 맹신하지 않기를 바란다. 사례, 제목타이틀, 글 구성, 사진이다. 너무 평범해서 실망했는가. 일등과 꼴등의 차이는 종이 한 장이라는 말이 있지 않은가. 작은 차이로 좋은 성과를 내는 것은 능력이다.

첫째는 좋은 사례를 찾는다.

너무나 당연한 이야기를 반복적으로 하니 짜증스러운가. 그렇다면 미안하게 생각한다. 이쯤해서 책을 덮어도 좋다. 굿 럭.

좋은 사례를 찾는 것은 사회복지사의 몫이다. 모금가와 사례관리 담당자는 협력이 필요하다. 그런데 모금가가 직접 사례를 찾아서 같이가치에 올리면 일의 양이 너무 많다. 이때는 협업이 필요하다. 사회복지사는 많은 사례를 알고 있다. 이 많은 사례가 모두 모금을 할 수 있으면 좋겠지만 그럴 순 없다. 그래서 사회복지사와 모금가는 자주 의견을 나눠야 한다. 사례를 듣고 모금이 가능할 것인지를 판단하는 것은 모금가의 몫이다. 모금가는 감각을 가지면 좋다.

둘째는 제목타이틀이다. 타이틀에서 흥미를 끌면 성공 확률이 높아진다.

카피라이트의 역량을 갖추라는 것이 아니다. 일상에서 약간의 감각을 가지면 효과가 더 낫다. 신문기사나 책을 읽는 것도 감각을 기르는 데 큰 도움이 된다.

칸느영화제에서 '황금종려상'을 수상한 봉준호 감독의 영화 '기생충'에 대한 찬사가 이어졌다.

봉준호 '기생충', 韓 최초 황금종려상 수상

봉준호 '기생충', 황금종려상. 韓영화 100년사 최대 '쾌거'

봉준호 '기생충', "심사위원 만장일치 황금종려상"

모든 제목들이 훌륭했다. 감히 일개 모금가가 평할 것은 못 된다. 하지만 모금가도 독자다. 독자의 관점에서 볼 때 위의 제목에는 그다지 끌림이 없었다. 그런데 하나의 타이틀이 눈에 확 띄었다.

세계 최고 '봉'

황금종려상이 세계 최고라는 의미와 그 주인공이 봉준호 감독이라는 멋진 조합이다.

2011년 스티브 잡스가 사망했을 때 한 언론의 타이틀이 '잡스, iSad'였다. 스티브 잡스의 'i' 시리즈와 슬프다는 'Sad'를 절묘하게 묘사했다.

세계 최고 '봉'과 '잡스, iSad' 몇 번을 봐도 매력적이고 센스 있는 타이틀이다.

셋째는 글 구성이다.

내용만 전달되면 되지 뭐가 더 필요해라고 한다면 할 말이 없다. 그러나 독자들의 생각은 다르다. 독자들은 보이는 대로 판단하고 느낌대로 받아들인다. 그럼 모금함을 개설하면 모두 100%가 채워져야 하는데 왜 들쭉날쭉할까.

내용을 구성할 때 사회복지사들은 상당히 정직하다. 있었던 사건을 있는 그대로만 설명한다. 태어나서 지금까지의 인생 흐름을 순서대로 구성한다. 내용은 맞지만 재미가 없다. 이쯤해서 다시 한 번 고백한다. 우리가 개설한 모금의 타이틀이 모두 잘했다는 의미는 아니다. 단지,

타이틀을 정하기 위해서 많이 고민하고 브레인스토밍을 할 뿐이다.

엄마와 4남매가 살고 있는 가정을 같이가치 모금함에 올린다고 가정하자. 사회복지사는 엄마를 비롯해서 5명의 인생사를 내용에 담으려 한다. 가족인데 누구는 넣고 누구는 빼는 것을 양심의 가책으로 느끼기도 한다. 평소에 공정하게 일하다 보니 그 습관이 이 부분까지 미치는 것이다. 열심히 구성한 내용을 독자들은 지루하게 느낀다. 이때는 특별한 사연을 가진 한 명을 선택해서 스토리로 구성하면 좋다. 사실을 외면하는 것이 아니라 사실을 독자들이 공감할 수 있게 구성하면 더 좋다.

메이저법인은 유명한 작가로부터 재능기부를 받아 사례 내용을 구성하기도 한다. 모금업무를 전담하는 직원이 한 명도 없는 입장에서 보면 부러운 게 한두 가지가 아니다. 환경이 안 되는 것을 어쩌리. 집안법인을 일으키는 것은 자식들모금가의 몫인걸.

넷째는 한 장의 사진이다.

시리아 난민 꼬마 쿠르디의 사진은 세계를 울렸다. 아이티 지진 때 흙더미 속에서 아이티 국기를 들고 있는 청년의 사진은 아이티 국민들에게 희망이 되기도 했다. 모금에서도 한 장의 사진이 매우 중요하다. 사진을 잘 찍기 위해 의무감으로 학원을 다니 필요는 없다. 모금업무를 하다 보면 사진의 중요성을 깨닫게 된다. 일상에서 프로그램이나 행사를 진행할 때 사진을 찍고 피드백을 받으면 도움이 많이 된다.

사회복지사에게 같이가치 모금함에 올릴 사진을 찍어달라고 부탁했다. 사진을 보고 깜짝 놀랐다. 전문가의 솜씨인 줄 알았다. 사진을 배웠느냐, 사례의 내용을 충분히 이해하고 콘셉트를 생각하고 찍었느냐, 연출을 했느냐고 물었는데 모두 아니라고 했다. 그냥 찍었다고 했다. 그냥 찍었는데 그 정도라면 감각이 뛰어난 친구다. 그 사진 덕분에 '기관 샷'을 얻었다.

모금가는 같은 사례를 보더라도 다른 관점을 가져야 한다. 좋은 사례를 보는 감각을 키우면 좋다. 어떤 때는 사례 전체의 스토리를 보고, 어떤 때는 한 부분 또는 대상자의 말 한 마디를 가지고 스토리로 묶어 낼 수 있으면 좋다. 이쯤 되면 어벤저스가 되란 말이냐고 항변할 수 있다. 그렇게 하다 보면 어벤저스를 흉내 낼 수는 있다.

일일관장 제도

모금을 하다 보면 숱한 방법들을 생각하게 된다. 일일관장 제도도 그 중의 하나다. 약 15년 전부터 해보고 싶은 방법이었는데 최근에 하게 되었다. 지역에서 인지도가 높고 책임감이 강한, 한 마디로 자원개발을 잘 해줄 수 있는 분을 모셔 하루 동안 기관의 모든 사항을 체험하게 하자는 취지다. 일일관장의 가장 중요한 미션은 정기기부자를 개발하는 것이다.

- 09:00 - 09:30 출근 및 일일관장 위촉장을 수여
- 09:30 - 09:40 티타임 겸 일정 설명

- 09:40 - 10:40 주간 업무회의 주관. 평소보다 조금 더 구체적으로 업무를 공유
- 10:40 - 12:00 업무 결재
- 12:00 - 13:00 직원들과 함께 기관 내에서 평소대로 식사
- 13:00 - 14:00 업무 결재
- 14:00 - 17:00 지역사회 자원개발. 기관장과 직원이 동행
- 17:00 - 17:30 일일관장 체험 평가
- 17:30 - 19:00 직원들과 저녁식사

일일관장 제도를 시행하려면 먼저 적임자를 찾아야 한다. 적임자를 찾는 것은 기관장이 직접 나서야 한다. 지역의 상인협회장, 새마을금고이사장, 각 단체의 회장, 자영업자, 자원봉사자 대표 등 취지에 공감하는 분이면 누구든 섭외하면 된다. 정기기부자 한 명을 개발하는 것과는 차원이 다른 노력이 필요하지만 시도해볼 만하다. 적극적이면서 시간적인 여유를 갖고 찾아야 한다. 경우에 따라서 수개월이 걸릴 수도 있다. 더디더라도 의지를 갖고 시작하면 기회가 생긴다. 가능하면 기관에 대한 이해도가 높고, 새로운 것에 도전해 보고 싶은 욕구가 있는 사람을 찾길 바란다. 일일관장의 역할 중 가장 중요한 것이 하루 동안 본인을 포함해서 5구좌 이상 정기기부자를 개발해야 한다는 미션을 완수할 수 있는 사람이어야 하기 때문이다.

여기서 드는 의문, '누가 하려고 하겠는가.', '이런 사람이 있을까.'

결론적으로 말하면 있다. 일일관장을 찾는 일은 떠벌림 효과도 한몫 할 수 있다. 무슨 일을 성공시키려면 계획한 일을 주변에 알리는

것도 좋은 방법이다. 사람마다 생각이나 가치가 다르듯 부담스러운 조건임에도 일일관장을 하려는 사람도 있다. 찾아보지도 않고 어려울 것이라 생각하고 시도하지 않으면 아무것도 얻을 수 없다. 너무 많이 생각하지 말고 제안해 보라. 제안을 하면 수락할지 말지는 그들이 선택하게 하면 된다. 실패하더라도 경험을 얻게 되고 새로운 방법도 찾게 된다. 세상에는 대가를 바라지 않는 사람, 명예를 중요하게 여기는 사람, 새로운 것을 경험하고 싶은 사람이 있다.

"제 나이 60이 넘어 이제 사회에서 더 이상 새로운 경험은 없을 줄 알았어요."

일일관장 세 번째 참여한 여성분의 말이다. 이분은 수년 전 라이온스 회장 취임 때 맞췄던 옷을 입고 출근했다.

"어제 잠을 한숨도 못 잤습니다. 딸 시집보낼 때보다 더 설렜습니다."

자영업을 하면서 조직 경험을 해보지 않은 일일관장 두 번째 참여한 분의 말이다. 누구에겐 평생 한 번 체험해 보고 싶은 역할이다.

첫 일일관장 제도는 성공적이었다. 가장 중요하게 생각했던 지역사회 자원개발 영역에서 하루 동안 15구좌를 개발했다. 대단한 성과다. 기관장이 한 달 내내 지역을 다녀도 개발하기 어렵다. 이렇게 개발된 기부자는 일일관장과의 각별한 인연으로 시작하기 때문에 유지율도 높다. 기관에서 기부자를 유입하는 과정으로 보면 최고의 방법이다. 이 좋은 방법을 시도하지 않는다면 당신이 더 나은 자원개발 방법을 찾으면 된다. 일일관장의 마지막 미션은 다음 일일관장을 소개하는 것이다.

일일관장 제도는 세 가지 중요한 의미가 있다.

첫째는 일일관장을 통해 우리가 하고 있는 일을 지역에 정확히 알릴 수 있다.

“제가 수년 전부터 복지관을 알고 있었고 후원도 하고 자원봉사 활동을 해서 잘 안다고 생각했는데, 이렇게 많고 다양하게 일할 줄은 몰랐습니다. 직원들 존경합니다.”

라이온스 클럽 회장을 비롯해서 각종 단체의 회장을 20곳 이상 경험한 1호 일일관장의 말이다. 이분은 수시로 주변의 지인을 정기기부자로 연결해 주고 있다.

이런 분들은 지역에서 워낙 네트워크가 잘 되어 있어 소문도 삽시간에 퍼진다. 옆에서 이야기를 듣는 것과 직접 체험해 보는 것은 많이 다르다.

둘째는 새로운 자원이 더 많이 연결된다. 일일관장 이후 크고 작은 자원들이 자연스레 연결된다. 지역 라이온스 클럽에서 정기후원을 신청했고, 동네 빵집, 국밥집, 공인중개사, 미용실, 학교뿐만 아니라 중소기업들도 연결되었다.

셋째는 지역사회와 네트워크를 알차게 형성하는 좋은 기회다. 기관이 지역에서 오랫동안 터를 잡고 지역사회복지를 실시하고 있지만, 우리가 어떤 일을 하는지 주민들은 잘 모른다.

일일관장 제도를 시작으로 지역사회와의 관계에서 조금씩 달라졌다. 아는 주민들이 많아졌다. 또 기관에서 필요한 재료를 살 때 보통은 큰 마트를 이용했는데 동네 상가를 자주 이용한다. 가격도 마트보다 저렴했다. 기관이 좋은 일을 하니 흔쾌히 깎아 주고 덤으로 더 줬다. 일일관장을 통해 지역과의 상생이 되고 있다. 이 제도를 오랫동안 유지해서 기관과 지역사회가 함께 지역의 빈곤문제를 푸는 방법을 고민해 보고자 한다.

자녀 이름으로 기부하세요.

'자녀 이름으로 기부하세요'가 세상에 나온 지 십년이 지났다.

'행복해지려 기부합니다' 책에 시작하게 된 배경과 의미를 충분히 설명했다. 여기서는 모금가의 관점에서 이 프로그램을 어떻게 확장시켰는지 이야기하고자 한다.

기부자 한 분이 고등학생인 딸의 손을 잡고 사무실을 찾아왔다. 딸이 태어나던 해 자녀를 얻은 기쁨이 너무 커 아이 이름으로 후원을 시작했다고 했다. 딸은 부모의 바람대로 잘 자랐고 이제는 스스로 활동할 수 있는 봉사꺼리를 소개해 달라고 했다.

이날 이분과의 만남은 감동이었다. 지금까지 수천 명의 후원자를 만났는데 가장 기억에 남는 분 중의 한 명이다. 이분의 이야기를 나눔 교육의 소재로 활용했다. 스토리를 나눔 교육에 활용하는 것도 모금가의 촉이 필요하다. 수많은 이야기들 중 그날 분위기에 맞는 스토리를 잘 활용하면 사람들의 심금을 울린다. 공감을 하면 기부로 이어진다.

초등학교에서 학부모를 대상으로 나눔 교육을 할 기회가 생겼다. 나눔 교육을 하면서 위의 후원자 스토리를 소개했다. 자녀와 관련된 이야기에 학부모들의 반응이 좋았다. 엄마들 중 10여 명이 자녀 이름으로 기부를 했다. 나눔 교육을 통해 기부자를 확보하는 것은 모금의 한 방법이다. 자녀를 둔 부모들의 반응을 확인하고 나눔 교육으로 접근할 수 있는 대상을 찾았다. 학교, 보험설계사, 학습지 선생님, 공무원, 회사원, 교육원 등에서 교육을 했다. 할 때마다 몇 명씩 자녀 이름으로 기부를 받았다. 한 명의 기부자를 개발하는 것도 어려운데 한 번의 교육으로 서너 명씩 확보하는 것은 의미가 있다.

"아이들에게 표창장을 주면 좋겠네."

다른 지역 다른 후원회에서 이 프로그램을 설명하고 주변에 알려달라고 했더니 한 분이 툭 던진 말이다. 아이디어란 것이 깊이 고민을 해서 나오는 경우도 있고, 감각적으로 던진 말에서 방법을 찾기도 한다. 여기에서 중요한 것이 하나 더 있다. 선택이다. 툭 던진 한마디를 받아들이지 않고 넘기면 아무 일이 생기지 않는다. 아무리 좋은 아이템이라도 모금가가 캐치하지 못하면 소용이 없다.

이 한마디로 아이 이름으로 기부하는 학생에게 표창장을 전달했고 소문을 타고 참여자가 늘기 시작했다. 유치원과 어린이집에 다니는 부모들도 참여했다. 아이 이름으로 1년 동안 기부하면 표창장을 학교장 앞으로 보낸다. 교장선생님은 담임선생님에게 전달하고 다시 학생에게 전달되는 형태다. 어떤 학교는 전교생 앞에서 전달하기도 하고, 반에서 전달하기도 한다. 우리의 취지가 잘 전달되었다.

"아빠, 나 열심히 공부해서 꼭 대학에 갈 거야." 한 후원자의 고등학생 아들의 이야기다.

공부에 흥미가 없던 아들이 집에 오자마자 아빠에게 한 말이다.

"학교에서 무슨 일 있었어?"

"나 오늘 표창장 받았어. 교실에서 친구들이 다 있는데 선생님이 주셨어. 표창장은 처음 받아봐. 기분이 너무 좋아."

아빠의 작은 선택이 아들의 열정을 깨웠다. 부모와 자녀 사이, 특히, 아버지와 아들의 관계는 서먹서먹하다. 아버지 입장에선 어쩌면 별 것 아닌데 아들은 크게 받아들였다. 부모 입장에서 얼마나 뿌듯할까. 자식은 부모의 뜻대로 되지 않는데 스스로 대학에 도전을 하겠다니 기특하지 않는가.

'자녀 이름으로 기부하세요'를 모금의 방법으로 활용할 수 있다고 생각한다. 메이저법인에서 시작했지만, 어디서 누구나 활용하면 된다. 워낙 널리 퍼져 처음만큼의 반응은 아니지만 아직도 흥미를 가지는 분들이 있다. 아무리 좋은 사업이라도 적극적으로 알려야 한다. 우리가 하는 특별한 프로그램을 전 국민들에게 알릴 수 있다면 성공적으로 진행할 수 있다. 기관에서 하고 있는 사업을 어떻게 알릴 것이지 그 방법을 찾으면 프로그램을 활성화시킬 수 있다.

어떤 일을 할 때 두려워하지 않기를 바란다. 좋은 프로그램을 만들었으면 사장시키지 말고 대중에게 던져 보기 바란다. 몇몇만 반응을 보여도 추진해볼 열정이 생긴다. 모금은 생각보다 어렵지도 않다. 누구나 할 수 있다. 나를 보라. 인상도 별로고 A형이다. 그래도 사람 만나는 것이 두렵지도 불편하지도 않다.

기부자를 만나다 보면 모금가로서 자극이 되는 말을 종종 듣는다.

"도둑질 하는 것도 아니고 어려운 사람을 돕자는 건데 뭐가 겁나느냐. 누구한테라도 이야기해 볼 수 있는 것 아니냐."고 말한다.

맞는 말이다. 모금가는 누구에게도 제안할 수 있다. 개인적으로 돈을 빌리러 가는 것이 아니기 때문에 기죽을 필요가 없다. 잘 못 되더라도 손해를 끼치는 것이 아니기 때문에 부끄러워할 필요가 없다. 기부자를 만나다 보면 우리가 하는 일에 적극적으로 참여하는 분도 만나게 된다. 그런 분을 만나면 큰 위로를 받는다. 모금의 주체는 돈이 아니라 사람이 되어야 한다. 모금가는 사람을 통해서 에너지를 얻는다.

동서화합 천사프로젝트

가수는 히트 친 노래를 10년, 20년 후에 불러도 대중의 호응을 받는다. 하지만 모금 콘텐츠가 10년 동안 사랑받는 경우는 잘 없다. 같은 콘텐츠로 여러 번 시행했으면 변화를 줘야 한다. 기부자의 눈은 매섭고 입은 까다롭다. 같은 재료를 반복적으로 쓰면 금세 알아차린다.

모금하는 방법을 찾는 것은 창작의 고통만큼 어려울 때도 있다. 특히, 머리에서는 맴도는데 결정적인 한방이 생각나지 않는 경우가 있다. 생각이 날듯 말듯한 상태에서 뭔가를 찾아야 한다는 생각을 하고 있는데 생각이 떠오르지 않을 때의 심정을 경험해본 적이 있는가. 하나만 더 채우면 될 같은데 그것이 뭔지를 모르는 상태로 유지하고 있던 어느 날, 전라도 국회의원들이 박정희 대통령 생가를 찾는 뉴스가 소개되었다. 묵은 감정을 털고 서로 인정하고 함께 상생하자는 취지의 방문이었다. 경상도 국회의원들이 김대중 대통령 생가를 방문한다는 멘드도 있었다.

이 장면을 보면서 문득 떠올랐다. 이걸 모금 아이템으로 활용하면 어떨까. 안 그래도 머릿속은 새로운 콘텐츠를 찾고 싶다는 생각으로 꽉 차 있는 상태였다. 뭔가 될 것 같은 좋은 느낌이 들었다. 생각이 날 듯 말 듯한 생각이 구체화되는 순간이었다. 다음날 출근해서 직원에게 이야기했다. 직원의 반응도 매우 긍정이었다.

영호남 동서화합 천사프로젝트.

'경북의 기부자는 전남의 아이들을 돕고 전남의 기부자는 경북의 아이들을 돕자'라는 취지다. 아이템도 좋았고 명분도 있었다. 영호남이라는 상징적인 취지와 어려운 아이들을 돕자는 목적이 딱 맞아 떨어졌다.

이 프로젝트가 성공하려면 민간의 교류도 중요하지만 행정이 함께하면 더 효율적이란 생각에 도청에 제안을 했다. 즉각적인 반응이 왔다. 한치의 망설임도 없었다.

새로운 일을 시작할 때 모두가 찬성하면 시도하지 말라는 격언이 있다. 세상에 100%는 없기 때문이다. 다른 의견이 있어야 좀 더 살펴보고 실수를 줄일 텐데, 이 프로젝트는 만장일치였다. 미처 생각하지 못한 것이 무엇인가. 무엇을 놓치고 있을까를 많이 생각했는데 걸림

돌을 찾지 내지 못했다. 오히려 실행하고 싶은 욕심이 앞서 판을 키울 생각을 했다.

계획안을 보고 도청 직원이 한걸음에 사무실로 찾아왔다. 그는 모금가의 손을 꼭 잡고 고맙다고 했다. 지금까지 일하면서 공무원답지 않는 공무원, 창의적이고 도전적인 공무원을 많이 만났지만 이분도 특별했다. 군더더기가 없었다. 모든 방향이 가능한 쪽으로 모아졌고 양쪽의 도지사를 모시고 발대식을 하기로 했다. 행정은 도청에서 담당하고 민간은 우리가 맡기로 했다.

나아가 교차 후원에만 머물지 말고 문화교류로 연결하여 지속적으로 활용하자고 의견을 모았다. 일정을 정하는 과정에서 약간의 차질이 생겼지만, 이듬해 경북도청에서 양쪽 도지사와 경찰청장, 교육감 등 내빈과 추진위원 110여 명 등 500여 명이 참석하여 성황리에 치러졌다. 이날 발대식은 신문과 방송을 통해서도 알려졌다.

이낙연 지사는 "대한민국의 산업화와 민주화를 이끌어온 경상북도와 전라남도가 이제 미래세대를 키우는 일에도 손을 잡게 되었습니다."라고 프로젝트에 의미를 부여했다.

또 영호남이 많은 교류를 하고 있었지만, 뭔가 부족하다는 생각이 들었는데 동서화합 천사프로젝트가 마지막 퍼즐을 완벽하게 채웠다고 말했다.

발대식을 계기로 양 지역에선 활발하게 움직였다. 그 해에 각각 지역에서 1,000명의 기부자를 개발했고, 이듬해에도 각각 800명에서 1,000명을 개발했다. 2년 동안 4,000명의 기부자를 개발하는 성과가 있었다. 단일 프로젝트로 이만큼의 성과가 있었다는 것은 고무적인 일이다. 전남에선 지금까지 기부자 개발이 이어져 오고 있다.

가정을 해보자. 4,000명이 1만 원씩 후원한다면 매월 4,000만 원이 들어온다. 일 년이면 4억 8천만 원이다. 산술적으로 계산하면 어마어마하다.

세상에 소개된 모든 모금 콘텐츠는 모금가의 질긴 노력과 열정 덕분에 탄생했다. 모금가의 노력으로 누군가는 양식을 얻고 어떤 아이는 꿈을 꾸고 생명을 살린다.

나눔 교육을 통한 모금

모금가에게 나눔 교육으로 정기기부자를 개발할 수 있다고 하면 의아해 한다. 교육을 통해서 어떻게 정기기부자를 개발하는 것인지 막막해 한다. 모금가가 쉽게 시도할 수 있는 영역이 아니라고 생각하기 때문이다. 게다가 모금 교육은 대중을 대상으로 강의를 통해서 기부자를 개발하는 방법이다. 효과가 있을까. 나눔 교육도 모금가가 기부자를 개발하는 한 방법으로 생각하면 된다. 모금가로서 몇 년 활동을 했다면 대중을 상대로 모금이 필요한 이유에 대해서 설명하는 것은 기본영역이다. 그 대상이 개인에서 집단으로 바뀐 것뿐이다. 대중을 상대로 강의의 형식으로 이야기하는 것이 부담스러울 수 있지만 기부자를 개발하는 방법으로 매우 유용하다. 어떻게 시작하면 좋을까.

가족이 식사를 하고 있는데 딸이 물었다.

"아빠, 밥 못 먹는 애들이 왜 생겨요?"

순간 놀랐다. 그렇지, 밥 못 먹는 아이들이 왜 생길까. 어려운 아이들을 수없이 많이 도와주고 있으면서도 이 물음에 대해 생각해 본 적은 없었다.

아이의 입장에서 보면 당연한 질문이었다. 엄마랑 아빠는 늘 곁에 있고, 매일 같이 밥을 먹고 지내는데 밥 못 먹는 아이가 왜 생길까라는 의문이 들었던 것이다. 이 한마디를 계기로 아이들의 관점에서 '나눔'이 무얼까를 생각하게 되었고 그것이 나눔 교육의 시작이었다.

모금가가 기부자를 만날 때 항상 1 대 1일 필요는 없다. 즉 모금가 대 기부자 이런 구도로만 형성될 필요가 없다는 것이다. 1 대 다수, 즉 모금가 한 명에 기부자 100명의 교육생이 될 수도 있는 것이다. 한 번에 많은 기부자를 개발한다면 얼마나 좋을까. 메이저법인들이 방송을 통해 수천 명의 기부자를 개발하는 것과 같은 방법이다. 한 명의 모금가가 다수를 상대로 설득하기 좋은 방법이 나눔 교육이다.

첫 스타트가 좋았다. 우연한 기회에 80명을 대상으로 나눔 교육을 했는데 120명의 기부자를 개발했다. 교육에 참석하지 않은 조직의 모든 사람들이 기부자가 되었다. 아주 특별한 경험이었다.

그 후로 학교, 기업, 공무원, 보험회사, 학습지 회사 등을 상대로 나눔 교육의 기회를 얻었다. 초등학교에서 학부모 50여 명을 대상으로 나눔 교육을 실시하고 30명의 후원신청서를 받은 적도 있다. 120회 이상 나눔 교육을 했고, 어림잡아 500명 이상의 정기기부자를 개발했다.

모금가가 나눔 교육을 할 때 사업을 소개하듯이 하면 수강생들이 지겨워한다. 나눔 교육을 할 때 모금가는 전문 강사가 되어야 한다. 수강생들은 강의 내용에는 별 흥미가 없다. 재미있는지 감동적이었는지 둘 중의 하나다. 모금가가 재미를 추구할 재주는 없으니 감동적으로 접근하는 것이 좋다. 감동을 전한다고 다소곳하고 진지할 필요는 없다. 유쾌한 감동도 있다. 나눔 교육은 좋은 일을 한다는 것을 설명하는 자리가 아니라 나눔이 무엇이고, 우리 사회에서 나눔이 왜 필요하고 어떻게 참여하는가를 감칠맛 나게 설명한다. 아이들의 성공 사례를 스토리텔링하면서 나눔을 통해 아이들이 어떻게 변화되고, 운명을 바꿀 수 있는지를 감동적으로 전할 수 있어야 한다.

처음에 강의를 할 때는 의욕과 열정이 앞섰다. 반응이 나쁘지는 않았지만 커리큘럼에 변화가 없었다. 그 결과는 수강생들의 평가에서 쉽게 나타났다. 어렵게 얻은 기회를 놓칠 수 없어 새로운 방법을 찾고 자료 준비에 공을 많이 들였다.

'스티브 잡스의 프레젠테이션의 비밀', '세계 최고의 명강사가 되어라' 등 파워포인트 작성 방법부터 강의 기법을 깊이 살펴봤다. 아시다시피 스티브 잡스의 강의 기법은 퍼펙트하다. 활용할 수 있는 만큼 모방했더니 반응이 좋았다. 또 유명강사의 노하우를 배우려고 공개강좌를 방청하고 리더십 강좌를 듣는 등 적극적으로 방법을 찾았다. 이런 노력을 통해 스토리와 메시지가 연결되었고, 나눔이라는 키워드가 가슴에 전달될 수 있도록 애썼다.

'세상에서 가장 무서운 것일 무엇일까. 가난이다. 가난이 가장 무서운 이유는 꿈을 꿀 수 없기 때문이다.'라는 멘트를 3년 만에 완성했다.

꿈이라도 꾸면 희망이란 게 생기는데 애초부터 꿈을 꿀 수 없는 환경에 놓여 있는 아이들이 많다. 어려운 아이들의 상황을 '꿈을 꿀 수 없기 때문'이라고 메시지로 전달했다.

'가난은 기회와 선택이 불가능한 상태다.'라는 말이 있다.

가난한 사람들은 기회를 얻는 것도 어려우니 무엇을 선택할 권한도 없는 상태를 적절하게 표현했다. 빈자의 상태를 설명한 문장 중의 최고라고 생각한다. 이 짧은 한 문장을 약 5년 만에 책 속에서 발견했다. 나눔 교육을 하다 보면 좀 더 임팩트 있는 메시지를 전하고 싶은데 그것이 무엇인지 감이 오지 않을 때가 있다. 그런 상태에서 앞뒤로 연결이 되는 문장을 발견하면 전체적인 흐름이 매끄러워진다. 한 줄의 메시지를 찾은 것이 뭐 그리 대단한 일이냐고 말하고 싶은가. 상황과 전체적인 흐름에 맞는 단어와 문장을 찾는 일은 쉬운 게 아니다.

'물이 그 주인을 만나니 얼굴이 붉어지더라.' 요한복음 2장에 '물이 변하여 포도주가 된 사건에 대해 서술하라.'는 시험 문제지에 올린 시인 바이런의 답이다. 그는 이 짤막한 문장으로 최우수 점수를 받았다. 간결한 메시지는 듣는 사람들의 가슴에 꽂히는 큐피드의 화살과 같다.

그럼에도 불구하고 나눔과 관련된 최고의 명언은 '사랑이 머리에서 가슴으로 내려오는 데 70년이 걸렸다.'는 김수환 추기경의 고백이다. 모금가의 심금을 울리는 메시지다.

모금가가 나눔 교육에 공을 들이는 이유는 교육으로 끝나는 것이 아니라 정기기부자로 이어질 가능성이 많기 때문이다. 한 번의 교육으로 3~5명 정도의 기부자를 개발한다면 큰 성과다. 커리큘럼을 바꾸고 수강생들의 반응이 좋아졌다.

'다른 데 후원을 하고 있는데 한 구좌 더 하고 싶다.', '승진을 해서 기쁜데 좋은 일에 동참하고 싶다.' 나눔 교육을 받은 수강들이 한 말이다.

나눔 교육으로 기부자를 개발하라고 강요하는 사람은 아무도 없다. 모금가가 기부자를 개발하는 방법으로 '나눔 교육'을 선택하면 된다.

동티모르 착한고무신 보내기 프로젝트

처음 동티모르 아이들에 고무신을 보낸다고 이야기했을 때,

"그 불편한 신발을 누가 신어요?"

"다른 신발로 하는 게 좋을 거 같은데…."

"왜 하필 고무신이죠?"

그래서 진짜 필요가 없는 신발인지 확인하기 위해 30켤레의 고무신을 동티모르에 보냈다.

현지의 반응이 왔다.

"아이들이 많이 좋아합니다."

"아이들의 발에 고무신은 너무 예쁩니다."
"못 받은 아이들이 많이 부러워합니다."
"고무신을 더 보내주실 수 있으세요?"

우리나라 강원도 크기의 작은 섬나라 동티모르, 인구의 50%가 기초수급 빈곤선인 1인당 0.88달러 미만으로 생활한다. 5세 이하 50%의 어린이가 체중미달로 신체적, 정신적 발달에 영향을 끼친다. 초등교육을 받는 비율은 56% 정도로 2명 중 1명은 초등교육을 받지 못한다. 아이들의 노동이 일상이 되어버린 국민이 가난한 나라다.

특히, 고산지대 아이들은 맨발로 산길을 다니며 커피콩을 줍는다. 가까운 뒷산을 오르는 등산로가 아닌, 산길을 맨발로 잠시만 걸어보라. 아이들의 아픔을 공감할 수 있을 것이다. 이 아이들의 아픈 발을 감싸주게 된다는 콘셉트로 '착한고무신'이 탄생하게 되었다.

상피병象皮病이라는 질병이 있다. 피부와 피하 조직에 림프가 울체하여 결합조직이 증식되어 단단하고 두꺼운 코끼리의 피부같이 변하는 끔직한 병이다.

세계보건기구에 따르면 전 세계 400만 명의 사람들이 상피병으로 고통받고 있다. 주로 열대지방에서 발생하는 상피병은 신발을 신어 발을 보호하는 것만으로도 예방할 수 있다고 한다.

우리나라에서 가난의 상징이었던 고무신이 '착한고무신'이라는 이름으로 동티모르 아이들을 찾아간다. 1960~1970년대 보릿고개 시절, 가난을 이겨내고 끈기와 희망의 상징이었던 고무신, 국민신발로 등극

하며 '조선 나이키'라는 애칭으로 사랑받았다.

포기하지 않는 우리나라 국민의 질긴 정신을 전하고자 런칭한 것이 '동티모르 착한고무신 보내기' 프로젝트다. 이 프로젝트는 『검정고무신』의 이우영 만화가의 재능기부로 기영이가 홍보대사로 활동하고 있다.

소규모법인에서 해외사업을 하는 것이 가능할까. 해외사업을 하려면 현지 파트너가 있어야 하고, 전담직원, 예산 등 갖춰야 할 조건들이 많다. 그래서 뚜렷한 가치나 목표가 없으면 접하기 어려운 게 사실이다. 그럼에도 해외사업 영역을 다루는 것은 모금의 한 방법으로 활용할 수 있기 때문이다. 메이저법인들 중에 해외사업을 하지 않는 법인은 거의 없다. 무조건 큰 법인을 따라가라는 의미가 아니다. 선생님의 법인에서 해외로 사업을 넓힐 계획이 있다면 눈여겨볼 만하다. 앞으로 북한의 사회복지사업에 대해서도 고려하는 것이 필요하다고 본다. 모금은 경쟁이다. 전략을 가지고 준비하고 있어야 기회가 왔을 때 대응할 수 있다.

착한고무신 보내기를 런칭한 지 2년이 지났는데 반응이 좋다. 뉴트로Newtro, 복고를 새롭게 즐기는 경향라는 사회적인 분위기와 융화되어 지역의 언론에서 호기심을 가졌고, 기업이나 단체들도 신선하게 받아들였다. 카카오 같이가치 플랫폼에 올렸을 때 1만 4천여 명이 동참했다. 기부에서 중요한 것 중의 하나가 참여다. 그냥 기부금만 요청하는 경우와 참여하면서 그 의미를 나누면 반응이 다르다. 착한고무신 보내기는 고무신 꾸미기에 참여하는 사람들의 반응이 참 좋았다. 적은 비용으로 평범한 고무신이 예쁘고 화려하게 탈바꿈하는 모습에 놀라워하는 사람들이 많고, 학생들은 교육적인 차원으로 참여하고 있다.

소규모법인에서 해외사업을 추진하는 것이 가능은 하다. 그렇다고 무리하게 해외사업을 추진하라는 의미가 아니다. 여건이 되고 계획이 있다면 참고하기 바란다.

특별한 프로그램에는 기부자를 참여시켜라.

기관에서 추진하는 특별한 프로그램에 기부자를 직접 참여시켜 보라. 기부자는 과정을 지켜보는 것만으로 동기부여가 된다. 과정에 참여한 기부자는 스스로 다른 기부자를 연결시켜 주는 등 기관의 홍보대사 역할을 충실히 한다. 모금가는 프로그램의 전체적인 상황을 예측하는 안목을 가지면 좋다. 안목이 저절로 생기는 것은 아니지만 가능하면 기부자를 오래도록 충성고객으로 머무르게 하는 방법이 무엇일까를 고민할 필요가 있다.

'꿈꾸는 아이들이 미래를 디자인한다'를 진행할 때 서류심사를 하는 과정부터 기부자를 참여시켰다. 사회적으로 많은 역할을 한 기부자라도 아이들을 직접만나 꿈 이야기를 듣는 것은 처음인 경우가 많다. 기관에서 진행하는 프로그램은 대부분 자체적으로 결정한다. 기부자에게 알리지도 않고 알릴 의무가 있는 것도 아니다.

그러나 특별한 프로그램을 시작할 때는 기부자를 참여시켜 보라. 기부자를 동기부여시키거나 새로운 기부자를 소개해 달라는 의도를 감출 필요는 없다. 이런 기회를 통해 기부자가 동기부여되면 새로운 기부자를 소개받을 수 있다. 아이들의 일상을 들여다보는 것이 모금가에겐 익숙하지만 기부자는 특별한 경험이다. 무엇보다 기관의 중요한 결정에 기부자에게 참여할 기회를 주는 것이다. 서류심사를 할 때는 기부자들이 사무실에 오지 못하는 경우가 많다. 그럴 땐 서류를 갖고 찾아가라. 이런 과정조차 기부자와 친밀해질 수 있는 기회로 활용하라.

서류심사를 마치고 면접 때는 작전을 짜야 한다. 다수의 기부자가 참여하도록 방법을 찾아야 한다. 참가자 중 특별한 이유가 있는 신청자의 사연을 전하고, 아이들의 이야기를 직접 듣고 선택하라고 읍소하는 것도 방법이다. 이때는 적극성과 집요함이 필요하다. 회의에 참석하는 것과 특별한 프로그램에 면접관으로 참여하는 것은 완전히 다르다. 꼼꼼한 준비로 많은 기부자가 올 수 있는 명분을 만들어 꼭 성공시켜야 한다.

면접이 시작되면 아이들은 자신의 꿈과 참여하게 된 이유를 당당하게 설명한다. 이때가 클라이맥스다. 아이들이 여리고 의기소침할 줄 알았는데 꿈을 이루기 위해 지금까지 열심히 준비했고 앞으로도 꿈을 이룰 수 있다는 포부를 들으면 마음이 동하지 않을 수 없다.

"저는 직업군인이 되고 싶어 매일 왕복 12킬로미터가 되는 학교를 걸어 다니고 있습니다."

"저는 교대에 갈 계획입니다. 빨리 취업을 해서 할머니를 보살펴

드려야 합니다."

"저는 작가가 되어 저와 같이 어려운 환경에 있는 아이들에게 용기를 주고 싶습니다."

아이들의 이야기를 들은 면접관들은 입을 다물지 못한다. 저 아이들을 어떻게 떨어뜨리느냐, 다 데려가자는 등의 의견이 지배적이다. 이 과정을 거치는 이유는 모금과 밀접한 연관이 있다. 아이들을 해외에 데려가면 비용도 많이 들지만 명분도 중요하다. 면접에 참여한 기부자는 다른 기부자들을 설득하게 된다. 기부자가 면접관으로 많이 참여할수록 우군이 많아진다. 특히, 후원회를 설득하는 데 매우 중요하다.

가족을 대상으로 '가족여행'을 보내주는 프로그램을 준비했다. 가족여행을 가야 하는 이유와 꼭 가보고 싶은 곳을 미리 받았다. 서류를 작성하는 데 약간의 부담감이 있었을 텐데, 모자가정, 조손가정 등 제법 많은 신청자가 있었다. 이번에도 후원회를 비롯해서 기부자들이 직접 면접관으로 참여했다.

"가족여행을 신청한 이유를 설명해 주시겠습니까?"

이분은 대답을 머뭇거렸다. 면접관들은 기다렸다.

"천천히 말씀하세요. 혹시, 물 한 잔 드릴까요?"

잠시 후 입을 열었다.

"저는 유방암 환자입니다. 아들은 모릅니다. 어쩌면 인생의 마지막 여행이 될지도 몰라 아들과 여행을 하고 싶어 신청을 해봤습니다."

면접장은 쥐 죽은 듯이 조용해졌다. 한동안 아무도 말을 잇지 못했다.

"알겠습니다. 보내드릴게요. 꼭 보내드릴게요. 돌아가셔서 건강관리 잘 하세요."

"감사합니다. 정말 감사합니다."

더 이상 무슨 말이 필요한가. 이 사례로 누군들 설득하지 못하랴. 원래는 15가족을 지원할 계획이었는데 신청한 20가족을 모두 보내기로 했다. 프로그램을 시작하기도 전에 기부자를 동기부여시켰다.

모금가는 다양한 사례를 만나면 기부자를 설득하는 데 큰 도움이 된다. 그래서 감동적인 사례를 많이 알고 있는 모금가가 기부금을 받을 확률이 더 높다.

chapter

5 모금계의 어벤저스 후원회 조직

후원회를 조직하고 활용하라.
후원회장을 선임하는 방법
후원회장의 유형별 특성
후원회를 동기부여하는 방법
후원회장이 제 역할을 하지 않을 때 어떻게 하나?
후원회장의 임기는 어느 정도가 적당할까?
후원회비는 얼마가 적당한가요?
후원회 위원은 몇 명이 좋을까?
후원회장 중심으로 후원회를 구성하는 것이 맞는가?
후원회장과 기관장의 관계는 어떻게 유지해야 하나?
후원회와 자원봉사자는 역할이 다르다.
회원들에게 후원회의 역할을 가르쳐야 한다.

chapter

5 모금계의 어벤저스 후원회 조직

후원회를 조직하고 활용하라.

후원회를 활용하는 것은 모금하는 방법 중 으뜸이다.

후원회를 통하면 사통팔달로 닿지 않는 곳이 없다. 기업, 단체, 행정, 정치, 학교, 개인 등.

'세상 모든 사람들이 여섯 단계만 거치면 모두 연결된다'는 '관계의 6단계 법칙'일명, 캐빈 베이컨 게임이 있다. 이 게임의 법칙에 따르면 누구라도 6명 정도만 거치면 미국의 대통령과도 연결될 수 있다는 것이다.

나는 10년 이상 18개 지역에서 후원회를 운영해본 경험이 있다. 광역시 단위, 도 단위, 시 단위, 군 단위, 구 단위까지 대한민국의 행정에 구분되어 있는 거의 모든 지역에서 후원회를 운영했다. 또 전국 단위의 후원회, 즉 전국후원회를 운영하는 것도 지켜봤다.

후원회장을 30명 가까이 선임했고, 회원 수만 360명 정도 관리했다. 지금도 운영 중이다.

10년 동안 후원회를 통해서 개발한 정기기부자만 3,000명이 넘는다. 2013년에는 한 해 동안 700명 이상을 개발한 적도 있다.

이쯤 되면 '소설을 쓰는구나'라고 생각할 수 있다. 소설이 아니다. 직접 경험하고 성과를 낸 부분을 설명하고 있다.

후원회를 운영하면서 좋았던 기억들이 많다.

후원회가 동기부여되면 회장을 중심으로 회의를 하고 목표를 세우고 역할을 분담한다. 스스로 정했기 때문에 모두들 의욕적으로 참여한다. 지역을 기반으로 활동하는 분들이라 지역을 위해 역할을 하는 것에 뿌듯해 한다. 이들에겐 명분만 필요할 뿐이다.

후원회의는 보통 격월로 한다. 격월로 만나면 그동안 개발된 후원신청서를 전달하는 퍼포먼스를 갖는다. 두 달 동안 적게는 5명에서 많게는 30명의 후원신청서를 전달받는다. 후원회가 운영된다는 것은 기관장이 서너 명 더 있는 것과 같다. 기관에서 보면 특별히 잘 훈련된 전사들이다.

"지금은 제가 맡고 있는 것이 많아서 어렵습니다. 일 년 후에나 생각해 보겠습니다."

이 말을 들으면 당신은 어떻게 하는가. 이분도 우리 기관을 잘 모르고 우리도 이분을 잘 모르는 상태였다. 우린 기다리기로 했다. 이분이 잘 할 것이라는 확신도 없었다. 같이 일해 보지 않고 어떻게 상대를 평가할 수 있겠는가. 기다리면 복이 오나니. 일 년 후 다시 찾았다.

약속을 지키겠다고 했다. 이분이 후원회장을 맡고 매년 100명이 훨씬 넘는 기부자를 개발했다. 기관과 조화를 이루면서 후원회장의 역할도 완벽했다. 그동안 기관장이 여러 명 바뀌었는데 아직도 활동 중이다. 장기집권이 꼭 나쁜 것이 아니라는 걸 증명해 주었다. 회원들의 신뢰를 바탕으로 민주적 장기집권을 하는 후원회장을 여럿 모셨다.

군 단위 지역에서 일 년 동안 100명 이상의 기부자를 개발한 후원회장도 있다. 후원회는 조직이 만들어져야 하지만, 혼자서도 그 역할을 잘 해냈다. 하루 걸러 후원신청서를 받았다고 연락이 왔다. 무슨 마법을 부리는 사람 같았다.

또 후원회가 사실상 와해되고 부회장 한 명만 남았는데 이분을 중심으로 재정비하여 10년 이상 활성화되고 있다. 후원회를 구성할 때는 한 사람만 동기부여가 제대로 된다면 조직화시키는 것은 큰 어려움이 없다. 처음부터 조직을 만들고 출발하는 방법과 후원회장을 선임하고 천천히 구성하는 방법도 있다. 어느 쪽을 선택하든 후원회장에 맞춰 결정하면 된다. 좀 늦더라도 방향만 잡아서 가면 어느 순간 조직이 만들어진다. 빠르고 늦음에 조급해하지 않길 바란다. 후원회가 활성화되면 회장이 수천 만원의 기부금을 내고 회원들의 참여도 줄 잇는 경우도 많다. 후원회를 통해 유입된 기부자는 충성도가 높은 진성 고객이다.

후원회장을 선임하는 방법

후원회장을 선임했는데 그 역할을 잘 할 확률은 60%다. 후원회 운영에 파란만장한 경험이 있는 나의 성적표다. 적다고 생각하는가. 시험 점수로 보면 중간치도 못되지만 자원개발 관점으로 보면 괄목할 만한 성과다. 당신이 기부자 10명을 만났는데 그 중 6명으로부터 후원신청서를 받은 꼴이다. 길이 남을 업적이다. 모금을 하는 방법으로 갖가지 방법을 다 써도 60%의 성과를 내는 경우는 없다. 모금가가 100명의 기부자를 만나서 성공할 가능성은 10%도 안 된다. 60%의 확률이 별것 아니라고 생각한다면 당신은 모금가로서 최고의 경지에 오른 사람이다. 돈을 싸 짊어지고 가서라도 한 수 배우고 싶다.

후원회를 운영해 보면 덕과 실이 존재한다. 덕이 51이고 실이 49 정도다. 덕이 하나라도 더 있으면 시작하라는 의미다. 후원회원으로 가입하면 정기후원자가 되어야 한다. 매월 2만 원이 적당하다. 5만 원까지 하는 데가 있는데 이는 특별한 경우다. 2만 원을 부담할 수 있는 사람들을 최소 30명에서 50명 선정한다. 잘 되면 좋지만 49의 실이 존재한다는 사실을 기억하라. 후원회를 운영하다 보면 삐걱거리거나 심하면 와해가 될 수 있다. 기관과의 문제라기보다는 회원들끼리의 불화가 원인인 경우가 많다. 최악의 상황이 생겨도 대부분은 정기후원은 유지한다.

후원회를 구성하고 회원 50명이 2만 원을 기부한다고 가정하면 매월 100만 원, 일 년에 1200만 원의 기부금이 생긴다. 최소로 잡은 수치다. 평균 이상을 기부하는 경우가 많아서 총 후원금은 더 많다.

후원회원 50명이 1년 동안 개발해 주는 기부자가 몇 명이나 될까. 1인당 4명을 소개한다면 200명이다. 원래 회원 50명을 합치면 250명이다. 매력적이지 않은가.

자, 그럼 구체적으로 어떻게 후원회를 구성할 것인지 살펴보자.

먼저 후원회를 구성하는 데 가장 중요한 것은 후원회장을 선임하는 일이다. 어떤 분을 모시느냐에 따라 앞으로 후원회의 방향과 운명이 달라진다. 시쳇말로 좋은 분을 모시면 후원회가 활성화되고 그렇지 않으면 오랜 시간 냉각기를 가지게 된다. 냉각기가 얼마나 갈지는 가늠할 수 없지만 5년 이상 이어진 경우도 봤다. 이 기간이 길어지면 해체할 수도 유지할 수도 없는 뜨거운 감자가 된다. 이런 실수를 줄이려면 적임자를 선택하는 데 신중해야 한다.

첫째는 경제적으로 여유로운 분이나 인맥이 탁월한 분을 찾는다.

후원회장의 역할은 어느 것 하나 중요하지 않은 게 없지만 먼저 경제적인 여유가 있어야 한다. 여유가 있어야 베풀 수 있다. 후원회를 운영하다 보면 분담금 외의 드는 비용이 많다. 회의하고 난 후 식비, 특별회비, 명절선물비 등 계획되지 않은 지출이 있다. 이런 비용을 회장이 부담해야 한다는 규정은 없지만 사회통념상 회장의 역할로 인지하는 경우가 많다. 경제적으로 여유가 없는 분이 회장을 맡으면 분담금을 줄이려 하고 모임의 주기를 늦추려 한다. 이렇게 되면 회원들의 목소리가 잦아지고 중심이 쉽게 흔들린다.

재정적으로 여유는 없지만 인맥이 탁월한 분이 있다. 이런 분은 당신이 내는 분담금은 적지만 그 이상의 역할을 한다. 필요한 만큼의 기부금을 언제든 연결시킨다.

둘째는 조직생활을 해본 경험이 있는 분이 좋다. 물론 조직생활을 해봤다고 적임자로 단정할 수는 없지만, 안 해본 사람에 비해 이해도가 훨씬 높다. 공공조직, 사회단체 등 지역에서 큰 역할을 한 분들이 마음을 넓게 쓴다.

셋째는 기관의 일에 간섭하지 말아야 한다. 기부금을 출연하는 것은 매우 감사한 일이다. 하지만 당신이 낸 기부금이라고 당신이 지정하는 사람이나 단체를 지원하라고 강요하는 경우가 있다. 본인이 속한 단체의 공금을 기부금으로 내고 자신의 통장으로 다시 입금시키라고 요구받은 적도 있다. 의도치 않아도 황당한 상황이 만들어진다. '진료는 의사에게 약은 약사에게'다. 기부금은 후원회에서 내고 사용은 전문성이 있는 기관에 맡겨야 한다. 기부금 사용은 기관에서 결정하고 결과는 투명하게 공개한다고 설명하고 다짐을 받아야 한다. 중요하지 않다고 생각하고 미리 설명하지 않으면 나중에 충돌할 수 있다. 후원회에서 이해하는 기부금과 기관에서 생각하는 기부금에 대한 차이를 없애야 한다. 충분히 이해할 때까지 설명해야 한다.

넷째는 매월 정기기부자를 개발해 줄 수 있어야 한다. 분담금을 냈다고 회장의 역할을 다한 것이 아니다. 본인은 기부를 하는데 다른 사람에게 부탁을 못하는 사람이 있다. 선임할 때부터 회장의 역할을 공지하고 동의를 받고 시작하라. 실제로 매월 새로운 기부자를 찾는 것이 어렵더라도 후원회장의 의무임을 인지시켜야 한다. 후원회의 근본적인 역할은 자원연결이라는 것을 명심하기 바란다.

네 가지 조건을 다 갖춘 사람은 없다. 있더라도 모금가의 눈에 쉽게 띄지 않는다. 전부는 아니지만 이 조건들 중 법인에서 이것만은 꼭 갖춰야 한다는 기준이 있으면 그 조건을 우선시하면 된다. 시간이 충분하다면 조건에 맞는 사람을 물색해 보기 바란다. 기관을 이해하고 조직을 아는 분을 모시면 모든 것이 순조롭다.

후원회장의 유형별 특성

후원회장을 선임하는 과정에서 반드시 지켜야 할 것이 포지셔닝이다. 포지셔닝은 후원회장의 역할에 대해 분명하게 설명하고 동의를 얻는 과정이다. 후원회칙의 내용을 자세하게 설명하고 하나라도 이해하지 못하거나 잘못 인식하는 것이 없도록 한다. 지인으로부터 소개받고 별다른 설명도 없이 회장으로 위촉하는 경우를 여러 번 봤다. 겉모양은 화려하나 100일도 안 돼서 엇박자가 나기 시작한다. 나도 절반 가까이 실패했다. 홈런을 가장 많이 친 선수가 삼진도 가장 많이 당한다. 혹독한 경험이 모금가를 더 단련시킨다.

첫째는 재력도 있고 인품도 훌륭한 분이면 대박이다.

회장의 분담금은 연간 1,000만 원에서 500만 원 사이이다. 이 금액이 많다고 여기는가. 후원회를 운영해 보지 않은 모금가의 눈에는 많아

보일 것이다. 라이온스클럽, 로타리클럽, JCI 등에서 총재회장의 연간 회비가 1억 원에서 3,000만 원 정도 사이다. 우리가 운영하고 있는 비영리단체는 지역사회에서 상당히 매력 있는 기관이다. 사회단체를 경험해 본 사람들은 비영리기관이 자원봉사의 본질 영역에서 활동한다는 것을 금세 알아차린다. 모금가가 보는 기관과 외부에서 인지하는 기관의 모습은 다르다. 좋은 일을 넘어서 사람의 운명을 바꾸는 역할을 하는 곳이다. 우리가 하는 일에 자긍심을 갖고 회장을 선별할 때 조금 까다로워도 된다. 자존감을 더 키우고 눈높이를 조금만 더 높여보자.

둘째는 재력은 있는데 인품이 낮은 유형이다.

기부금을 많이 출연해 주는 것은 고마운데 조금만 친해지면 직원을 수족 부리듯 하는 유형이다. 자신의 회사나 집으로 직원을 불러 잡일을 시키기도 한다. 흔히 말하는 갑질이다. 심한 경우는 기관장에게 반말을 하거나 직원들 앞에서 무시한다. 이런 사람이 회장이 되면 기관은 딜레마에 빠진다. 기부금도 많이 내고 현 후원회장이니 이러지도 저러지도 못하는 상태가 된다. 이럴 때는 기관장이 선택을 해야 한다. 꾹 참고 가든지 담판을 짓든지. 어떤 선택을 하더라도 그 화가 직원에게까지 미치는 일은 절대로 없어야 한다.

똑같은 후원회장을 두 명의 기관장이 모셨는데 다른 결과가 나왔다. 한 명은 회장의 하인이나 심부름꾼 같은 취급을 받았고, 한 명은 대등한 관계에서 역할을 균형 있게 맞췄다. 왜 이런 결과가 나왔을까. 회장과의 관계에서 기관장이 포지셔닝을 잘못 설정한 경우다. 기관장이 회장에게 약점을 잡혔거나, 하지 말아야 할 거래를 했다거나 뭔가 빌미를 제공했을 가능성이 크다. 잘못을 하거나 부끄러운 짓을 하면 당당할 수 없다. 후원회장과 기관장과의 관계는 대등하다. 위아래가 없다. 연배도 많고 기부금도 많이 내니 기관장이 알아서 숙이는 경우가 있는데 옳지 않다. 기관장이 숙이면 직원들은 종속된다.

셋째는 재력은 없지만 인맥이 넓은 유형이다.

이런 분은 신뢰로 살아온 사람이다. 주로 발로 뛰고 몸으로 부대낀 분이다. 조직의 역할을 잘 알고 있어 약간의 동기부여만 해주면 후원회장으로서 손색이 없다. 본인이 알아서 후원회를 구성한다. 과하지도 부족하지도 않게 균형을 잡는다. 새로운 위원을 영입할 때마다 기관의 절차를 묻고 기관장과 상의를 한다. 위원들이 중간에 나가면 설득해서 묶어두고 나가더라도 다른 적임자를 그 자리에 채운다. 본인이 큰 금액을 기부하지는 않지만 그 이상 기부할 사람을 끌어들인다. 후원회원 중 한 사람이 일 년에 1,000명의 정기기부자를 개발하는 경우도 있다. 이런 분을 만나면 기관은 날개를 단다.

넷째는 잘 하겠다고 약속을 해놓고 취임 후 대접만 받으려는 유형이다.

최악이다. 근데 가끔 있는 유형이다. 이런 유형을 만나면 사사건건 갈등이 생긴다. 시작하기 전에 충분히 설명을 했고 본인도 약속을 했음에도 태도를 바꾸는 경우다. 회장으로서 역할은 하지 않고 권한만 누리려 한다. 무척 당황스럽다. 처음 시작하기 전 회장의 역할을 분명하게 설명하고 다짐을 받았음에도 개인적인 욕심을 숨기면 알 길이 없다. 열 길 물속은 알아도 한 길 사람의 마음은 모르는 법이다.

이런 사람은 후원회장의 타이틀을 이용해서 본인이 이루고 싶은 무언가가 있다. 드러내놓고 하는 게 아니라서 알아차리기 어렵다. 악마는 '보통 사람'의 얼굴로 우리 곁에 산다. 교묘하게 다가오면 딱히 말할 거리도 안 된다. 심정은 가는데 물증은 없다. 마음이 불편하고 혼란스러운 상태가 지속된다. 만일 속마음을 들키면 본인의 위치를 이용해 협박하는 카드를 서슴없이 꺼내든다. '누구를 소개시켜 주려 했는데', '아무개가 내 친군데'라며 은근히 본인이 영향력 있다는 걸 과시한다. 이런 사람을 모금가가 대적하는 건 무리다. 하지만 걱정할 필요 없다. 모금가가 잘못한 것이 없기에 당당하면 된다.

후원회장의 자녀가 결혼을 하게 되었다. 주례사로 ○○○ 씨를 모셔달라고 요구했다. ○○○ 씨는 유명한 연예인이자 메이저법인의 홍보대사다. 후원회 모임에서 한두 번 만난 적이 있다고 가까운 친구인 양 으스댔다.

"본부장, ○○○ 씨를 내 아들 결혼식 주례로 모시고 싶은데."

"네? 누구요?"

"다음 달인데 연락 좀 해줘요."

"죄송하지만 안 됩니다."

보통은 '어렵습니다.'라고 대답을 하는데 단호하게 안 된다고 했다.

"뭐라고요. 본부장이 왜 안 된다고 하는데." 언성을 높이며 화를 냈다.

"불가합니다. ○○○ 씨는 개인적으로 움직이는 분이 아닙니다."

"그걸 왜 본부장이 결정하냐고, 내가 회장님께 직접 연락할게."

"안 됩니다. 연락하지 마십시오. 연락하면 회장님께서도 부담스러워할 겁니다."

"그건 내가 알아서 할 일이고."

"회장님께서 ○○○ 씨가 가능하다고 해도 제가 안 됩니다. 경우에 맞지 않습니다."

이 일이 있은 후 임기가 끝날 때까지 6개월 이상 깊은 냉각기를 거쳤다. 당연히 차기회장을 선임하는 것이 곤욕이었다. 같은 실수를 하지 않겠다고 신중의 신중을 기해서 후임을 선정했다. 그러나 결론은 또 다른 악인이었다. 유형이 살짝 다를 뿐 본질은 같았다. 내가 '사람을 보는 안목이 부족한 탓이겠지'라며 체념하지만 후회막급이다.

그는 먼저 본인이 돋보이게 도와달라고 요구했다. 후원회장의 타이틀로 지역에서 인지도가 높아지면 그때 역할을 하겠다는 것이다. 이건 무슨 시추에이션인가. 참 곤란한 상대를 만났다. 보통은 후원회장을 하기 전에 조건을 다는 경우는 없다. 예측하지 못한 상황은 언제든지 생긴다. 생기면 그때마다 다시 풀어야 하지 않겠는가. 오해하지 않아도 된다. 이렇게 실패했으면서 어떻게 후원회를 통해서 그렇게 많은 기부자를 개발했다는 것일까 의문이 드는가. 의문을 갖지 않아도 된다. 투수가 연타석 홈런을 맞았다고 야구를 포기할 수는 없다. 이번 경기를 뒤집지 못하더라도 승리할 기회는 얼마든지 있다. 이 두 사람은 최악으로 기록된 사람들일 뿐이다. 실패한 경험이지만 다행이라 여긴다. 덕분에 좋은 관계를 유지했던 회장님들은 지금까지도 연락하고 있다. 만나면 그때의 상황으로 이야기꽃을 피운다.

후원회장의 유형을 네 가지로 단순화할 수는 없지만, 후원회를 구성할 계획이라면 도움이 되길 진심으로 바란다. 통상 자원봉사자들의 네트워크는 기관의 총합보다 넓은데 후원회의 네트워크는 자원봉사자들의 총합보다 더 넓다. 후원회가 활성화된다는 것은 기관장이 여러 명 생기는 것이다. 다시 말하지만 후원회를 구성하는 과정이 어렵고 사람을 관리하는 것이 시끄럽지만 그럼에도 불구하고 모금을 하려면 조직해야 한다. 메이저법인이라고 모금에 특별한 노하우가 있는 게 아니다. 이런 어렵고 힘든 과정을 꾸준히 견디면서 한걸음씩 나아가는 것이다.

후원회를 동기부여하는 방법

후원회는 지역을 기반으로 구성된 조직이다. 지역의 범위는 시 단위, 구 단위, 군 단위를 일컫는다. 이들은 지역에서 경제활동을 하고 네트워크를 형성한 사람들이다. 지역을 누구보다 잘 알고 지역을 사랑하는 리더다. 이분들에게 어떻게 동기부여를 하면 좋을까?

첫째는 지역의 어려운 이웃을 돕자고 호소한다.

이들은 지역에 어려운 이웃이 있는데 몰랐거나 아는 데 도움을 주지 못하면 자존심 상해한다. 같은 지역에 살면서 어려운 이웃을 돌보지 못한 것에 대한 막연한 책임감을 갖는 경우가 많다. 책임감을 다하기 위해 그들은 어떤 역할을 하고 싶어 한다.

"우리 기관에서 이 지역에 매년 3,000만 원의 기부금을 지원하고 있는데 이 지역의 시민들이 후원하는 비율은 10%도 안 됩니다. 이 지역의 어려운 이웃을 돕는 일에 이 지역이 아닌 사람들이 더 많이 돕고 있습니다."라고 설명해 보라. 지역의 일에 호기심이 많은 분들이라 대체로 관심을 보인다. '우리 지역의 어려운 이웃은 우리가 책임집시다.'라고 하는데 반대할 사람은 없다. 지역의 상황에 맞게 설득할 명분을 찾아보기 바란다. 이 방법을 활용했을 때 반대에 부딪힌 적은 한 번도 없었다.

둘째는 지역의 어려운 이웃을 추천해 달라고 요청한다.

후원회를 통해 지역의 어려운 이웃을 추천받아 지원하는 방법이다. 세상의 모든 사람은 무엇인가에 기여하고 싶은 욕구를 가지고 있다. 그것이 이웃을 위하든 지역의 일이든 참여를 통해 뿌듯함을 느낀다. 특히, 본인의 역할로 누군가를 돕는 일이라면 더 즐거운 마음으로 참여한다. 인간의 본성은 선한 곳을 향하고 있다.

지역신문에 소개된 사례나 행정복지센터, 통반장 등 어떤 경로로든 찾아볼 수 있다. 추천한 대상을 회원들의 힘으로 지원하면 자긍심이 남다르다. 이런 활동들이 입소문을 타고 퍼지면 후원회원이라는 것을 자랑스럽게 여긴다. 일 년 동안 한 명의 사례만 찾아서 지원해도 큰 의미가 있다. 그들이 그들의 이웃을 도왔다는 것을 자랑스럽게 여길 것이다.

셋째는 후원회의 요청에 적극적으로 응답하라.

후원회는 지역의 어려운 이웃을 돕는 일을 자랑스럽게 여긴다. 모금된 기부금이 자신들의 지역에 사용되기를 희망하는 것은 당연한 요구다. 후원회에서 요구가 있을 땐 일단 귀담아 듣기 바란다. 내용의 진위는 따져 보면 될 일이다. 후원회의 요청에 귀 기울이는 것은 모금가의 기본적인 자세다. 가끔 터무니없는 청탁도 있지만 가려서 응대하면 된다.

후원회의를 마치고 일어나는데 회장이 말했다.

"다음 회의 때 좀 일찍 와줄 수 있습니까?"

"네, 그렇게 하겠습니다. 무슨 일이 있습니까?"

"우리 지역에 진짜 어려운 사례가 있는데 같이 가보면 좋을 것 같아서요."

"그래요. 회장님 시간 되시면 지금 가시죠." 회장님은 밝게 웃었다.

"시간이 되겠어요?"

"회장님의 요청이면 없어도 만들어야죠."

그 길로 가정을 찾아갔다. 사연이 참으로 안타까웠다. 아버지는 일일노동을 하느라 저녁에 돌아오고 미취학 꼬맹이 둘이 종일 집에서 보냈고 있었다. 집안 환경은 폐가 수준. 냉장고도, 선풍기도, 책상도, 이불도, 먹을 것도 없었다. 이렇게 더운 날에 이런 환경에서 어떻게 살았을까. 우리가 하는 일이 이런 환경에 있는 아이들을 찾아서 도와주는 역할인데, 눈물이 날 지경이었다. 후원회 덕분에 우리가 그토록 도와주고 싶었던 사례를 찾았다.

아이들을 만나는 순간 모두가 말을 잃었다. 침묵도 잠시, 후원회의 모든 위원들이 의기투합해서 돕기로 했다. 지붕을 수리해서 비가 새는 걸 막고, 냉장고, 선풍기, 쌀을 비롯해서 살림도구를 모두 해결해 줬다. 후원회에서 정기적으로 기부금도 지원하기로 했다. 이 사례는 지역에 알려졌고 후원회의 영웅담은 오랫동안 회자되었다.

넷째는 기부금 전달식에 후원회를 초대한다.

시청, 구청, 군청과 기부금 전달식을 할 때 후원회장을 비롯해서 회원들을 초대하면 반응이 좋다. 지역의 중요한 일에 본인들이 참여하고 있다고 인정받고 대접받는다는 느낌을 가진다. 지역이 작은 곳일수록 효과가 크다. 전달식 사진이 지역 언론에 소개되면 효과는 두 배가 된다. 아는 사람 중에 누군가는 뉴스를 보고 연락이 온다. 내가 한 일을 다른 사람이 말해 주면 괜히 우쭐해진다. 좋은 일로 알려져서 이미지가 나빠질 가능성도 없다.

다섯째는 후원회 활동의 공적이 많은 분들에게 표창이나 감사패를 전달하는 방법이다.

흔한 방법이지만 챙겨 보라.

'○○○님 장관상 표창을 축하합니다.' 어느 시골마을에 붙은 플랜카드다. 동네 입구에 큼직하게 걸려 있었다. 후원회원들도 표창장 받는 것을 자랑스러워하는 사람들도 제법 많다. 그들의 활동에 대한 정당한 보상으로 생각하면 좋겠다.

후원회가 동기부여되면 그들의 역할을 알아서 잘 한다. 동기부여시키는 과정이 쉬운 것은 아니지만 동기부여된 회원이 새로운 회원을 동기부여시킨다. 회장이 바뀌어도 선순환은 이어진다.

후원회장이 제 역할을 하지 않을 때 어떻게 하나?

회장을 선임했는데 역할을 하지 않을 때는 정말 곤란하다. 10년 가까이 타이틀만 쥐고 있는 경우도 봤다. 이럴 때는 기관장이 총대를 메고 역할을 해야 한다. 후원회 운영의 9할은 기관장 몫이다.

지역에서 덕망 있고 재력도 있는 분을 회장으로 모셨다. 처음에는 활력이 넘쳤다. 전국에서도 부러움의 대상이 될 정도로 유명세를 탔다. 그의 역할은 딱 1년이었다. 그 후로는 활동이 뜸하고 나아가서는 더 이상 움직이려 하지 않았다. 지난 1년 동안 나름 역할을 했기에 뭐라고 트집을 잡을 상황도 아니었다. 그렇게 5개월 정도 시간이 흘렀다. 이대로는 안 되겠다는 생각으로 회장을 찾았다.

"회장님, 앞으로 후원회 운영을 어떻게 하실 생각이십니까?"

"본부장이 알아서 하면 안 될까? 내가 요즘 좀 바빠서."

5개월 만에 듣는 대답 치고는 너무 단순했다. 잠시 침묵이 흘렀다.

"저는 회장님께서 조금 더 역할을 해주셨으면 합니다. 이미 정체된 지가 오래되었습니다."

"본부장이 알아서 해주세요."

"후원회는 회장님 중심으로 돌아갑니다. 회장님께서 역할이 어려우시면 물려주시는 것은 어떻습니까?"

역린逆鱗을 건드렸다. 예상한 대로 반응이 나왔다.

"그게 누구 생각이야? 본부장 생각이야? 본부 생각이야?"

"제 생각입니다."

"본부장이 뭔 권한으로 나보고 하라 말라 합니까? 그럼 회장님께 내가 직접 물어볼까?"

"물어 보십시오." 분위기가 험악했다. 얼굴이 붉으락푸르락 했고, 또 다시 무거운 침묵이 흘렀다. 10분 정도 아무 말이 없었다. 내 평생 이렇게 긴 침묵은 처음이었다. 그 분위기가 짐작이 가는가. 아니 모금가가 그 침묵을 감당할 자신이 있는가?

"알았어요. 본부장 맘대로 하세요." 회장은 밖으로 나갔다.

엄청나게 화를 냈다. 회장은 지역에서 포지션과 이미지가 있는데 일개 기관장이 와서 후원회장을 내려놓으라고 통보한 것이나 마찬가지니 얼마나 자존심이 상했겠는가.

이때 기관장은 분명한 입장을 전달하는 것이 필요하다. 회장이 역할을 하지 않는데 무작정 기다리는 것은 무의미하다. 논쟁과 다툼이 있어도 매듭지어야 한다. 냉정해 보이고 힘든 과정이지만 넘어야 할 산이다. 그 후 여러 번 식사를 같이하고 후임회장이 취임할 때 오셔서 당신의 역할을 잘 마무리해 주셨다. 참 감사했다.

후원회장의 임기는 어느 정도가 적당할까?

회장의 임기는 보통 2년이다. 2년을 두는 이유는 한 사람의 네트워크는 2년이면 바닥을 드러낸다. 냉정해 보이는가. 어떤 단체는 임기가 일 년마다 바뀌고 일억 원 정도를 쓰는 회장도 있다.

첫째, 무조건적인 종신제를 방지하기 위해서다.

임기를 지키는 것이 단순할 것 같지만 운영해 보면 복잡하다. 후임자에게 민주적으로 넘기는 경우도 많지만 아집과 독선으로 갈등의 소지가 되는 경우도 부지기수다. 처음에는 2년만 하고 그만두려고 굳게 다짐했는데 막상 해보니 기대 이상이라는 걸 느낀다. 주변에서도 착한 일, 의미 있는 일을 한다고 인정해 주니 마음의 변화가 생긴다. 또 후원회장이라는 타이틀이 본인의 이미지나 사회활동을 하는 데 좋은 영향을 줄 수 있다는 믿음이 생길 수 있기 때문이다.

때로는 역할을 너무 잘해서 회원들의 요청으로 연임하는 사례도 있다. 그 기간이 10년을 넘기기도 한다. 어정쩡한 사람을 다시 찾는 수고로움보다 구관이 명관이고 썩어도 준치다.

이런 경우도 있다. 회장이 2년의 임기를 마치고 민주적으로 승계했는데 후임자가 너무 못해서 전임자를 다시 회장으로 추대하는 경우다.

후원회를 운영해 보면 좋은 사례 나쁜 사례는 많다. 하지만 원칙은 2년이 맞다. 2년이라는 임기는 조직의 성장을 저해하는 사람의 장기집권을 막기 위한 방편이다. 특별히 그 역량이 출중하고 회원들의 적극적인 동의가 있으면 중임이 가능한 정도로 규정하는 것이 좋다.

두 번째는 인맥이다.

아무리 훌륭한 사람이라도 2년 정도 인맥을 활용하면 바닥이 보인다. 그래서 2년이 적당하다. 후원회라는 조직은 생명체다. 1년, 2년 동안 잘했다고 그 열매가 다음 해로 연장되지 않는다. 1년 농사를 잘 지었다고 다음 해 농사를 쉴 수는 없다. 조직은 그 규모만큼 성과를 내야 유지된다. 새로운 분으로 바뀌어야 활력도 생기고 변화도 생긴다.

임기가 정해져 있어도 칼로 무 자르듯이 할 수는 없다. 마찬가지로 임기를 무시하는 걸 방관할 수도 없다. 회장의 임기와 관련해서는 선임할 때 포지셔닝이 매우 중요하다. 충분히 설명했음에도 무의미하게 임기가 이어지는 경우가 자주 있다. 임기 동안에 회장의 역할을 하지 않거나 임기가 되어도 스스로 그만두려하지 않는다. 지역에서 후원회장의 포지션과 이미지가 있어 아무도 나서지 않는다. 이 기간이 길어지면 부담만 가중된다. 나아가 새롭게 시작할 수도 없다. 대부분의 기관장들이 갈등상황으로 치닫는 것을 경계한다. 이런 상태를 방치하는 것이 기관장으로서 역할을 잘하는 것일까. 조직의 위해 결단을 하는 것이 잘하는 것일까. 기관장은 조직의 안정과 성장을 위한 중요한 선택을 해야 한다.

후원회비는 얼마가 적당한가요?

후원회원당 월 정기기부금 2만 원, 후원회비 2만 원이 일반적이다. 정기기부금 2만 원은 기관후원금으로 들어와서 고유사업에 사용되고, 후원회비는 회원들끼리 모였을 때 드는 비용이다. 주로 식비로 사용된다. 회원당 매월 4만 원이 지출된다.

후원회 활동에 필요한 회비 중의 제일 중요한 것은 회장의 분담금을 정하는 것이다. 앞서 말했듯이 회장은 1,000만 원에서 500만 원 정도다. 이 금액은 총회에서 자율적으로 정하면 된다. 가능하면 회장 후보를 비롯해서 후원회에서 역할을 할 사람들과 사전에 상의해서 어느 정도 방향을 잡는 것이 좋다. 단, 분담금을 정하는데 타협을 하지 않길 바란다. 금액이 낮아지면 후원회 운영이 어려워진다. 잘 선택해야 한다. 높게 시작해서 낮출 수는 있지만 낮게 시작해서 높이는 건 상당히 어렵다. 어떤 유형의 회장이든 그 정도의 출연을 부담스러워하지 않는 분을 찾길 바란다.

회원 수가 늘어나면 회비에 대한 의견들이 쏟아진다. 가입할 때는 동의했지만 몇 군데 모임을 하다 보니 금액에 대해 부담을 가질 수 있다. 그러면서 회의 때 회비를 낮추자는 의견이 올라온다. 회원들은 적게 부담하기를 바라지만 후원회가 원활하게 돌아기 위해서는 회비가 필수다. 여기서 밀리면 안 된다. 후원회는 일반 모임과 다르다. 가끔 계추와 후원회를 동일시하는 경향이 있는데 바람직하지 않다. 후원회는 기관의 운영에 필요한 자원을 개발하는 것이 회원의 역할이다. 때문에 후원회원은 회비에 대해서 부담을 느끼지 않는 분들로 구성되는 것이 맞다. 금액이 부담이 된다면 기부자로 남아 있는 것이 좋다. 기부자와 후원회 회원은 다르다. 기부자는 기부금만 내는 사람들이고, 후원회원은 더 많은 기부금을 내면서 새로운 사람을 기부자로 참여하도록 알리고 종용하는 역할을 하는 분이다. 책임감이 훨씬 더 크다. 회비와 관련해서 매월 5만 원으로 정했음에도 오랫동안 잘 운영되는 경우도 있다. 후원회가 동기부여되고 기관장의 역할이 적절했다는 의미다.

기관에서 후원회를 운영할 때 예산은 필수요소다. 기관의 예산에 후원회 운영비를 책정하고 집행할 수도 있지만 어차피 자부담이다. 예산이 넉넉하면 모르겠지만, 대부분 부족하다. 후원회 운영에 필요한 모든 경비는 후원회에서 나오는 게 맞다. 반문도 하겠지만 후원회의 중요한 역할은 자원을 연결해 주는 것이다. 자원은 돈, 현금 중심이다. 사회복지사가 돈 돈 하니 모양새가 좋지는 않지만 다른 말로 표현하더라도 후원금, 기부금 정도가 고작이다. 고의나 의도가 없이 메시지를 전달하는 수단으로 '돈'이라는 단어를 선택함을 이해 바란다.

후원회를 운영하는 모든 관계에서 포지셔닝은 매우 중요하다. 회장을 선임하고 기부금을 받는 것만큼이나 비중을 두고 세심하게 주의를 기울여야 한다. 아무리 역할을 잘 할 분이라도 반드시 설명하고 다짐을 받기 바란다. 포지셔닝은 후원회의 역할을 정확이 알려주는 과정이다. 집을 지을 때 초석을 다지는 것과 같다. 후원회의 역할은 자원개발이고, 이 자원은 후원회원과 그분들의 네트워크에서 나와야 한다. 후원회원이 정기후원을 했다고 생색만 내거나 기관의 운영에 불필요하게 개입하는 것을 경계해야 한다. 동네 계추 정도로 생각하고 감 놔라 배 놔라 하면 회원의 역할을 넘어선 간섭이다.

후원회 운영에 필요한 일체의 경비는 후원회에서 부담해야 한다고 처음부터 잘 설명해야 한다. 설명을 하지 않고 시작하면 나중에는 후원회를 상전 받들 듯이 흐를 수 있다. 상전을 한 분 더 모시려고 후원회를 구성할 수는 없다.

회비를 1만 원으로 내리면 더 많은 회원들을 확보할 수 있다고 주장하는 사람들도 많다. 목소리에 귀 기울이되 휩쓸리면 안 된다. 기준을 가지고 접근하길 권한다. 매월 2만 원 정도를 낼 수 없는 사람은 후원회원로 영입하지 않는 것이 맞다.

후원회 위원은 몇 명이 좋을까?

후원회원의 수는 많을수록 좋다. 원칙적으론 그렇다. 많으면 매월 들어오는 기부금이 늘기 때문이다. 단순히 욕심에서 하는 말이 아니다. 회원이 20명이라 치면 3개월 후에 10명이 참석하기도 어렵다. 6개월 후에는 5~6명으로 줄어든다. 30명에서 50명이 적당하다. 후원회가 구성되면 회장의 역할이 절대적이다. 소수정예를 선호하면 처음에는 의기투합이 잘 이뤄진다. 시간이 지나면 빠지는 사람이 생긴다. 회의를 하는데 5명이 참석한다면 회의를 하고 싶은 분위기가 못 된다. 50명까지 모집하는 것도 쉬운 일은 아니지만 그것을 목표로 추진하면 훨씬 도움이 된다. 일단 50명의 회원이 확보됐다는 것은 매월 100만 원의 정기기부금이 들어온다는 논리다. 2만 원이 평균이지만 그 중에는 더 많이 하는 분들도 있다. 특히, 회장, 부회장은 10만 원 정도 선이다.

그래서 50명이 확보되면 회의할 때 많게는 30명, 적어도 20명 정도 참석한다. 적당한 인원이 있으면 서로에게 힘이 된다. 회장도 의욕이 더 생기고 자원 연결도 용이하다. 기관에서 동기부여만 잘하면 시너지가 상당히 높아진다.

1년 동안 한 후원회를 통해서 정기기부자 700명 이상을 개발한 적이 있다. 당시 12개 지역에 후원회를 구성했다. 12개 후원회가 다 잘되면 기관장은 정신없이 바쁘겠지만 그렇지 않다. 후원회의 열정은 한꺼번에 솟지 않는다. 많은 후원회를 운영하다 보면 개중의 의욕적으로 활동하는 지역이 있기 마련이다. 얼마나 감사한 일인가. 잘한 곳은 칭찬하고 못한 곳에는 패널티를 주지 않는다. 적극적으로 활동하지 못했다고 어떤 눈치나 질책을 하지 않는 방법이다. 조직 활동을 해보면 본인이 잘했는지 못했는지는 스스로 잘 안다. 생존하기 위해서는 본인이 어떤 역할을 해야 하는지 본능적으로 느낀다. 그러니 조직을 운영하는 자의 입장에선 잘 하는 곳만 칭찬을 해도 조직의 전체적인 성과는 오르기 마련이다.

후원회에서도 비슷한 상황이 나타난다. 잘하는 곳은 칭찬하고 늦은 곳엔 기다리거나 동기부여시키는 방법을 찾으면 된다. 잘하는 곳은 한두 번 방향을 잡아주면 스스로 움직이고 성과를 낸다. 후원회 구성이 덜 되었거나 늦는 곳은 요청이 있을 때 지원하면 효과적이다. 어쨌든 기관에서 먼저 나서는 것이 아니라 필요성을 느끼고 연락이 오면 접근하는 게 자연스럽다.

후원회원이 50명까지 유지되어야 하는 이유도 비슷하다. 회원이 많으면 적극적인 분도 있고 방관하는 사람도 있다. 적극적인 분들을 상대로 영역을 넓혀가다 보면 따르는 사람들이 늘어난다. 이것이 후원회 관리의 기본이다.

지역 후원회를 만들고 설득하는 과정을 예로 들어 보자.

‘매년 이 지역의 어려운 사람들에게 1억 원의 기부금을 지원하는데 이 지역의 사람들이 돕는 비율은 10%, 금액으로 1,000만 원 정도 밖에 안 된다’라고 설명한다. 지역을 단위로 구성된 기부자는 애착심이 강하다. 내 지역의 사람들을 돕는 일을 ‘남에게 맡길 수 없다’는 의욕을 불태우기도 한다. 이렇게 설명하면 12개 후원회 중 3~4곳에서 반응을 보인다. 반응을 보이는 지역을 집중적으로 찾아가 지지하고 감사인사를 전한다. 그럼 이분들은 더 신나서 적극적으로 움직인다.

다음 회의 때 이 지역의 역할과 성과를 성공 사례로 소개한다. 여기서도 희비가 갈린다. 칭찬을 들은 지역은 뿌듯해하고, 성과가 없는 지역은 자존심 상해한다. 우리가 앵벌이냐, 아직 회원들을 구성 중인데 너무 성과 중심으로 발표를 시키는 것이 아니냐, 기분 나쁘다 등 불만들이 쏟아진다. 이것도 노림수다. 어떤 의견이 있더라도 비난하거나 평가를 하지 않으면 된다. 움직이지 않던 지역에서 은근히 자극을 받는다. ‘나도 이 지역에서 인지도가 있는데 이 정도도 못 한다’는 것에 화가 나는 것이다.

회의를 마치고 3일 정도 지나면 해당 후원회장의 연락이 온다. 어떻게 하면 자기 지역의 아이들에게 도움을 줄 수 있는지 묻는다. 이때를 잘 활용해야 한다. 조건을 제시하기 전에 당근부터 준다. 일단 어려운 사람을 추천해 달라고 요청한다. 아는 사람이 없는데 ‘어떻게 추천하냐’고 묻는다. 그럼 친절하게 설명하면 된다. 후원회장 자격으로 시청에 가서 ‘앞으로 우리 지역의 어려운 아이들을 위해서 후원회에서 매년 3,000만 원을 도와주겠다고 약속을 하세요’라고 이야기하면 회장은 깜짝 놀란다. 아니 나보고 매년 3,000만 원을 내란 말이냐며 당황할 수도 있다. 걱정 마시라. 좋은 복안이 있지 않겠는가. 3,000만 원은 기관에서 책임질 테니 회장님께서는 시청에 가서 '당당하게 약속하십시오'라고 한다. '저를 믿고 해보십시오'라고 확신을 준다.

얼마 후 3,000만 원 기부금 약정 패널을 가지고 자치단체장을 만나 전달식을 갖는다. 전달식에는 올 수 있는 후원회원을 많이 초대한다. 후원회장이 지역에서 자치단체장을 만나는 일은 많을 것이다. 하지만 3,000만 원의 기부금 전달식을 갖는 것은 흔치 않다.

어떤 과정을 통해서 전달되든 후원회장의 면을 세워 주는 역할을 기관에서 하는 것이다. 전달식 사진은 지역의 언론을 통해 주민들에게 알려지고 회장과 회원들은 자랑스러워한다. 이 정도면 동기부여는 충분하다. 백번 말로 설명하는 것보다 과정을 직접 보여주는 것이 더 효과적이다.

후원회장 중심으로 후원회를 구성하는 것이 맞는가?

후원회 구성원의 30% 정도를 후원회장의 사람으로 구성하면 좋다. 30%라는 명확한 근거는 없지만 그 정도면 후원회를 이끄는 데 별 무리가 없다. 물론 10%만으로도 운영되고 60%라도 운영이 안 되는 경우도 있다. 상식선에서 30%가 적당하다고 보는 것이니 따지지 않길 바란다.

회장을 포함해서 전체 위원은 총 50명까지 두면 좋다. 50명이 모이면 별별 사람이 다 있다. 이 별별 사람들을 한 방향으로 바라보도록 하는 것이 회장과 기관장의 역할이다.

후원회장의 사람들로 집행부가 구성되면 좋은 점은 한 방향으로 이끄는 것이다. 회장을 믿고 온 분들이니 적극적으로 지지하고 참여한다. 회장의 방향이 옳을 땐 더할 나위 없이 좋다. 대신에 독선이 되면 막거나 방향을 바꾸기가 힘들어진다. 사람이 하는 일이라 모든 걸 예측할 수 없다. 불길한 예감은 틀리지 않듯이 잘못을 느꼈을 때는 이미 늦다. 이런 상황이 생기면 후원회 회원 중 누군가가 나서주면 제일 좋다. 고문이나 평소 언변이 좋은 분이 움직여 주면 최상이다. 이때는 기관장이 직접 개입하려 하지 말기 바란다. 앞서 후원회장과 갈등이 생겼을 때는 기관장이 나서라고 한 것과 혼동하면 안 된다. 상황이 심각할 땐 기관장이 나서는 게 맞다. 반면 갈등이 시작될 때는 명확한 명분을 찾을 때까지 한발 뒤에서 방관하는 것이 현명한 방법이다. 회원들 중의 후원회의 올바른 운영을 기대하는 분이 생기기 마련이다. 이분들을 상대로 접촉하는 것도 한 방법이다. 이렇게 해도 실마리가 보이지 않고 심한 갈등이 있을 때는 후원회를 휴면상태로 유지하는 것도 기술이다. 후원회 전체의 사업은 형태만 유지하고 개인적인 욕구나 역량이 있는 분들을 접촉하여 의견을 듣고, 회원들의 개인적인 영역에서 역할을 할 수 있게 설명한다. 평소에 기관의 역할을 지지하는 분들을 중심으로 긍정의 관계를 유지하면 최악의 상황을 막을 수 있다.

후원회장을 중심으로 후원회를 구성했을 때 회장의 임기가 끝나거나 갈등으로 그만두는 경우가 있다. 앞서 말했듯이 참 곤란한 상황이다. 회장을 통해 영입된 회원들이 함께 빠져 나가기도 하지만 너무 걱정하지 말길 바란다. 회장의 요청으로 참여했지만 막상 활동해 보니 생각보다 만족도가 높은 경우가 많다. 회장과는 사적인 관계를 유지하고, 후원회에서 새로 만난 사람들도 좋고, 하는 일도 좋게 느끼면 오래 머문다.

그동안 다른 사회활동을 많이 했더라도 비영리기관에서의 활동은 차원이 다르다는 걸 안다. 다른 단체에서 활동할 때는 사진 찍고 밥 먹는 것이 중요한 역할이었다면 후원회에서는 그 대상의 변화 과정을 눈으로 확인할 수 있다. 굳이 설명하지 않아도 다르다는 걸 안다. 텔레비전으로 어려운 이웃의 이야기를 듣는 것과 직접 만나는 것은 다르다. 그러니 생각보다 쉽게 이탈하지 않는다. 활동은 안 하더라도 후원은 유지한다. 결코 나쁜 시나리오가 아니다. 때문에 일단은 많은 사람들을 영입하는 것이 우선이다. 만약에 회장이 그만두면서 본인이 영입한 사람들을 함께 나가자고 종용하는 것도 쉽지 않다. 처음에는 좋다고 함께 하자고 해놓고 본인이 그만두니 나쁘다고 한다면 설득이 되겠는가. 회장이 실제로 몇몇의 회원들을 데리고 나가면 남아 있는 회원들의 응집력은 더 강해진다. 남은 분들 중 책임감이 강한 사람을 중심으로 뭉친다. 비온 뒤 땅이 굳는다. 그리고 역사는 반복된다. 행복과 불행은 같은 모습으로 다가온다. 일어나지도 않은 일을 미리 걱정하지 말고 상황이 발생하면 그때부터 풀어가는 방법을 심각하게 고민하면 된다.

후원회장과 기관장의 관계는 어떻게 유지해야 하나?

후원회장과 기관장과의 관계는 동등하다. 어떤 상황에서도 대등해야 한다. 많은 직원들이 후원회장이 기관장보다 윗사람이라고 생각하는 경우가 있다. 틀렸다. 말도 안 된다. 직원의 입장에서 기관장은 매일 보는 사람이고 후원회장은 가끔 만나고 기부금도 많이 내고 하니 크게 보인다. 하지만 후원회를 제대로 운영하려면 후원회장과 기관장은 같은 격을 유지해야 한다. 후원회장이 나이가 아무리 많고 지역에서 유명하더라도 반드시 지켜져야 한다.

회의를 할 때 후원회장과 기관장의 자리를 같이 만들어야 한다. 반드시 그렇게 해야 한다. 기관장이 회장에게 스스로 숙이거나 머리를 조아리면 거기서부터 상하관계가 유지된다. 자세를 낮추는 것은 괜찮다. 낮추는 것과 숙이는 것은 다르다. 명심하라. 절대로 안 된다.

이 부분에서 나의 악센트가 유독 강하고 반복이 많다. 왜 그럴까. 교정을 덜 본 걸까. 아니다. 그만큼 강조하고 싶다는 메시지다.

후원회장을 비롯해서 회원들과 개인적인 관계를 가져가려 애쓰지 마라. 회장의 포스는 모금가가 평소에 만나던 사람들과 많이 다르다. 사업수완, 씀씀이, 통 큰 결정, 인맥 등.

가끔 회장의 아우라에 기대고 싶은 충동이 생길 수 있다. 개인적으로 사업에 욕심이 있어 후원회에 돈을 빌리거나 회원들의 사적인 모임에 같이 활동한다거나 빈번한 술자리를 하는 등은 삼가라. 처음에는 새로운 경험이고 본인에게 도움이 될 것 같지만, 그분들은 모금가의 머리 위에 있음을 알아야 한다. 굳이 친분을 유지하더라도 선을 넘지 말고 아무리 가까워도 형님 동생 하면서 말을 트면 안 된다. 형님 동생 하는 순간 상하관계가 형성되고 후원회장은 받들어 모시는 존재가 된다. 무슨 일이 있어도, 어떤 경우에도 안 된다. 비슷한 사례를 수없이 봤다. 사적인 관계로 흐르고 오래가는 꼴을 본 적이 없다. 결국은 무시당하고 조직에서 외면받았다.

특히, 소도시로 갈수록, 지역색이 강할수록 의리를 내세운다. 후원회와의 관계에서 의리는 내 밑에 두겠다는 의미로 여기면 된다. 기관장도 후원회원이 연배가 낮다고 하대하거나 반말을 사용하면 안 된다. 후원회장과 기관장은 아래위가 없다. 서열이 존재하지 않는다. 왕과 총리와의 관계가 바람직하다. 서로 인정하고 존중하며 기관의 성장을 위해 함께 노력하는 사람들이다.

새로운 지역에 기관장으로 발령을 받았다.

지역 후원회장을 만났는데 대뜸 나이가 몇 살이냐고 물었다.

"○○년생입니다." 당시에 37세였다.

"그럼 ○○를 알겠네요." 같은 법인의 기관장이었다. 뉘앙스가 느껴졌다.

"잘 알지요. 제가 ○○랑 형님 동생 하는 사이입니다."

이게 무슨 상황인가. 그럼 나도 당신을 형님이라고 부르란 말 아닌가. 이 트릭에 넘어갈 내가 아니다.

"네, 가깝게 지내는 사이인가 봅니다."

"네, 제가 동생을 많이 챙겨주고 있습니다."

이 일이 있고 직원에게 '후원회장이 역할을 어떻게 하는지'를 물었다. 직원은 개인 이름으로 매월 2만 원 후원하고, 한 달에 1명에서 2명 정도 기부자를 소개해 준다고 했다. 가끔 밥도 사준다고 약간은 자랑스럽게 이야기했다.

내 기준으로는 이해가 되지 않았다. 후원회장이 반드시 기부금을 왕창 내야 하는 것은 아니다. 그것은 기관의 욕심이고 희망사항일 뿐이다. 내가 화가 난 것은 누가 후원회장을 이렇게 밖에 동기부여시키지 못했냐는 것이다.

이 사람의 인품을 확인하는데 오래 걸리지 않았다. 한 달쯤 지났을까 회장에게서 연락이 왔다. 밥을 살 테니 오라는 것이다. 2시간 거리다. 기관장으로 새로 왔으니 후원회장으로서 당연히 한턱을 내겠다는 이유다. 꼼수가 느껴졌지만 거절할 명분이 없었다.

오후 5시경, 저녁을 먹으면서 술잔이 오갔다. 내게도 적극적으로 권했다. 참고로 나는 술 마시는 걸 즐기지 않는다. 체질상 술이 받지 않고 그날은 차를 가져가서 더더욱 마실 생각이 없었다.

"○○야. 술 한 잔 따라봐." 후원회장의 말이 떨어지기 무섭게 모금가가 쪼르르 가더니 무릎을 꿇고 술잔을 받았다. 이 상황을 보고 뒤통수를 한 대 얻어맞은 기분이었다. 그렇다고 후원회장이 있는 자리에서 모금가를 나무랄 수는 없고.

식사는 계속 이어졌다. 후원회장은 끈질기게 내가 술을 마실 것을 강요했다. 정중하게 거부하면서도 직원의 행동이 자꾸 맘에 걸렸다. 스스로 핑계거리를 찾았다. 정리할 게 있어 사무실에 들어가야 한다는 이유를 대고 직원들과 자리를 떴다.

회장은 아쉬운 표정이 역력했다. 나의 행동은 단호했다. 모금가가 이런 식으로 휘둘린다면 후원회를 운영할 필요가 없다는 생각마저 들었다.

사무실에 도착해서 담당에게 물었다. 평소에도 회장이 직원에게 반말을 하느냐. 술을 자주 마시느냐. 둘 다 그렇다고 했다. 회장이 반말을 할 때 어떻게 대응을 했느냐. 후원회장이고 연배가 많으니 별다른 생각을 하지 않았다고 했다.

나는 분명하게 설명했다. 앞으로 절대 근무시간에 술을 마시지 마라. 후원회장을 만나더라도 업무적인 이유를 갖고 만나라. 후원회는 자원을 연결시켜 주는 것이 가장 중요한 역할임을 일러줬다.

직원들은 내 말을 완전히 이해하는 눈치는 아니었다. 아니 이해하지 않으려는 표정이었다. 후원회장을 잘 모셔야 후원신청서를 한 장이라도 더 받을 텐데, 이 정도는 감수할 수 있다는 느낌.

모금가가 후원회를 운영하고 기부자를 개발하는 것은 매우 중요한 역할이다. 그렇더라도 주종관계로 발전하면 안 된다. 우려한 일이 내 직원 사이에서 일어났다. 후원회와의 관계는 합리적이면서 건설적이어야 한다. 후원회의 역할을 어떻게 할 것인지를 충분히 설명하고 동기부여시키는 방법을 찾아야 한다. 그 방법은 이 책 곳곳에 충분히 설명되어 있다.

얼마 후 그 후원회는 회원들이 줄고 역할이 없어져 스스로 정리됐다. 그리고 2년 후 새로운 회장이 취임하고 모범적으로 운영되었다.

후원회장과 기관장의 관계에서 기억에 남는 분이 있다. 처음부터 서로를 존중하고 배려하면서 많은 성과를 냈다. 인간적으로만 좋은 분이 아니라 인품, 재력, 매너를 모두 갖췄다. 이분과 함께할 땐 모든 것이 순조로웠다.

경기도 고양에 계신 신동성 회장님이시다. 지역에서 사업을 하시는 분인데 항상 기관장을 존중하고 배려하고 성과를 내도록 적극적으로 도움을 주셨다. 이분을 만나서 많은 것을 배웠고 지금도 그립다.

후원회와 자원봉사자는 역할이 다르다.

후원회와 자원봉사자의 역할을 혼재하면 안 된다. 둘은 엄연히 다르다. 아니 분명하게 달라야 한다. 후원회원 중에 자원봉사활동을 오래한 분이 참여하는 경우도 있다. 자원봉사활동을 오래했더라도 후원회의 역할을 알고 잘 하면 좋은데 그렇지 않는 경우가 있다. 후원회의 역할에 대해 설명을 듣고 참여를 했지만, 본인도 모르게 몸이 자원봉사자처럼 움직인다. 자원봉사활동은 역동적인데 후원회는 다소 정적이니 조금 따분해 한다. 후원회가 자원봉사자의 역할을 하면 정체성의 혼란이 온다. 나아가 기존의 자원봉사자들과 다툼이 생길 수 있다. 사소한 일로 감정이 상하면 기관도 후원회도 자원봉사자들도 불편하다.

후원회의 역할은 지역의 자원을 기관으로 연결하는 것이다. 후원회가 자원만 연결하고 직접적인 참여를 안 하면 기관이 어떤 일을 하는지 이해하는데 시간이 오래 걸린다. 기관에 대한 이해를 돕고 참여의 즐거움을 느껴 보라는 의미에서 직접적인 활동을 해볼 기회를 제공하기 위해 프로그램을 만들 수 있다.

이렇게 활동을 한 번 하면 다른 프로그램도 만들자고 조르는 경우가 있다. 후원회가 참여하는 프로그램을 늘이면 본래의 역할이 약해진다. 일 년에 한 개에서 두 개 정도의 프로그램에 참여하는 것은 되지만, 그 이상은 신중히 생각하라. 후원회가 직접 참여하는 일이 많아지면 자원봉사자와 구분이 안 된다. 후원회는 지역의 자원을 기관으로 연결하는 본질적인 역할임을 상기시킬 필요가 있다. 의견이 분분하고 자원봉사 활동을 주장하면 후원회 본래의 역할이 무엇인지 일깨워 줄 필요가 있다. 언짢게 생각하더라도 집고 넘어야 할 과정이다. 공 모양이 같다고 농구와 배구를 같은 코트에서 할 수는 없다.

회원들에게 후원회의 역할을 가르쳐야 한다.

후원회원이 참여하게 되는 과정을 보면 기존 회원들의 소개로 오는 경우가 많다. 새로 들어오는 회원들은 모금가로부터 설명을 듣고 시작하면 좋은데, 회의하는 날부터 참여하는 경우가 있다. 소개한 분이라도 후원회 역할을 설명하면 좋은데 '좋은 일을 하니까 같이 하자'라는 정도만 전달되는 경우가 많다. 이런 과정을 통해 들어왔는데 모금가는 기부금 내라, 회비 내라, 새로운 기부자를 개발하라고 하면 부담스러워한다.

신규 회원들이 후원회 활동을 잘 하도록 하려면, 추천할 분이 있으면 모금가에게 연락해 달라고 이야기하면 된다. 새로운 분은 모금가가 직접 찾아가 후원회의 역할을 설명하고 공감이 되었을 때 승낙서를 받는다. 가끔은 소개해준 신입회원을 찾아간다고 하면 무슨 검증을 하러 가는 것처럼 거부하는 경우도 있다. 본인이 충분히 설명했는데 기관에서 왜 또 찾아가느냐는 논리다. '충분한 설명'에 대해 인식 차이가 크다. 구체적인 설명을 듣지 않고 활동을 시작하면 얼마 지나지 않아 탈퇴를 하거나 아예 기부금을 한 번도 내지 않는 경우가 많다. 회원 수만 늘고 실익은 없다. 천천히 가더라도 바른 방향으로 가야 한다.

후원회와 모금가는 기부금에 대한 생각의 차이가 크다.

먼저 기부금과 후원회비에 대한 개념부터 설명을 해야 한다. 기부금은 전액 기관에서 하고 있는 프로그램이나 대상자에 전달되는 직접비로 사용되는 비용이다. 이 비용은 연말에 기부금영수증으로 받아볼 수 있다. 후원회비는 회원들이 회의 등을 하고 식사비용 등으로 지출되는 비용이다. 그런데 기부금과 후원회비를 구분하지 않고 후원회비도 후원회 활동을 하면서 낸 비용이니 기부금영수증을 끊어달라고 요구한다. 돈의 용도가 다르다고 몇 번을 설명해도 이해하지 못한다. 이런 혼란을 줄이기 위해 정확히 알려줄 필요가 있다.

회원이 특별회비를 후원회 통장으로 보내고 기부금영수증을 요구하는 경우다. 후원회 통장으로 입금되었더라도 다시 기관 통장으로 보내주면 공식적인 기부금으로 처리가 되는데 송금자의 이름이 바뀌는 경우다. 즉, 수석부회장이 200만 원을 후원회 통장으로 송금하고, 그 중의 100만 원을 기관으로 송금하면서 사무국장 이름으로 보내온 경우다. 기관은 송금자의 이름으로 기부자를 등록한다. 즉, 사무국장이 기부금 혜택을 받을 자격이 주어지는 샘이다.

또 본인이 낸 기부금은 본인이 쓸 곳을 지정할 수 있다는 생각을 하는 회원들이 있다. 자기가 아는 대상에게 지원해 달라거나 본인 통장으로 되돌려 달라는 경우도 있다. 기관에서 기부금을 지원하려면 지원조건에 맞아야 한다. 조건이 다른 데도 억지를 부리는 경우가 있다. 부당함을 논리적으로 잘 설명하라. 기부금이 기관의 통장에 들어오면 기부금 사용규정에 따라 공정하게 집행된다는 것을 알려라. 당신이 낸 돈이니 생각날 때마다 이 사람도 주고 저 사람도 주라는 식은 틀린 거다. 시간이 걸리고 반복되더라도 설명해야 한다.

이해되지 않는 기부자들이 많다. 매월 1만 원을 후원하면서 매월 사용내역을 알려달라거나 기관 전체 기부자의 기부금 사용내역을 요구하는 경우도 있다. 황당할 뿐이다. 당연히 알려줄 의무가 없다. 기부자는 항상 선하다는 생각을 버려라. 순수한 뜻을 가진 분들이 많지만, 가끔은 떼를 부리거나 도를 넘는 요구를 받는 경우도 있다.

chapter

6 왜 상위 1%만 모금에 성공하는가?

모금을 잘하는 조직의 특성
메이저법인과 소규모법인의 차이
비영리기관에서 왜 모금을 해야 할까?
소규모법인에서 모금이 필요한 이유?
모금을 시작하면 조직에서 나타나는 현상들
모금가가 어려운 대상자를 만난다는 의미는?
내가 낸 기부금이 어떻게 사용됩니까?
모금업무가 어려운 이유
관점을 바꾸면 방법이 생긴다.
로젠버그 법칙(Rosenberg's Rule)
훌륭한 모금가는 수만 명의 생명을 살린다.

chapter

6 왜 상위 1%만 모금에 성공하는가?

모금을 잘하는 조직의 특성

모금을 잘하는 조직은 그만한 이유가 있다. 직원을 배치했다고 모금이 저절로 되지는 않는다. 모금을 할 수 있는 조건을 만들고 인재를 양성하고 체계를 갖췄다. 새롭게 시작하는 업무는 가르치고 조직화하고 시스템을 갖춰야 한다. 기부자가 적을 때는 몇 명이 감당할 수 있지만 그 수가 늘면 인력으로 감당할 수 없다. 시스템을 갖춰야 한다. 모금을 잘하는 조직은 어떤 특성이 있는지 알아보자.

첫째, 모금을 잘하는 조직은 인재를 키운다.

'조직의 역량은 조직원 개인역량의 총합'이다. 인재를 양성하지 않으면 조직의 미래는 없다.

인재를 키우는 것은 모든 조직의 영원한 과제다. 모금영역의 인재만 키우는 것이 아니라 모금과 연계되도록 조직의 인재풀을 양성한다. 모금, 서비스, 행정, 마케팅 등 모든 분야를 망라한다. 인재를 키우는 과정은 힘들고 비용도 많이 들고 오래 걸린다. 한두 번 시행하다가 어렵다고 중단하면 조직으로서 손해가 막심하다. 하다가 멈추면 다시 시작하는 것을 두려워한다.

인재를 키워야 미래를 설계할 수 있다. 방법을 몰라서 인재를 키우지 않는 조직은 없다. 용기가 없고 선택을 못하기 때문이다.

6~70년대 대한민국은 빈국이었다. 가난을 극복하는 방법으로 선택한 것은 교육이었다. 자식을 교육시키겠다는 일념이 오늘의 대한민국을 만든 원동력이라 말한다. 전쟁 중에도 학교는 다녔다. 어느 조직이든 힘들지만 최악은 아니다. 성공하든 실패하든 그조차 기관의 선택이다. 선택의 키는 집행부가 쥐고 있다.

둘째, 혁신을 통해 조직을 재정비한다.

보통의 조직들은 '혁신'과 '점진적 개선'을 혼동한다. 혁신은 과거와의 단절, 완전히 새롭게 바꾸는 개념이다. 혁신은 근원적 변화를 시도해본 리더만이 가능하다. 그렇게 때문에 혁신을 성공하는 조직은 극소수이다. 많은 조직들이 점진적 개선을 통해 조직을 변화시켜 보려고 하지만 얼마 지나지 않아 원래 자리로 돌아간다. 모든 것이 잘 되어가고 있다고 착각하다가 어떠한 문제가 봉착했을 때 과거의 타성에 의해 즉시 회귀하기 때문이다.

다른 법인에서 혁신을 하니 우리도 해야 하지 않을까라는 막연한 생각으로 시도했다간 큰코다친다. 혁신을 하면 외부의 사람들이 조직 내부를 다 들여다보고 까부순다. '잘함' 보다는 '못함'에 초점을 맞춘다. 직원들의 이목을 집중시키려면 기관의 아킬레스건을 건드려야 호응한다. 직원들을 면담하면서 조직에 대한 불만, 불편 등을 적나라하게 파헤쳐 전 직원들 앞에서 공개한다. 전문 컨설팅업체 직원들의 말을 들으면 조직이 내일이라도 당장 바뀔 것 같은 기대감이 생긴다. 이들의 관점이 틀린 것은 아니지만 업체의 말을 전적으로 믿을 필요도 없다. 이들은 우리 조직의 안위는 안중에도 없을 수 있다는 것을 명심해야 한다. 말 그대로 컨설팅이다. 실행은 전적으로 조직의 몫이다.

전문업체를 활용할 여건이 안 되면 자체적으로 시도하기를 제안한다. 몇몇 직원들을 훈련시켜 그들이 조직을 진단하도록 하는 방법이다. 이마저도 쉬운 선택은 아니지만 이 과정을 거치면 변화의 주최 세력이 형성된다. 이들을 중심으로 조직을 변화할 수 있다. 혁신을 한 이후의 조직은 체계적이고 방향이 명확해진다.

셋째, 모금 전담팀이 있다.

메이저법인은 모금업무만 전담으로 하는 팀이 있다. 모금, 홍보, 마케팅, 온라인 모금팀, 고액후원관리팀 등 구체적이다. 모금을 할 수 있는 모든 조건을 갖췄다. 전담팀은 모금업무에만 집중할 수 있다. 사회복지사가 모금을 하려고 입사했냐고 따지면 곤란하다. 모금업무에 적성이 맞지 않은 친구는 그에 맞는 역할을 하면 된다. 모금가도 사회복지사 중 누군가가 맡아야 하는 업무다.

소규모법인에선 전담팀을 두는 것이 정말 어렵다. 잘 안다. 메이저법인에서 모금을 하다가 소규모법인에 오니 모든 것이 낯설었다. 시스템, 인력, 콘텐츠, 네트워크가 달라서 처음에는 암흑 같았다. 시간이 지나면서 콘텐츠를 만들고 하나씩 가르치며 접근하니 도전해볼 희망이 생겼다. 다행히 모금에 관심을 갖는 직원도 생겼다.

전담팀의 기준을 메이저법인에 맞추면 너무 벅차다. 현실에 맞게 계획해 보라. 기관에서 모금업무를 담당하는 직원을 교육시키는 방법이다. 교육비만 투자하면 시도해볼 수 있다. 가장 낮은 단계지만 시작하려면 그렇게 해보기 바란다.

다음은 모금을 전담하는 직원을 1명이라도 배치하는 것이다. 여기서 가장 큰 문제는 예산이다. 예산이 넉넉한 곳은 없지만, 모금을 하겠다는 방향을 잡았으면 전담직원 배치를 심각하게 고민해야 한다. 배치하고 모금전문가의 교육을 받으면 성과는 난다. 투자하지 않고 성과를 바라는가? 그런 조직경영 방법은 없다. 모금 전담부서가 운영되면 투자비용 대비 얼마만큼 성과가 날까? 그 결과는 메이저법인들이 확실하게 보여주고 있다. 조직의 리더는 투자의 포인트를 현명하게 선택해야 한다.

모금을 담당하는 직원을 대상으로 교육할 때는 반드시 모금의 전체적인 방향을 제시할 수 있는 모금가에게 미리 컨설팅이라도 받는 것이 좋다. 모금전문가의 조언을 받고 시작하는 것과 열정만으로 접근하는 것은 차이가 크다. 모금을 해본 경험이 없는 사람이 직책을 맡아 모금가인양 행세하는 것은 난센스다. 이런 사람이 모금팀을 컨트롤하는 것은 어린애가 비행기를 조종하겠다고 우기는 꼴이다.

지난 2년 동안 소규모법인에서 모금업무를 하면서 많은 것을 보고 느꼈다. 소규모법인에서도 충분히 성과를 낼 수 있음을 증명했다. 콘텐츠를 만들고 모금방법만 배우면 지금부터 시작할 수 있다. 안 된다는 생각을 버려라. 가능하다. 충분히 가능하다.

넷째, 불필요한 업무를 과감히 버린다.

메이저법인들은 아동이면 아동, 노인이면 노인만 대상으로 한다. 업무가 한 곳에 집중되었다. 대상이 분명하니 콘텐츠를 개발하는 것도 수월하다. 소규모법인들은 대상의 범위가 넓다. 아동, 청소년, 노인, 장애인, 자활사업 등 범위가 퍼져 있다. 게다가 운영하는 프로그램이 너무 많아 잔무에 시달린다. 모금가의 관점에서 보면 카페에서 자장면과 김치찌개까지 파는 꼴이다. 집중도 안 되고 경쟁력이 있는 콘텐츠가 없어 기부자를 설득하기도 어렵다. 좋게 표현해서 다양한 사업을 하는데 내실이 없다. 다양한 사업이 모금가에겐 뜨거운 감자일 뿐이다.

잘 되는 식당은 메뉴가 단품이다. 한두 가지에 집중하니 맛도 좋고 국물 맛이 진하다. 지금이라도 잘 판단하라. 위탁받은 사업들을 바로 줄이는 것은 불가능에 가깝다. 그렇다고 지금처럼 모든 대상을 아우르며 모금을 한다는 것도 맞지 않다. 사업을 유지하면서 모금도 이어갈 수 있는 방법은 업무를 줄이는 것이다. 불필요한 업무를 줄여라. 내려놓아야 새로운 것으로 채울 수 있다.

노를 젓다가
노를 놓쳐 버렸다.

비로소 넓은 물을 돌아다보았다.

- 순간의 꽃 中 -

지금까지 목적지를 향해 열심히 달려왔다. 이제 노를 내려놓고 넓은 물과 풍경을 보라. 멀리 내다보면 지금 움켜쥐고 있는 일들이 작게 보인다. 내려놓은 빈자리에 더 가치 있는 것들을 담아라.

다섯째, 전산시스템으로 고객을 관리한다.

메이저법인의 전산시스템은 완벽하다. 업무시스템과 기부자관리시스템, 기부금관리시스템으로 구분되고 관련 시스템은 서로 연동되어 있다. 출근해서 컴퓨터를 켜면 그룹웨어에서 모든 행정문서를 살펴보고, 직원의 출장, 외근, 휴가, 인사관리 등은 e-HR 인사관리시스템에서 처리한다. 모든 결재는 시스템에서 이루어진다. 대통령이 해외순방 중 전자결재를 통해 장관 후보자를 임명했다는 뉴스를 본적이 있을 것이다. 같은 방식이다. 전산시스템은 업무의 효율을 높이고 신속하다.

기부자관리도 퍼펙트하다. 기부자가 유입되면 기본정보가 전산에 입력되고, 이후 납입된 기부금내역, 상담내역 등 기부자의 모든 정보가 상세히 기록되고 관리된다. 대상자의 정보도 마찬가지 방법으로 관리된다. 이 데이트를 기준으로 기부자서비스를 제공하고, 새로운 기부자를 개발하는 자료로 활용한다. 전체 기부자가 몇 명인지, 오늘 현재 기부금이 얼마나 들어오고 있는지, 매월 중단한 기부자가 몇 명인지를 실시간으로 파악한다. 이렇게 신속하게 파악되면 계획을 세우는데 매우 용이하다. 빅데이터는 기부자를 연령별, 지역별, 나이별, 금액별, 신청경로별 등 모금가가 상상하는 거의 모든 자료를 뽑아볼 수 있다.

소규모법인들은 이런 시스템이 거의 없다. 있더라도 메이저법인의 수준과는 차이가 크다. 타임머신을 타고 과거로 돌아간 기분이었다. 전산시스템을 갖추기 어려운 명목상 이유는 예산이다. 그럼 예산이 확보되면 언제든지 시스템을 갖출까. '글쎄다'다. 예산만이 문제가 아니다. 전산시스템의 필요성과 활용을 충분히 알고 시작해야 한다. 시작하게 되면 최소한 3년에서 5년까지의 자료를 소급해서 입력해야 한다. 전산시스템을 갖춰야 하는 이유는 편리성과 빅데이터 활용이다. 기부자가 늘면 전산시스템은 꼭 필요하다. 그것이 가야 할 방향이다.

메이저법인과 소규모법인의 차이

위의 '모금 잘하는 조직의 특성'에서 설명한 것과 중복되는 부분도 있지만 이 챕터는 조금 더 구체적으로 설명되었다. 한 챕터에서 두 법인의 차이를 설명하는 것은 부족하다. 메이저법인과 소규모법인이 모금을 하는데 어떤 차이가 있는지 관심 있게 읽어 보면 방향을 잡는 데 적지 않게 도움이 된다. 두 법인의 차이를 객관적으로 설명할 수 있는 모금가가 별로 없다. 왜냐하면 메이저법인과 소규모법인의 모금 업무를 경험해본 모금가가 별로 없기 때문이다. 잠깐 경험하는 것과 그곳에서 몸으로 부딪히며 얻은 노하우는 차이가 크다.

첫째는 전담조직과 전담팀의 유무다.

둘의 차이는 이미 알고 있는 대로다. 메이저법인은 모금조직과 전담팀이 있다. 자원개발본부, 모금사업본부, 마케팅본부, 홍보실 등 법인 별로 명칭이 다를 뿐 모금을 위한 조직이 체계적으로 구성되어 있다. 각 본부에는 전담팀이 있고, 그들은 각 영역에서 전문가들로부터 질 높은 교육을 받는다. 이 교육은 매년 반복되고 고도화된다. 이 과정을 통해 전사전문모금가가 키워진다.

소규모법인은 전담팀 자체가 없다. 지역조직팀 2~3명이 전부다. 지역조직팀은 복지서비스팀이나 사례관리팀과 같은 본연의 업무를 수행하는 팀이다. 이들을 자원개발업무에 투입하기 어렵다. 투입되는 순간 업무 과부하에 걸린다. 자원개발을 위한 업무라기보다는 기관의 업무를 분담한 형태로 유지되고 있다. 게다가 이들은 전문교육훈련을 받거나 외부교육에 참여하는 것도 어렵다. 예산도 부족하고 시간이 없다. 자리를 비우면 일상의 업무가 밀려 있다. 메이저법인과 비교하면 다른 시대를 같이 살고 있는 것 같다. 현실의 벽이 너무 높다.

둘째는 전담인력이다.

메이저법인은 전담팀마다 충분한 인력이 있다. 대부분의 인력은 사회복지사로 입사해서 모금업무를 선택하거나 배정받는다. 모금팀, 홍보팀, 마케팅팀, 온라인모금팀, 고액후원자관리팀 등에 전문적인 훈련을 받은 직원들이 배치되어 있다. 이 중 모금팀과 모금 전담인력은 각 사업장마다 따로 또 있다. 본사에서는 서울과 전국적인 모금과 마케팅을 중점적으로 담당하고 지역에선 지역의 모금업무를 전담한다. 조직과 인력이 거미줄처럼 연결되었다.

특히, 마케팅이나 홍보 영역은 외부영입까지 하고 있다. 마케팅이나 홍보 영역에 모금가를 훈련시켜 배치하려면 시간이 오래 걸리고 큰 성과를 기대하기 어렵다. 기업에서 마케팅과 홍보를 담당한 사람들을 영입하기도 한다. 그들의 재능은 모금가와 비교할 수 없다.

이렇게 체계적으로 갖춘 조직을 소규모법인이 어찌 감당할 수 있을까. 기관에서는 플랜카드 문구를 하나 만드는 데도 며칠이 걸릴 지경이다. 수년 전에 구축해둔 홈페이지는 아직도 제자리고 스마트폰으로 접속하면 나타나는 게 없다. 이런 것을 예산부족 탓으로 돌리는 것은 왠지 씁쓸하다.

메이저법인의 전담인력은 각자 본연의 업무만 하면 된다. 마케팅팀에서 콘텐츠를 개발하고, 홍보팀에서 홍보를 하면 모금팀이 대면모금에 나선다. 이런 과정을 통해 자원을 개발해 오면 서비스팀에서 집행을 한다. 모든 업무가 세분화되었고 각각의 팀에서는 본연의 역할만 하면 된다. 아주 큰 기부금약 100억 원이 들어와도 시·도 단위로 사업장이 있어 전국으로 기부금이 배분된다. 시스템과 조직이 잘 갖춰져 있어 어떤 기부금도 블랙홀처럼 빨아들인다. 아이언맨과 내가 맞짱 뜨는 꼴이다.

기업도 큰 법인을 선호한다. 10억 원을 후원하겠다는 기업이 있다면 소규모법인에선 감당할 수 없다. 큰 금액을 주면 받고 싶어 하지만 거금을 집행하는 것은 쉬운 일이 아니다. 10억 원을 기관에 맡기고 어디든 언제까지나 사용하라면 덥석 받으면 되는데 기한과 용도가 분명한 기부금은 소규모법인에서 감당하기 어렵다. 심하게 말하면 10억 원을 사용하기 위해 법인의 직원 전체가 일 년 내내 매달려야 할지 모른다. 비약적으로 듣지 않길 바란다. 모금하는 사람이 한 명이면 기부금을 사용하는 인력은 2~3명이 필요하다. 메이저법인들은 이미 이런 구조로 조직이 만들어졌다. 소규모법인들은 기부금을 집행하는 인력까지 고려하긴 어렵다. 누군가 큰 기부금을 주면 어떻게든 사용할 수 있다고 자만하겠지만 현실은 다르다. 쓰는 것이 몇 곱절 더 어렵다. 기업은 개인기부자에 비해 요구조건 많다. 기업 자체가 전국적인 네트워크가 있어 메이저법인이 유리하다.

셋째는 모금 콘텐츠의 유무다.

소규모법인은 모금 콘텐츠가 약하다. 메이저법인들은 풍성하다. 너무 많아 고르기 힘들 정도다. 월드비전 세계시민교육, 기아체험 24시간, 굿네이버스 희망편지쓰기대회, 어린이재단 산타원정대, 미래인재양성, 베이비박스baby box, 사회복지공동모금회 아너소사이어티, 사랑의 온노납 등이다. 이 콘텐츠들은 해당 홈페이지에서 충분히 확인할 수 있으니 참고하기 바란다. 모금을 하려면 콘텐츠가 필요하다. 프로그램만으로 모금을 하는 건 한계에 달았다.

콘텐츠를 통해서 법인의 방향에 변화를 줄 수도 있다. 변화의 핵심은 대상자에게 도움이 되는 선택이어야 한다.

콘텐츠를 개발하는 궁극적인 목적은 자원을 개발하는 데 있다. 소규모법인도 콘텐츠를 활용하면 모금을 하는 데 용이하다. 청소년 해외문화체험인 꿈꾸는 아이들이 미래를 디자인한다. 미래인재 꿈 키움 프로젝트, 산타크루, 착한고무신 보내기, 일일관장 제도, 이런 Hot한 밥상은 처음이시죠 등이다. 이런 콘텐츠로 지역에서 모금을 하면 신선하게 받아들인다. 콘텐츠는 대상자 욕구의 총합이다. 대상자들의 욕구를 파악하다 보면 비슷한 욕구가 보인다. 같은 욕구를 가진 대상에게 제공할 서비스로 콘텐츠를 만들면 된다.

전담조직, 전담인력, 콘텐츠는 모금을 하는 데 가장 이상적인 조합이다. 이 이상적인 조합이 메이저법인 중심으로 이루어져 있어 괴리감도 들겠지만 그들이 그 길이 옳다는 것을 보여줬으니 소규모법인도 시도해 봄직하다. 한번에 다 갖출 순 없다. 콘텐츠를 만들어 모금이 잘 되면 전담인력을 배치할 수 있는 여건이 형성된다고 믿는다.

비영리기관에서 왜 모금을 해야 할까?

비영리기관에서 왜 모금을 해야 할까?

이 물음은 오랫동안 논의되어왔고 아직도 명확한 방향을 제시하지 못하고 있다. 비영리기관에서 '모금은 필요 없다' 혹은 '모금은 필요하다'라는 주장에 한쪽은 맞고 다른 한쪽은 틀리다고 편들어 줄 수 없다. 전자는 현재 진행되고 있는 프로그램과 서비스 제공만으로도 충분한데 모금까지 하라는 것은 업무과중이라는 입장이며, 후자는 모금은 시대적 과업이고 더 전문적인 서비스를 제공하기 위해서라고 말한다. 이 논제는 뫼비우스의 띠처럼 쉽게 풀리지 않는 수수께끼다. 나는 '모금이 필요하다'에 한 표 던지고 싶다. 오랜 기간 사회복지 현장에서 모금가로 활동한 경험에서 나온 생각이다. 이 책에서는 '비영리기관에는 모금이 필요하다'는 점을 전제로 그 타당성과 실천방법을 설명한다. 그렇다고 비영리기관 종사자들이 모두 모금을 해야 한다는 것은 아니다. 모금이 필요하다는 큰 방향에서 접근하는 것이 옳다고 생각한다.

모금을 해야 하는 이유는 자신이 하고 있는 일에 어떤 가치를 매기느냐에 따라 달라진다. 소를 냇가로 끌고 갈 수는 있지만 물을 마시게 할 수는 없다. 모금이 필요하다고 느끼는 모금가는 책이나 교육 등을 통해 그 영역을 넓히려 애쓰고, 동기부여가 되지 않은 사회복지사들은 선뜻 나서길 꺼린다. 무엇이 옳은지 단정적으로 말할 수는 없다. 책을 찾아 봐도 경험자의 이야기를 들어도 주장하는 이유가 다르다.

어떤 모금가는 모금이 필요한 이유를 '생존하기 위해서'라고 단언적으로 말하기도 한다. 그만큼 시대적인 과업이라고 이해하고 싶다. 개인의 가치도 있지만 수십 년 동안 모금을 해본 경험치를 한마디로 표현했다고 생각한다.

원래 어떤 일을 추진할 때 해야 하는 이유가 한두 가지라면 할 수 없는 이유는 셀 수 없이 많다. 그만큼 새로운 일을 시작할 때는 저항이 만만치 않다는 의미이다. 모금을 하는데 다수결로 정할 수는 없다. 비영리기관의 모든 직원이 모금에 투입될 필요는 없기 때문이다. 모금에 관심이 있는 소수의 인력을 모금가로 양성하는 것이 필요할 뿐이다. 이들을 위해 모금을 해야 하는 몇 가지 이유를 설명하고자 한다.

첫째는 Different Tomorrow다.

새로운 미래, 더 나은 미래로 해석하면 된다.

단어가 주는 느낌대로 이해하기 바란다. 우리가 모금을 하는 이유는 누군가를 돕기 위해서다. 사회적 약자를 위한 경제적 지원과 맞춤형 교육은 그들의 삶을 변화시킬 수 있다. 이와 같은 미래에 대한 희망은 모금 없이는 불가능하다. **모금은 어려운 이웃들의 삶에 긍정적인 변화를 주는 과정이다.** 어려운 상황에 놓인 아이들이 포기를 선택하지 않도록 지지하는 것이 모금가의 중요한 역할이다. 포기하지 않으면 아이들은 스스로 미래를 만들어 간다. 모금가가 포기를 하면 아이들은 기댈 곳이 없다. 이들에게 모금가는 최후의 보루인 셈이다. 모금가의 도움으로 인생이 바뀌는 아이들을 많이 봤다. 검사, 의사, 일러스트레이터, 사회복지사, 동물사육사 등 수없이 많다. 미래를 바꾼다는 것은 운명이 바뀌고 계층을 이동하는 일이다. 모금가의 적절한 역할로 한 사람의 운명을 바꿀 수 있다.

둘째는 미래의 경쟁력을 갖추기 위해서다.

비영리기관은 이미 포화상태다. 앞으로 기관의 수는 더 늘 것이다. 만약, 정부보조금에만 의지해서 미래를 그린다면 희망적이지 않다. 경쟁을 하는 것이 좋다고 말할 수는 없지만 피할 수도 없다. 우리가 기관을 운영하면서 경쟁을 해야 하는 이유는 우리만 바라보고 있는 어려운 사람들의 욕구를 하나라도 더 실현하기 위해서다. 하루 세끼 밥만 먹고 사는 것이 전부인 시대는 이미 지났다. 기업들을 보라. 살아남기 위해서 혁신하고 변화한다. 기업도 변화하지 않으면 도태되는 것이 오늘의 현실이다. 법인이 경쟁력을 갖추기 위해서는 무엇보다도 모금이 필요하다.

셋째는 법인의 고유 가치를 실현하기 위해서다.

대부분 법인의 고유 가치는 어려운 이웃들의 '삶의 질' 향상에 있다. 미션이나 비전으로 제시하는 표현은 달라도 맥락으로 볼 때 그렇다. 법인 사업의 전문성을 높이려면 모금을 시작하는 것이 좋다. 메이저법인 중에는 십수 년 전부터 불필요한 사업을 줄이고 없애는 작업을 전략적으로 수행해 왔다. 그 결과 모금의 총량이 20배 이상 증가했다. 모금이 늘면서 계층을 이동하는 대상이 늘었다. 계층이 이동했다는 것은 한 사람의 인생을 송두리째 바꾸었고 한 가정을 살렸다는 의미다. 모금을 하지 않은 상태에서 아무리 좋은 서비스를 제공해도 대상자가 가난에서 탈피하는 것은 어렵다. 모금은 돈을 모으는 것이 아니라 대상자의 인생에 희망을 주기 위함이다. 모금이 되면 모든 사업에서 자율성을 가질 수 있다. 자율성은 법인의 전문성으로 나타나고 전문성은 직원들의 프라이드를 높여준다. 모금을 하는 조직의 미래는 희망적이다.

넷째는 더 좋은 환경에서 일하기 위해서이다.

메이저법인 직원들의 평균 급여는 높다. 급여가 높다는 것은 직장인의 입장에서 큰 강점이다. 급여조건이 좋은 곳에는 우수한 인재들이 지원을 하고 일을 하게 된다. 당연히 조직의 역량이 높다. 이러한 조직에서 일을 하게 되면 개인의 역량도 빠르게 성장한다. 업무시스템은 어떠한가? 성인과 어린이의 차이라고 말하고 싶다. 조금 더 디테일하게 비교한다면 짧게는 10년, 길게는 예측하기 힘든 미래의 업무시스템이 안정화되어 있다. 조직을 효율적으로 운영하기 위한 업무구분의 명확성, 부서별 인력 배치의 적절성, 전산시스템의 도입으로 문서업무 최소화 등 업무환경의 격차는 매우 크다. 당신은 어디에서 일하고 싶은가? 답은 정해져 있다.

모금을 해야 하는 이유를 몇 가지로만 단정지을 수는 없다. 모금의 필요성에 대한 인식이 법인이나 개인마다 차이가 크기 때문이다. 하지만 '사회적 약자의 더 나은 미래를 위해서, 재정적인 안정을 갖추기 위해서, 법인의 고유 가치를 실현하기 위해서' 모금을 해야 한다는 사실에는 모두가 고개를 끄덕일 수밖에 없다고 본다. 특히, 소규모법인에서 모금은 블루오션이다. 메이저법인들은 매년 수천 억 원을 모금하니 피로감을 호소하기도 하지만 그것은 가본 사람들의 넋두리다.

소규모법인에서 모금이 만병통치약은 아니지만 아직까진 제대로 가보지 않은 길이다. 한국모금가협회를 비롯한 여러 단체에서 모금의 중요성에 대해 수년 전부터 설파하고 있지만, 본격적으로 나서는 법인은 적다.

소규모법인은 사례관리팀, 복지서비스팀, 지역조직팀 등 사업에 필요한 팀은 조직되어 있지만 모금업무만 전담으로 하는 직원을 배치한 경우는 드물다. 있더라도 모금과 관련된 체계적인 훈련을 받을 기회는 만들지 못했다.

모금은 한 사람의 운명을 바꿀 수 있다. 한 사람의 운명을 바꾸는 것이 십수 년이 걸릴 수도 있고, 일 년 만에도 가능하다. 모금업무가 부담스럽고 가보지 않은 길이라 두렵기도 하지만, 먼저 선택한 모금가들은 한결같이 이야기한다. 믿음을 갖고 도전해 보라고.

소규모법인에서 모금이 필요한 이유?

소규모법인에서는 모금이 체계적으로 이루어지지 못하고 있다. 전담인력이 없고 시스템이 부족하고 충분한 예산도 없기 때문이다. 또한 모금을 해야 하는 이유에 대해서 메이저법인 만큼 필요성을 느끼지 못하고 있다. 모금이 필요 없다고 생각하면 이 상태로 만족하는 것이고, 필요하다고 생각되면 새로운 방법을 찾아야 한다. 그 선택이 법인의 운명을 바꿀 수도 있다.

첫째, 대상자에 대한 서비스의 질 향상이다.

서비스의 질 향상은 같은 프로그램을 제공하더라도 만족도가 높거나 아예 새롭게 접근하는 것을 말한다. 현재 제공되는 서비스는 예산의 범위에서 서비스의 질을 맞추고 있는 실정이다. 이 방법으로는 대상자의 변화를 기대하기 어렵다. 대상자에게 만족도가 높은 서비스를 제공하기 위한 새로운 접근이 필요하다.

둘째, 전문성을 함양하기 위한 과정이다.

전문성을 확보하는 방법은 개개인이 끊임없이 자기개발을 하거나 법인 차원에서 질 높은 교육 훈련의 기회를 제공해야 한다. 개인의 노력은 역량을 함양시키는 데 한계가 있다. 자식을 낳기만 하고 알아서 생존하라는 식이다. 비영리기관 종사자의 전문성은 대상자에 대한 질 높은 서비스로 이어짐은 자명한 사실이다. 소규모법인에서 모금이 필요한 이유가 여기에 있다. 메이저법인들은 직급별, 업무별로 체계적인 교육을 실시하고 있다. 각 분야 최고의 강사를 초빙해서 교육을 받는다. 전문성을 확보하는 가장 좋은 방법은 인재를 양성하는 것이다.

셋째, 안정된 재원을 확보하기 위함이다.

정부보조금으로 운영되는 프로그램은 1년 단위다. 매년 끊이지 않고 지원되어도 중간에 정책이이라도 바뀌면 위기를 맞을 수도 있다. 사업이 중단되지 않도록 하려면 모금이 대안이다. 기관을 안정적으로 운영하려면 다음 연도에 진행할 서비스 예산을 이번 연도에 확보해야 한다. 이는 기부금이 꾸준하게 들어와야만 가능한 일이다. 모금이 원활하게 이루어져 기부금이 매년 안정적으로 들어오면 계획적으로 사업을 진행할 수 있다.

넷째, 업무의 자율성을 보장받기 위해서다.

외부에서 지원금을 받거나 정부보조금으로 진행되는 사업들은 신청에서부터 운영과정, 결과보고까지 행정적 절차가 매우 까다롭다. 이로 인해 사업을 수행하는 직원들의 피로도가 높다. 뿐만 아니라 재원을 지원하는 기관의 담당자가 사업운영의 전반적인 부분을 관리하기 때문에 실제로 사업을 수행하는 담당자의 업무자율성을 보장받기 어렵다. 즉, 불필요한 간섭을 받으면서 일을 해야 한다. 기부금이 확보되면 같은 일을 더 자유롭게 수행할 수 있다.

지금 우리나라의 모금환경은 어떤가. 메이저법인들 중심으로 공격적으로 이루어지고 있다. 단적으로 표현하면 사활을 걸고 있다. 그들은 연간 6,000억 원에서 1,500억 원에 이르는 모금을 한다. 매년 모금의 총량이 증가하는데도 끊임없이 새로운 콘텐츠를 만들고 기부자의 특성을 분석하고 전략적으로 접근하고 있다. 언론, 방송, 포털사이트를 활용해 모금의 총량을 높이고, 나아가 골목까지 침투해 휩쓸고 있다. 이들이 이토록 적극적으로 나서는 이유가 뭘까. 생존하는 방법은 모금뿐임을 알기 때문이다. 모금은 지원 대상자가 존재하는 한 멈추지 않을 것이다.

미래를 준비하려면 모금을 해야 한다. 소규모법인은 더 필요하다. 정부보조금이 지원되더라도 모금은 해야 한다. 메이저법인들의 틈바구니에서 어떻게 경쟁할 수 있겠느냐고 지레 포기하면 안 된다. 지금 여건이 안 된다고 미루면 더 밀린다. 한 번 밀리면 다시 시작하는 것도 어렵고, 따라잡는 것은 요원해진다. 꿈틀거려야 한다. 모금은 메이저법인의 전유물이 아니다.

나는 28년째 현장에서 일하고 있다. 26년 동안 메이저법인에서 모금업무를 중점적으로 해왔고, 소규모법인으로 옮겨 2년 동안 모금업무를 함께 했다. 2년 동안 여러 가지 성과를 내고 기부금도 제법 늘었다. 정기기부자 개발, 모금 콘텐츠 개발, 같이가치를 활용한 모금 등 소규모법인에서도 모금이 가능하다는 것을 행동으로 실적으로 보였다.

"지난 15년 동안 우리 법인에서 한 번도 일어난 적이 없던 일이 지난 2년 동안 벌어졌습니다."

나의 역할을 지켜보던 15년차 과장의 말이다.

양 법인의 모금방법은 분명한 차이가 있었다. 능력의 문제라기보다는 방법의 차이가 컸다. 소규모법인들은 모금의 바운더리가 좁고 프로그램 중심적이고 자신감이 부족했다. 메이저법인은 전국 단위로 모금하고 콘텐츠가 다양하고 가치 중심적이다. 메이저법인은 혁신과 갈등의 과정을 겪으면서 방향을 잡고 전담인력을 양성하고 시스템을 갖췄다. 소규모법인도 나름 모금을 위해 애쓰지만 노력에 비해 성과는 미미하다. 내가 손흥민 선수와 축구경기를 하는 꼴이다. 체계가 부족하고 전담인력이 없고 자신감이 떨어진다. 하지만 완벽하게 갖춰야만 모금을 시작할 수 있는 건 아니다. 메이저법인에 기준을 삼을 필요는 없다. 목표를 세우고 교육을 받고 전담팀을 꾸려 도전하면 해볼 만하다. 시간은 좀 걸리지만 충분히 가능하다.

모금업무가 사회복지사의 영역이 아니라고 생각하지 않기를 바란다. 사회복지사 중 모금업무를 담당하는 직원이 모금가다. 모금은 사회복지사가 담당해야 할 업무다. 좋다고 하고 싫다고 하지 않을 재간이 없다. 너무 밀어내려 하지 않길 바란다. 모금이 잘 되면 법인의 미래가 달라진다. 법인의 미래가 달라지면 모금가의 운명도 바뀐다. 모금은 익숙하지 않은 업무라 처음에는 부담스러울 수 있다. 해 보면 엄청 재미있다. 이 책은 모금하는 방법 및 모금가의 역할에 대해 자세히 설명하고 있다. 이 책을 읽는 것만으로 당신이 모금가가 되고 싶다는 충동을 느낄 수 있으리라 자부한다.

모금을 시작하면 조직에서 나타나는 현상들

비영리기관에서 모금을 하자고 방향을 잡으면 가장 먼저 나타나는 공통된 현상이 있다.

저항이다.

저항은 인간의 본능적인 반응이다. 꼭 나쁘게 생각하지 않아도 된다. 저항이 전혀 없다면 죽은 조직인데, 저항의 정도가 너무 세면 조직은 방향을 잃는다. 사람은 변화를 싫어하는 동물이다. 본능적으로 익숙함에 젖어 있다. 익숙해진 상태에서 새로운 것을 담으라면 귀찮고 싫다. 그 변화가 내게 어떤 이득이 되는지도 모르는 막연한 상황에선 더욱 그렇다. 매일 자가용으로 출근을 하다가 5부제의 시행으로 대중교통을 이용하려면 엄청 불편하다. 이런 생각을 해낸 사람한테까지 불만을 터트린다. 조직을 사랑하는 마음이 저항으로 표현된다. 정책이 갈지자로 비틀거린다고 멈추거나 방향을 바꿀 수는 없다.

변화와 혁신은 메이저법인들이 이미 경험했고 결과는 성공적이다. 그들은 변화와 혁신이라는 과정을 통해 크게 성장했고 우리나라 사회복지 계에서 중추적인 역할을 하고 있다. 그들이 중심이 될 수 있었던 것의 중심엔 모금이 있었다. 즉, 변화와 혁신을 통해 선택한 전략이 '모금'이었다. 변화와 혁신이 항상 옳은 것은 아니지만 모금의 영역에서 만큼은 탁월한 성과가 있었다. 모금의 총량이 늘수록 서비스의 질도 직원들의 역량도 함께 높아지고 있다. 얼굴도 잘 생겼는데 성격도 좋고 매너 있고 돈도 많은 꼴이다.

덩치가 커면 속도가 느린 법인데 메이저법인들은 그렇지 않다. 더 기민하게 움직이고 민감하게 반응한다. 메이저법인들의 영웅담은 익히 모르는 사회복지사가 없을 것이다. 좋은 결과가 있었다는 걸 뻔히 알면서도 내 조직에서 생기는 변화에는 소극적이고 방관자 모드다.

조직이 같은 방향을 바라보게 하는 가장 좋은 방법은 소통과 동기부여다.

무엇을 시작하기 전에 명확한 이유를 설명 듣고 동기부여가 된다면 금상첨화다. 직장인의 유형은 세 부류다. 변화에 적극적인 사람, 변화에 저항하는 사람, 변화에 무관심한 사람이다. 어느 시대 어느 조직에서나 나타나는 자연스러운 현상이다. 구성원 모두를 설득시킬 수는 없다. 그렇다고 이 과정을 생략해서는 더욱 안 된다. 동기부여는 소통을 통해 이루어져야 한다. 혁신을 할 때 N분의 1만큼 소통하라고 한다. 직원이 100명이면 같은 메시지를 100번이라도 전해서 타당성을 설명하고 참여시키란 의미다. 이론적으로는 공감하지만 실제로 같은 메시지를 100번 전하면 직원들의 반응이 어떨까? 3번만 반복해도 지겹다고 난리법석일 게다. 최대한 자세하게 한 명 한 명을 설득하라는 의미다.

직원들은 그들의 입장에서 반응한다. 지금 하고 있는 일도 많고 바쁜데 뭘 또 새로운 걸 하라는지 불만이다. 이 정도의 불만은 애교다. 불편함을 표현하는 방법일 뿐이다. 하지만 불편하다고 멈출 수는 없다. 문제는 불편하다는 의사표현을 한 직원을 저항세력으로 몰아 낙인을 찍는 경우다. 변화를 리드하는 사람의 성향에 따라 다르지만, 불만을 표시하는 직원에게 회초리를 들고 억압을 하면 더 큰 혼란만 초래한다. 잘해 보자고 시작했는데 갈등만 부추기면 무슨 의미가 있겠는가.

비영리기관에서 모금을 해야 이유는 방향이다. 방향을 바로잡고 성공적인 결과를 만드는 것은 변화관리자, 즉 집행부의 몫이다. 물은 흐르다 웅덩이를 만나면 웅덩이가 다 찰 때까지 기다렸다 흐른다. 웅덩이를 만났다고 멈추지도 않고 빨리 가려 하지도 않는다. 명심하라. 리더의 역할이 매우 중요하다. 옳은 것도 다른 것도 느린 것도 모두 수용하고 함께 가야 한다. '빨리 가려면 혼자가고 멀리 가려면 함께 가라'는 아프리카의 속담을 기억해 보기 바란다.

모금가가 어려운 대상자를 만난다는 의미는?

"은영아, 너 중학교 안 가면 안 되겠니?"

중학교 입학을 앞둔 딸에게 엄마가 내뱉은 말이다. 얼마나 어려웠으면 딸을 중학교에도 보내지 않으려 했을까. 하늘이 도왔는지 모금가를 만났고 학비를 비롯해서 생활비를 지원받고 원하는 대학에 들어갔다. 이 아이가 모금가를 만나지 못했다면 어떤 삶을 살고 있을까. 더 나은 삶을 살고 있을 가능성은 낮다. 사회가 녹록치 않다는 것을 당신도 알고 나도 안다.

모금으로 사람의 운명을 바꿀 수 있다. 같은 맥락에서 모금가가 어려운 대상자를 만난다는 것은 어떤 의미일까. 그들의 삶이 지금보다 더 나아질 수 있다는 의미다. 모금가가 그들을 만나기 전과 만난 이후는 차이가 있어야 한다.

변화의 정도를 객관적으로 측정하는 도구는 없지만 심리적으로 공감하리라 생각한다, 모자가정이 곰팡이가 덕지덕지 피어 있는 환경에서 생활하고 있는 것을 발견하고 새로운 주거를 마련해 주었다면 큰 변화가 있었다고 할 수 있다. 아버지는 시각장애인 1급, 오빠는 지적장애 3급인 장애인가정에서 안과의사를 꿈꾸는 중학생에게 학원비를 지원하고 학습할 수 있는 기회를 제공해 주면 좋은 변화가 있는 것이다.

두 가정이 모금가를 만나지 않았다면 그들의 삶에 변화가 있었을까. 현실적으로 사람이 계층을 이동할 수 있는 방법은 로또 1등에 당첨이 되던지, 부모로부터 큰 재산을 물려받으면 가능하다. 나머지 방법으로는 시간이 오래 걸린다. 어려운 이웃이 계층을 이동할 수 있는 방법은 모금가를 만나는 것이다. 로또 1등을 기다리는 것보다 모금가를 만날 확률이 훨씬 더 높다.

모금가는 누군가의 인생에 긍정적인 영향을 주는 멘토다. 모금가는

포기하려는 대상자에게 포기를 선택하지 않게 돕는 역할을 한다. 모금가에게 빈곤가정 대상자는 최후의 보루다. 모금가가 포기를 하면 그들은 인생을 포기할 수도 있다. 어쩌면 더 이상 기댈 데가 없는 상태일지도 모른다. 특히, 아이들은 방치되는 경우가 많다. 아이들은 스스로 어떤 도움을 받을 수 있는 권리가 있는지 모른다. 모르니 요구하지도 않는다. 또 도움받는 것을 친구들이 알아챌까봐 자존심을 앞세우기도 한다. 오늘 저녁에 먹을 것이 없으면 배를 끌어안고 잠들기를 선택한다.

반면 성인들은 필요한 것을 요청하는 데 주저하지 않는다. 요구하는 것이 권리라는 것도 알고 경험을 통해 요구하면 도움을 받을 수 있다는 것을 안다. 같은 상황에 있어도 아이들과 어른들의 선택은 다르다. 모금가는 어려운 대상자에게 긍정의 변화를 주는 멘토다.

내가 낸 기부금이 어떻게 사용됩니까?

기부자가 가장 알고 싶어 하는 것은 무엇일까? 당신이 낸 기부금의 사용처이다.

기부금의 사용결과를 요구하는 것은 기부자의 당연한 권리이고, 기부금 사용결과를 알려주는 것은 기관의 의무다. 전문용어로 후원자서비스라고 한다. 모금가의 역할과 기부금 사용결과가 무슨 상관이냐고 묻는다면 모금이라는 큰 틀에서 연관성이 있다. 단지 기부금 사용결과를 기부자에게 보내는 일은 법인의 다른 인력으로 해결해야 한다. 소규모법인들은 후원자서비스 전담직원이 없기 때문에 모금가가 하나부터 열까지 처리하는 경우가 있다. 모금가에게 업무가 몰리면 기부자 개발이라는 본연의 역할에 방해를 받는다. 법인은 모금을 하기 전에 모금과 배분 그리고 기부금 사용결과를 어떻게 알릴 것인지 충분히 고려해야 한다. 여기서 주의해야 할 점은 실행이 가능한 후원자서비스를 선택하는 것이다. 메이저법인이 부럽더라도 섣불리 따라하겠다는 생각은 버려라. 예산과 인력이 준비되었을 때 시도해볼 수 있다.

모금가에게 결과보고까지 요구하는 것은 무리다. 자동차 회사를 예로 들어보자. 자동차를 설계하는 것은 엔지니어들이고, 판매는 딜러가, 수리는 정비공장에서 한다. 만일 자동차를 만든 사람에게 차를 팔고 고치라고 하면 감당할 수 있을까. 법인에서 모금업무를 시작하려면 모금의 전반적인 과정을 이해하고 준비하는 것이 바람직하다.

기부금은 정기기부금, 지정기부금, 비지정기부금으로 나눈다.

정기기부금은 일 년에 한 번 결과를 알려주는 것이 일반적이다. 소규모법인 기부자의 95% 이상이 매월 1만 원에서 10만 원 정도 후원한다. 이 기부금에 대해 사용한 결과를 알려주면 된다.

지정기부금은 일시기부금이다. 주로 행사에 지원된다. 어른들을 위한 어버이날 행사를 했다면 정산이 끝나는 대로 결과보고를 해주는 것이 좋다. 연말에 해주는 방법도 있지만 연말에는 어차피 업무가 몰린다.

비지정기부금은 기관에서 운영하는 프로그램이나 직접비로 사용하고 그 내역을 1년 단위로 기부자에게 알려주면 된다.

또 한 가지 영역은 내부 고객에 대한 기부금 사용내역 보고다. 직원이니까 다 이해하겠지라는 생각을 가질 수 있다. 오산이다. 직원이든 기부자든 본인의 돈이 지출되는 부분은 민감하다. 누구든 우리 기관에 후원을 하면 기부자다. 기부자는 본인이 낸 기부금이 어떻게 사용되었는지 요구할 권리가 있다. 요청이 오면 기관은 정당한 절차에 따라 정확하게 알려줄 의무가 있다.

요즘 기부금 사용 내역을 보낼 때는 개인이나 기업 모두 모바일을 활용한다. 담당자에게 SNS로 서류를 보내면 알아서 잘 활용한다. 신속하고 편해서 좋다. 반면 우편물을 활용하는 경우도 있다. 이때 기관장이나 대표이사 명의의 인사말은 넣지 말자. 한 메이저법인에서 후원자들을 대상으로 뉴스레터에 가장 읽기 싫은 페이지를 조사한 적이 있다. 1위가 '조직 리더의 인사말'이었다. 제발 빼자. 정녕 기부자는 전혀 관심이 없는데 직원은 인사말을 작성하는 데 일주일씩 걸린다. 그렇게 시간을 들여 만든 인사말도 결재를 맡으려면 수차례 거절당한다. 꼭 필요하면 기관장이 직접 작성하는 것이 제일 좋다. 담고 싶은 이야기를 가장 잘 알고 있으니까. 모금가에게 그 시간을 좀 더 가치 있게 활용하도록 배려하는 센스 있는 기관장이면 좋겠다.

모금업무가 어려운 이유

모금업무가 어려운 이유는 수십 가지가 넘는다.

- 업무가 많아서

- 시간이 없어서
- 경험이 없어서
- 적성에 안 맞아서
- 교육을 못 받아서
- 가르쳐 주는 사람이 없어서
- 해보지 않은 업무라서 등

모금업무는 어렵다. 익숙한 업무가 아니라서, 목표가 분명해서, 작게는 기관을 크게는 법인의 목표를 달성해야 한다는 부담감이 있어서 등 다양하다. 사회복지사가 모금가의 역할을 하는 것에 대해 가치가 맞지 않아서라고 생각하는 직원들도 많다. 소규모법인에서 모금이 더욱 어려운 이유는 전문적으로 모금을 해본 경험이 없기 때문이다. 모금에 대한 동기부여도, 훈련된 모금가도, 업무시스템도 없다. 모르는 것을 해야 하는 것만큼 어려운 일이 있을까? 충분히 이해하고 공감한다. 법인의 모든 직원들이 모금업무를 할 필요는 없다.

모금업무에 관심이 있는 사람을 해당 업무에 배정하고 그 역할을 잘 할 수 있도록 지원하면 된다. 어렵고 싫은 업무라고 그만 둘 수 있으면 좋으련만 법인의 현실은 그럴 수 없다.

메이저법인은 모금목표가 상당하다. 소규모법인에서는 상상할 수 없을 정도로 많다. 목표를 받는 순간 움찔한다. 아니 이게 말이 돼. '미쳤군'이라고 반응하면서도 한편으로는 '하면 되지', '하다 보면 방법이 있겠지'라는 생각을 가진다. 사람의 의지가 마음먹은 만큼 지키기 어려워도 두려워해본 적은 없다. 하다가 막히면 책에서 길을 찾고,

새로운 아이템으로 성과를 낸 기관을 찾아가 배우고, 그래도 방법을 못 찾으면 몇 날 며칠을 고민한다. **고민의 고민을 거듭하다 보면 어느 순간 나도 모르게 고민의 끝에 다다른다.** 그때 그분이 왔다는 걸 느낀다. 그런 과정을 통해서 생각해낸 프로그램들이 제법 있다.

- 꿈꾸는 아이들이 미래를 디자인한다.
- 청소년 해외문화체험
- 자녀 이름으로 후원하세요.
- 나눔 교육
- 동서화합 천사 프로젝트
- 동티모르 착한고무신 보내기
- 일일관장 제도
- 산타크루
- 미래인재 꿈 키움 프로젝트

이 프로그램들을 통해서 많은 기부자를 개발했다. 아마도 1만 명은 넘을 것이다.

메이저법인에 있을 때 '모금은 누구나 할 수 있고 얼마든지 성과를 낼 수 있다'라고 이야기하면 당신은 메이저법인에 있으니까 가능하지라고 반응한다. 소규모법인에 와서 같은 말을 하면 당신은 메이저법인에 있었으니까 가능하지라고 한다. 모금은 메이저법인의 전유물이라는 헌법불합치 논리를 갖고 있다.

이 방법들을 소규모법인으로 옮겨와 그대로 적용해 봤다. 메이저법인에서 운영할 때와 다르지 않았다. 충분히 좋은 결과가 나왔다.

단지, 지금까지 이런 방법들을 해보지 않아서 시행착오가 있었을 뿐이다. 해를 거듭할수록 체계가 잡힐 것이란 믿음이 생긴다.

가보지 않은 길은 누구나 두렵다. 처음 하는 것은 무엇이든 어렵고 서툴다. 그렇다고 넋 놓고 있을 순 없다. 작년에 했던 사업을 올해도 그대로 하고, 지금하고 있는 프로그램을 왜 하는지 이유도 모르고 붙잡고 있다면 신날까. 신나기 위해서 모금하는 건 아니지만 즐겁게 일하고 일하면서 성과를 내면 더 낫지 않은가. 본인만 반대를 외치면 괜찮은데 주변 사람들한테까지 부정적인 메시지를 전달하는 것은 슬프다. 이유를 설명하고 더 나은 의견을 제시하면 좋은데 반대를 위한 반대는 기운 빠진다.

관점을 바꾸면 방법이 생긴다.

모든 업무가 마찬가지지만 모금업무도 관점을 바꾸면 태도가 달라진다.

1920년 뉴욕에서 있었던 일이다. 사람들이 많이 지나다니는 큰 대로에서 구걸행위를 하는 걸인이 자리를 잡고 앉았다. 그는 맹인이었다. 예전에 우리나라에서도 흔히 볼 수 있는 광경이다. 맹인의 동전 바구니 옆에 하나의 문구가 적혀 있었다.

"나는 맹인입니다. 도와주세요."

수많은 사람들이 지나는 대로. 맹인의 처지로 보면 쉽게 적선을 할 것 같은데 대부분의 사람들은 그냥 지나쳤다. 간혹, 가뭄에 콩 나듯이 한두 명이 바구니에 동전을 넣을 뿐이었다. 맹인은 바구니 동전을 만져 보며 사람들의 관심을 끌려 애쓰지만 반응은 달라지지 않았다.

그때 맹인 앞에 누군가가 멈춰 섰다. 그는 맹인이 적어둔 '나는 맹인입니다. 도와주세요.'라는 푯말 뒷면에 무엇인가를 적고 홀연히 그 자리를 떠났다.

잠시 후 놀라운 일이 벌어졌다. 그냥 지나치기만 하던 시민들이 하나 둘 걸음을 멈추고 바구니에 동전을 넣었다. 무슨 일이 일어난 걸까? 갑자기 사람들이 천사로 변한 걸까?

맹인은 당황스러운 상황이었지만 얼굴엔 미소가 번지고 바구니 밖에까지 떨어진 동전들을 모으고 있었다. 사람들의 행동이 바뀐 것은 맹인 옆에 놓인 푯말에 적힌 글 때문이었다. 푯말에는 이렇게 적혀 있었다.

"아름다운 날입니다. 하지만 저는 볼 수가 없답니다."

같은 상황에서 표현을 달리했을 뿐인데 상상 이상의 변화가 생겼다. 푯말의 글을 적은 사람은 앙드레 브르통이라는 시인이었다. 시인의 메시지는 사람들의 마음을 움직였다. 보통 인간은 어려운 사람을 만나면 도움을 주고 싶다는 마음이 생긴다. 단지 비슷한 상황을 여러 번 경험한 사람은 같은 상황에서 감동을 받지 않는다. 사람의 마음을 움직이는 가장 좋은 방법은 진정성이다. 시인은 맹인의 처지와 사람들의 마음을 모두 꿰뚫었다.

모금도 이와 다르지 않다. 관점을 살짝만 바꾸면 된다. 1도만 바꾸면 과녁이 달라진다. 가보지 않은 길은 두렵고 처음 하는 일은 서툴다. 모금은 자전거를 타는 것과 같다. 처음 자전거를 배울 땐 혼자서 중심을 잡을 수 없다. 누군가 잡아줘야 탈 수 있다. 하지만 익숙해지면 자전거와 몸이 하나가 된다.

로젠버그 법칙Rosenberg's Rule

워런 버핏Warren Buffett은 한 신문 기고에서 '내가 죽은 후에 기부하겠다.'는 입장을 취한 적이 있다. 죽기 전까지는 재산증식을 계속해서 사후에 더 많은 재산을 기부하겠다는 의미였다.

이 기사를 읽은 로젠버그는 "지금 당신이 기부하지 않음으로써 발생하는 사회적 손실이 당신의 투자로 인해 발생하는 수익보다 더 클 수 있다."라고 반론했다.

지금 1억 원을 투자하여 10년 후에 10억 원의 수익을 낼 수 있다고 해 보자. 만약 그 돈을 비영리기관에 기부한다면 그 도움을 받은 아이들이 성장하여 10년 후에 10억 원보다 훨씬 더 큰 사회적, 경제적 효과를 거둘 수 있다는 의미다. 그러니 사후에 투자할 생각을 하지 말고 지금 시작하라고 주장했다.

워런 버핏은 로젠버그의 주장을 받아들였다. '비영리단체 모금전략'에서 로젠버그 법칙을 설명하고 있다. 그는 미국의 전설적인 모금가로 워런 버핏의 기고문에 반박글을 올려 그의 마음을 움직인 사람이다. 역량 있는 한 사람의 모금가가 세계적인 부호의 마음을 돌렸을 뿐만 아니라 수백 만 명의 목숨을 살렸다. 워런 버핏이 지금까지 기부한 금액이 최소 31조 6,000억 원이 넘는다. 이 일로 모금가의 역할이 중요하다는 것이 확인되었을 것이다. 우리나라에도 이런 모금가가 많기를 소망해 본다.

미국 사람들의 80% 이상이 기부를 긍정적으로 생각하고 직접 참여하고 있다. 노블레스 오블리주noblesse oblige를 삶의 덕목으로 생각하고 실천하는 사람들과 우리나라를 단순 비교하는 것은 무리지만 모금가가 새겨들을 이야기다. 기부자를 만나다 보면 돈을 더 벌면 기부하겠다는 사람을 종종 만난다. 그들의 생각에 이의를 제기하는 것은 어렵다. 그들 입장에선 당신들이 기부를 투명하게 사용하지 않으니 불신을 갖게 된 것이라고 하면 뭐라고 항변할 것인가. '나는 그렇지 않다', '나는 다르다'고 주장해 봤자 역풍만 맞을 뿐이다. 모금가는 옳은 선택을 하고 목적에 맞게 사용하면 된다. 모금가의 역할로 아이들의 생명을 살리고, 꿈을 꿀 수 있게 돕고, 한 아이의 운명을 바꾸게 했다면 로젠버그를 기억하자.

'물에 빠진 아이 구하기'에서 피터싱어는 빈곤가정의 현재 상황을 3살 아이가 연못에 빠져 허우적거리는 상태로 묘사한다. '허우적거린다'는 의미는 아이가 사망할 수 있는 상황을 표현했다. 이 상황을 보고 당신은 그냥 지나치겠냐고 묻는다. 인간이라면 그냥 지날 수 없다. 당장 구해야 한다. 그래서 피터싱어는 어려운 사람을 돕는 일은

'지금 당장 해야 한다'고 주장한다. 연못의 깊이는 어른의 무릎 높이 정도 밖에 안 된다. 뛰어들면 구할 수 있다. 그런데 뛰어들면 당신의 옷이 젖고 약속시간에 늦는다. 어떤 선택을 하겠는가. 구하지 않으면 인생에서 큰 죄를 짓는 느낌을 가질 수도 있다.

그러나 현실은 어떤가. 빈곤가정 아이가 연못에 빠져 허우적거리고 있다고 하더라도 내 주변에서는 보이지 않는다. 눈이 띄지 않는데 일부러 찾아 나설 수는 없다. 사람들은 자신과 가족의 안위와 행복을 가장 소중하게 느낀다. 아무리 급박한 상황이라도 돕지 않는 것을 탓할 수는 없다. 모금가는 연못에 빠져 허우적거리는 아이를 구할 수 있는 키다리아저씨를 더 많이 찾으면 된다.

훌륭한 모금가는 수만 명의 생명을 살린다.

비영리단체의 모금전략에서 '모금가라는 직업을 사람의 생명을 살리는 의사와 동등한 고급 직업noble Job으로 설명한다. 실제로 훌륭한 한 사람의 의사는 평생 수백 명의 생명을 살릴 수 있지만, 한 사람의 훌륭한 모금가는 수만 명의 생명을 살릴 수도 있다.'고 했다.

충분히 가능하다. 전적으로 동의한다. 28년 동안 수십 명의 생명을 살렸다. 생명을 살리는 일을 죽은 사람을 다시 살려내는 것으로 이해하지 않기 바란다. 빈곤가정의 대상자는 포기하는 순간 생명을 잃는 것과 같다. 이들이 포기하지 않게 돕는 것이 모금가의 역할이다. 의사가 감기, 타박상, 복통 등의 환자를 진료했다고 생명을 살리는 일을 한 것은 아니다. 목숨이 위급한 환자를 살렸다면 생명을 살려낸 일이다. 의사 한 명당 일 년에 몇 명의 생명을 살릴까. 이런 관점에서 보면 모금가가 생명을 살리는 일이 더 많을 수도 있다는 생각을 해본다. 모금가는 빈곤과 전쟁을 벌이는 현장에서 어려운 이웃을 만나고 있다. 아동학대로 위급한 환경에 있는 아이들을 구하고, 더 이상 버틸 힘도 없이 삶을 포기한 1인 청년가장을 돕고, 꿈을 포기해야 할 위기에 있는 청소년을 도와 포기하지 않도록 용기를 준다.

불결한 환경에서 생활하는 모자가정의 거처를 옮겨주고, 심장수술이 필요한 아이의 생명을 살린다. 이 모든 것이 모금가가 할 역할이다. 비영리기관에서 개인적으로 활동하는 모금가가 이 정도의 생명을 살릴 수 있는데, 조직을 갖추고 체계적으로 접근하는 모금가들이 구하는 생명은 얼마나 될까. 그 범위를 아프리카까지 확대해 보면 엄청난 생명을 살리는 일을 하는 것이다.

사실 소규모법인에서 모금가가 이만큼 중요한 역할을 하는지에 대해서 크게 의식하지는 않는다. 당연히 해야 할 역할을 한다고 생각하는 것이 보통이다. 이제는 모금가로서 약간의 자긍심을 가지면 좋겠다. 모금가가 가지는 가치에 따라 살릴 수 있는 생명의 수가 늘어날 테니까. 모금가는 어려운 사람들을 위해 숙명처럼 움직인다.

방글라데시 그라민은행Grameen Bank이 대표적이다. 1982년에 무함마드 유누스에 의해 설립된 가난한 이들을 위한 소액대출 은행이자 사회적기업이다. 무함마드 유누스 총재가 27달러로 시작하여 지금은 직원만 2만 명이 넘는 은행으로 발전했다.

유누스 총재는 "방글라데시의 200만 가정에 고용기회를 주는데 들어가는 돈은 F16 전투기 두 대 값밖에 되지 않습니다."라고 말했다.

유누스 총채는 가난을 구제한 대표적인 모금가라고 할 수 있다. 유누스 총재가 교수로 머물렀다면 이런 위대한 일을 해냈을까. 노벨평화상을 받았을까. 그라민은행을 설립하여 모금가로 활동했기 때문에 수십만 명의 생명을 살리는 것이 가능했으리라 생각한다.

우리나라의 문제로 접근해 보자. 아동학대 문제가 사회적 이슈다. 아동학대 문제를 근본적으로 해결할 방법을 제시하면 모금은 저절로 이루어진다. 기업이나 국민들이 자발적으로 참여할 것이다. 모금이 되면 그만큼 살려낼 수 있는 생명도 늘어날 것이다. 이렇게 이야기하면 우리 같은 범인凡人, 보통 사람, 평범한 사람들이 아동학대 문제를 해결할 수 있으면 왜 여기 있겠느냐고 반문한다. 맞다. 여기 있을 필요는 없다. 하지만 모금가로서 사명감이 있다면 선택은 달라진다. 아무리 이론적으로 완벽해도 현실에서 활용하지 못하면 소용없다. 환상과 실제는 다르다. '아동학대 문제 해결'이라는 과제는 환상일 수 있다. 이 환상을 실현하는 방법은 끊임없이 고민해서 방법을 찾는 것이다. 새로운 콘텐츠는 하루 이틀 만에 완성되지 않는다. 1년, 2년을 고민해서 한두 개를 찾아내기도 하고 10년 이상이 걸릴 수도 있다.

조준희 IBK기업은행 행장은 2012년 '기업은행은 대한민국 국민 모두가 거래할 수 있는 은행입니다'라는 광고 카피를 만들어 히트를 쳤다. 송해 씨를 등장시킨 것도 획기적이었다. 이 광고로 기업은행의 예금이 급격하게 늘었지만, 광고계에서는 구닥다리 광고라고 타박했다. 딸은 광고회사 직원이다.

"딸에게 내가 지은 광고 문구를 알려줬더니 '구닥다리 광고'라며 '광고계의 오명이 될 것'이라고 말했다."

아빠는 30년을 고민하고 만든 거거든.

우리가 이 광고에 주목하는 것은 30년 전부터 생각했다는 것이다. 그때부터 생각한 것을 본인이 행장이 되어 실현했다. 행장이 되지 않았다면 영원이 묻혔을 것이다.

나는 올해부터 실시하고 있는 일일관장 제도를 15년 전부터 생각했었다. 그때 하지 못했다고 조급해하지 말기 바란다. 시간이 걸리더라도 믿음이 있으면 기회는 온다.

모금가가 매년 한두 명의 생명을 살린다면 인생에서 뜻있는 일을 했다고 뿌듯하게 생각해도 된다. 자랑스러운 일을 한 것이다.

chapter

7

'모금 알못'을 위한 친절한 안내

가난한 이유가 뭘까?
시도하면 안 되는 모금 방법 '거리모금'
포털사이트와 방송을 점령한 메이저법인들
소규모법인에서 유명인 홍보대사를 활용하는 것이 가능할까요.
방송이나 포털사이트에 광고를 할까요.
어떤 유형의 사람이 모금가에 어울릴까
모금가가 지켜야 할 윤리
온라인 채널의 베이스캠프는 PC 홈페이지다.
SNS 계정은 일관성이 우선이다.
모금을 하려면 업무부터 줄여라.
깨끗한 돈과 더러운 돈에 대한 끝나지 않은 질문
모금업무의 8할은 기관장 몫이다.

chapter

7 '모금 알못'을 위한 친절한 안내

가난한 이유가 뭘까?

우리나라에는 어려운 사람들이 많다. 이들은 왜 현재 이런 상태에 놓인 것일까. 가난에 대해서는 개인의 책임이니 국가의 책임이니 논란이 많다. 그런 이론적인 이유를 설명하려는 것이 아니라 2,000명이 넘는 어려운 이웃을 만나면서 찾아낸 몇 가지 공통점을 이야기하려 한다.

어려운 이웃들이 가난해진 이유는 부모가 사망하거나, 부모에게 중대한 질병이나 장애가 있거나, 부모의 이혼이나 가출이 있을 때 집안의 평화가 무너지고 경제적인 어려움이 닥쳤다. 이 세 가지가 가난의 원인 중 80%를 차지한다. 어쩌면 그 이상이 될 수도 있다. 기부자를 만날 때 가난의 원인이 되는 이야기를 적절하게 설명하면 대부분이 공감을 한다. 특히, 나눔 교육 때 활용하면 좋다. 교육의 특성상 강사는 설명하는 입장이기 때문에 교육의 전체적인 흐름에 녹여 내면의 공감을 얻는 데 용이하다.

그럼 가난하게 지내는 사람들의 특성을 하나씩 살펴보자.

첫째는 부모가 사망한 경우다. 부모의 사망은 아이의 모든 것을 하루아침에 앗아간다. 아이들의 잘못이 아니다. 아무리 화목한 가정이라도 부모 중에 한 명이 사망하면 밸런스가 무너지고 가세가 기운다. 사망의 이유가 무엇이든 결과는 비슷하다. 정상적인 가정도 가장이 갑자기 사망하면 대처할 재량이 없다. 보상금 등으로 한두 해는 살아가지만 해가 거듭될수록 선택의 폭은 줄어든다. 하물며 원래 어려웠는데 부모가 사망한다면 오죽하겠는가.

둘째는 부모 중에 질병이나 장애가 있는 경우다. 첫 번째의 부모가 사망한 경우와 별반 다르지 않다. 중대한 질병이나 장애가 있으면 근로활동을 하기 어렵다. 경제활동을 못하면 자녀를 키우거나 정상적인 생활을 포기해야 한다. 가난한 사람들은 대부분 건강의 어려움을 호소한다. 유전적으로 물려받은 신경섬유종증, 망막색소변성증 등 희귀질환, 선천적으로 약한 심장, 선천적 장애, 후천적 장애 등이 가난을 만드는 이유다. 태어나서부터 이런 핸디캡을 안고 있는 친구들이 정상적인 아이들과 경쟁을 하기는 버겁다.

매일 아침에 아침을 먹고 오는 아이와 거의 매일 아침을 먹고 오지 않은 아이가 아침부터 운동경기를 하고 성패를 가르는 것이 공평한가. 오늘 아침을 먹지 못한 아이가 일주일 전, 한 달 전, 일 년 전에는 아침밥을 잘 먹고 다녔을까. 그럼 한 달 후, 일 년 후에는 이 아이가 아침밥을 잘 먹고 다닐까. 그럴 가능성은 별로 없다.

어려운 사람들의 일상으로 들어가면 그들을 이해하는 데 도움이 된다. 그들을 이해하면 기부자를 설득하는 데 유용하다.

셋째는 부모가 이혼이나 가출을 하는 경우다. 부모가 이혼을 하거나 가출을 하면 아이들은 고립된다. 부모가 느끼는 고통이나 불안보다 수십 배 더 크다. 출산을 할 때 산고도 크지만, 아이가 받는 스트레스가 더 크다는 주장도 있다. 이혼과 가출은 어른들의 선택인데 아이들에겐 미래를 잃어버린 결과가 된다. 이런 환경에서도 훌륭하게 자라는 아이들도 있다. 대견하지만 그 고통은 우리가 상상할 수 없다.

가난해지는 더 많은 이유들이 있지만, 위의 세 가지 범주에 해당되는 경우가 많다. 기부자를 만날 때 현장에서 얻은 경험을 상황에 맞게 활용해 보기 바란다.

시도하면 안 되는 모금 방법 '거리모금'

메이저법인이라고 고상한 방법으로만 모금을 하는 건 아니다.

방송, 신문, 포털사이트, SNS 등을 활용하고 대기업을 접촉하고 전국을 단위로 모금한다. 콜센터를 운영하면서 중단하거나 기부금이 체납된 기부자를 별도로 관리하는 팀도 있다. 소규모법인은 접근하기 어려운 영역이다.

반면에 매일 짐을 싸들고 거리모금도 나간다. 메이저법인의 거리모금은 정말 이해가 안 된다. 많은 직원들이 출근해서 거리로 나선다. 주말에도 거리로 출근한다. 기부자를 개발하겠다는 일념만으로.

이렇게 유입된 기부자의 약 70%는 일 년도 안 돼 중단한다. 누구를 무엇을 위한 모금인가. 직원들의 마음은 어떨까. 동기부여가 됐을까 떠밀려 나갈까. 이유는 그들이 더 잘 알 것이다.

거리모금은 직원들과 자원봉사자로 팀을 이룬다. 자원봉사자는 봉사시간을 인정받는 것과 혹시 모를 취업을 위해 준비하는 학생들이 많다. 해당 기관에 입사를 하려면 자원봉사라도 열심히 해야 도움이 된다는 생각을 가지기 때문이다. 해당 기관에서 실습을 하고 실습이 끝나면 학기 중에 최소한 6개월에서 2년 이상 봉사단으로 활동하기도 한다. 법인에서 강요한 것은 아니니 책임을 지라고 할 것은 아니지만, 취업의 목줄을 쥐고 있는 법인에서 봉사단을 모집하는데 외면하기도 어렵다. 비영리기관에서 모금은 필요한데 학생들은 '거리모금'이 모금의 기본이라고 배운다. 모금의 기본은 사례를 알고 자원을 분석하는 하는 것부터 시작하는 것이 더 나은 방법이다. 거리모금은 모금의 정석이 아니다.

거리모금을 다녀온 직원들은 어떤 심정일까. 일주일에 적게는 한 번에서 많게는 세 번을 거리로 나선다. 한 여름과 한 겨울도 가리지 않는다. 기부자를 개발한다는 명목으로 정말 이렇게까지 해야 할까. 모금가가 거리모금을 해봐야 하는 이유가 있다면 자원개발을 하는 것이 얼마나 어려운가를 느껴 보는 정도면 좋을 듯하다. 낯선 사람들한테 기관의 사업을 설명하고 기부자로 참여시키는 것이 힘들다는 걸 알면 기부자가 소중하다는 것도 알 것이다.

직원들은 거리모금을 다녀오면 밀린 업무를 처리해야 한다. 사실 이중고다. 하소연할 곳도 없다. 하소연을 하면 조직에 순응하지 못하는 불평이 많은 직원으로 낙인이 찍힐 수 있다. 직원들이 승진, 인사이동 등의 손해를 감수하면서 용기를 낼 수 있을까.

거리모금이 불편하고 성과가 없다는 것을 알지 못한 채, 소규모법인에서는 훈련되지 않은 직원과 자원봉사자가 거리로 내몰린다. 결과는 백전백패다. 성과도 없고 오히려 모금에 대한 부정적인 인식만 쌓이게 된다.

개인적으로 거리모금은 필요 없다고 생각한다. 대표적인 앵벌이 모금방법이다. 많은 기관에서 궁여지책으로 하고 있지만 좋은 방법은 아니다. 잠잠했었는데 어느 날 메이저법인이 거리로 나서니 너도나도 거리로 몰렸다. 희한하게도 메이저법인에서 하는 방법은 모두 정당성이 있는 것처럼 생각하는 것 같았다. 국민들은 어떤 시각으로 볼까. 당연히 시선이 곱지 않다. 직원과 자원봉사자들이 우르르 몰려 길을 막고 지나가는 시민들을 상대로 기부를 강요하는 모습이 좋아 보이진 않는다. 이 방법이 불법은 아니지만 옳은 것도 아니다. 메이저법인들이 굳이 거리모금까지 해야 할까. 국민들의 시선을 의식하길 바란다.

포털사이트와 방송을 점령한 메이저법인들

포털사이트를 열면 메인 화면에 메이저법인들의 광고가 어김없이 뜬다.

최근 들어 더 자주 더 많이 보인다. 뉴스를 클릭해도 기사의 좌우측과 아랫부분에 온통 메이저법인의 광고들이 도배를 했다. 포털사이트 메인에 광고를 하면 기부자가 많이 개발될까? 비용은 얼마나 들까? 비영리기관이라서 무료로 하는 걸까? 몹시 궁금하다. 무료로 한다면 우리도 하고 싶다. 비용이 든다면 얼마나 들고 그 비용은 어디서 나오는 걸까.

포털사이트 메인에 광고를 하려면 시간당 3,000만 원에서 1,000만 원 사이이다. 시간대별로 금액에 큰 차이가 있다. 최저 금액은 300만 원부터라고 했는데 아마도 새벽 3시에서 4시 사이에 노출되는 정도로 생각하면 되겠다. 그 시간에 거금을 주고 광고를 하려는 비영리법인이 있을까?

메이저법인의 광고가 올라오는 시간대를 보면 출근해서 퇴근 시간 사이가 눈에 많이 띄었다. 사람들이 가장 많이 접속하는 시간대다. 광고비가 높게 책정될 시간대임에도 무차별적이란 느낌마저 든다. 마지막 남은 한 명이라도 그들의 기부자로 영입하겠다는 불타는 의지가 엿보인다. 소규모법인들은 아무리 좋은 사례나 아이템이 있어도 엄두를 내기가 어렵다.

“TV에 모금 광고 줄 잇는데… 공시 내역에서 광고비 지출은 ‘0’”

한국일보가 연간 기부 모금액 상위 20개 공익법인의 공시 내역을 분석한 결과 13개 법인이 광고비 지출을 0원으로 공시한 것으로 나타났다고 보도했다. 메이저법인들은 요술이라도 부리는 건가. 요령인지 기술인지 구분이 안 된다.

메이저법인들은 방송도 장악했다. 소규모법인에서 보면 그렇게 보인다. 주로 아프리카 이야기가 많다. 홍보대사, 후원회장 등이 아프리카를 방문해서 그들의 사업장을 둘러보고 그 지역을 지원하는 이야기다. 유명인을 활용하는 이유는 정기기부자 개발을 위해서이다. 역시 사이즈가 다르다.

방송이 나가는 동안 기부자를 개발하려면 먼저 전화 회선이 구축되고 전화를 응대하는 인력이 필요하다. 핫한 시간대에 1시간 정도 방송이 되면 최소 100~300회선의 전화기가 필요하고 그만큼의 전화를 받을 사람도 필요하다. 초기에는 약 1,000명에서 2,000명의 기부자가 개발되기도 했다. 방송과 시스템의 힘이 엄청나다. 2,000명의 정기기부자 개발은 소규모법인들이 10년을 시도해도 도달하기 어려운 수치다. 2,000명이 10,000원씩 후원한다면 매월 2천만 원이 들어오고 년 2억 4천만 원이다. 10년 동안 꾸준히 들어온다면 24억 원이다. 메이저법인의 평균 후원기간은 10년 이상이다. 20년, 30년 동안 후원하는 경우도 많다. 그만큼 기부자에게 신뢰를 주기 때문이라 믿는다. 방송을 통한 모금은 소규모법인에서 시도하기 힘든 콘텐츠다. 부러우면 지는 건데도 부럽다.

또 있다. 카카오 사회공헌 플랫폼 같이가치에서도 유리한 상황을 만들었다. 소규모법인이 같이가치에 산타크루를 올리려면 늦어도 11월 초나 빠르면 10월 중순부터 콘텐츠를 잡고 신청해야 한다. 그래야 한 달 정도 모금 기간을 두고 11월 말쯤에 종료한다. 12월 중순쯤 모금된 기부금을 지원받는데, 만약 모금액이 부족하면 수정사업계획서를 올려야 한다. 이렇게 조율하는 시간이 최소 2주는 걸린다. 정상적으로 이뤄지면 12월 말경에 모금된 금액을 집행할 수 있다. 문제는 모금액이다. 산타행사를 위한 모금활동을 10월 말이나 11월 초에 시작하면 국민들의 반응이 뜨거울까. 글쎄다. 모금은 시기가 중요하다. 12월에 시작하는 것이 더 반응이 좋을 것이다. 소규모법인은 12월에는 산타행사로 모금함을 개설할 수 없다. 모금함을 개설하고 모금을 하려면 최소한 한 달이 필요하나. 모금이 종료되어야 집행할 수 있다. 카카오 같이가치 규정이 그렇다.

카카오 같이가치와 협약이 되어 있는 메이저법인들은 입장이 다르다. 협약이 되어 있어 언제든지 모금함을 개설하고 집행하는 것이 자유롭다. 모금하는 중에 집행하는 것도 가능하고 기한이 지나서 집행해도 된다. 기업 등의 지원으로 카카오 기금이나 카카오 크루 기금을 받는 것도 용이하다. 메이저법인은 무한의 권한을 가졌다. 대기업이 골목상권을 점령한 것과 무엇이 다른가. 심하다. 소규모법인들은 숨이 막힌다. 아무리 좋은 아이디어가 있어도 지금의 한계를 넘어서기 어렵다. 가끔은 지친다. 포기하고 싶다는 생각도 든다.

현실은 암울하지만 탓할 수만은 없다. 소규모법인의 입장에서는 포털사이트 광고나 방송을 활용한 모금, 카카오 같이가치 협약은 감히 넘볼 재간이 없다. 비용도 없지만 인력도 시스템도 수행능력도 부족하다. 그럼에도 포기하지 않는다. 자존심이 상해서라도 포기할 순 없다.

첫 술에 배부를 수 없고, 흔들리지 않고 피는 꽃이 어디 있으랴. 기관의 상황에 맞는 모금 방법을 찾아 실천하다 보면 가능성이 보일 것이라 확신한다.

메이저법인이 모금의 노하우를 공유하면 좋겠다. 얼마나 소중한 노하우인지는 모르겠지만 상생을 기대한다. 대기업이 중소기업에 기술을 이전하듯이 말이다. 기부금을 늘이는 목적도 있지만 국민들의 기부의식을 변화시키는 역할도 해야 한다고 생각한다. 국민의 60% 이상은 비영리법인을 불신한다.

'기부자 10명 중 약 6명은 자신의 기부금이 어떻게 쓰이는지 알지 못하는 것으로 조사됐다. 기부를 안 하는 이유로는 모금단체를 믿을 수 없기 때문이라는 응답이 60%를 넘었다.'

한국모금가협회가 행정안전부 의뢰로 '기부문화 인식 실태조사를 통한 기부제도 개선에 관한 연구' 조사의 결과다. 이 결과에 대해 메이저법인은 소규모법인에 비해 막중한 책임감을 가져야 한다고 생각한다.

불신을 가진 60%를 30%로 줄이는데 메이저법인들이 나서 주길 희망한다. 소규모법인을 경쟁자로 인식하지 않기를 기대한다. 기부에 대한 국민들의 의식이 높아지면 기부는 더 활성화될 것이다.

'비영리법인 상생으로 국민의 신뢰를 회복하다.'라는 신문기사가 나갈 수 있기를 기대한다.

소규모법인에서 유명인 홍보대사를 활용하는 것이 가능할까요.

메이저법인에서 홍보대사를 활용하는 것을 보면 부럽다.

함께 아프리카도 가고 방송에도 출연해서 기관을 홍보하는 모습은 참 좋아 보인다. 본인의 활동을 방송에 출연해서도 설명하고 언론과의 인터뷰 내용이 기사로 소개되기도 하고 광고를 찍기도 한다. 홍보대사가 드라마에 출연했는데 대박이 나면 그 기관 이미지도 좋아진다. 우리도 저런 분이 한 분만 있으면 모금하는 걱정은 안 해도 될 텐데라는 생각을 가지게 한다.

메이저법인들은 실제로 홍보대사를 활용해 모금을 많이 한다. 하지만 소규모법인에서 선불리 따라 할 부분은 아니다. 홍보대사가 법인의 공익적인 활동에 참여하는 것은 무료로 출연하지만, 최소한 체재비 정도는 법인에서 부담할 수 있어야 모실 수 있다. 홍보대사가 행사장에 와서 머무는 비용을 본인에게 부담지울 순 없다.

저녁 7시에 지방에서 행사가 있다고 가정해 보자.

늦어도 6시 30분까지는 행사장에 도착해야 한다. 저녁을 먹어야 하니까 5시쯤 기차역에 도착해서 5시 30분쯤 식당에 도착한다. 한 시간 전에 도착하면 관계자들과 식사를 하고 행사장으로 이동한다. 7시부터 행사를 진행하고 기념사진을 찍고 하다 보면 밤 9시가 넘는다. 기차를 타고 바로 서울로 간다면 빨라도 10시쯤 기차를 탈 수 있다. 서울에 도착하면 밤 12시다. 다시 집까지 가려면 새벽 1시에서 2시, 행사를 해봐서 알겠지만 군더더기 없이 잡은 일정이다.

행사가 끝나고 숙박을 하는 경우에는 숙소를 잡아 준다. 다음날 아침을 챙기고 일정에 맞게 서울로 이동한다. 지방의 경우는 이 정도에서 갈무리가 된다. 이 일정이 해외라면 어떨까. 한 마디로 장난이 아니다. 왕복 비행기 표값을 비롯해서 최소 7박 8일 정도의 체재비 전액을 부담해야 한다. 게다가 몇 명의 직원이 동행하고 방송국까지 움직이면 비용은 산정조차 어렵다.

홍보대사가 행사장에 오면 움직이는 모든 곳에 비용이 든다. 그분의 인지도를 활용하여 홍보도 하고 모금도 하지만 지출도 생각해야 한다. 왕복 KTX 비용특실, 저녁식사비(관계자를 포함하면 10여 명쯤), 숙박비, 아침식사, 선물구입비(귀한 시간을 내주었는데 인사만 할 수는 없음) 등이다. 최소의 비용으로 산정한 경우다. 그분들 입장에선 적은 돈이지만 소규모법인은 쉽게 결정할 사안이 아니다. 홍보대사를 모시는 것을 일당으로 산정하면 감당할 수 없다. 법인이 여유가 있으면 한 번쯤 저질러 볼 수 있지만, 그 정도 여유가 있는 소규모법인은 드물다. 설령 한두 번 정도는 초대할 수 있더라도 지속성을 가지지 않으면 효과는 미미하다. 간헐적인 활동은 아무리 유명한 분이 오더라도 그 효과가 오래가지 못한다. 그분의 명성으로 지방의 신문이나 방송에 소개되면 법인을 알리는 계기는 되더라도 모금으로 연결되기는 역부족이다.

한 명의 기부자를 찾기 위해서도 많은 신경을 쓰는데 하물며 인지도가 있는 유명인을 홍보대사로 활용하다면 그만큼 예우가 있어야 한다. 전담직원과 예산 그리고 꾸준하게 관리해야 한다. 메이저법인은 담당직원뿐만 아니라 팀이 따로 있다. 우리가 그들을 모방하는 것은 무모하다. 특별한 행사 때 조건 없이 등장하는 정도는 시도해 봄직하다. 실제로 했는데 결과를 기대할 정도는 아니다. 그런 일이 있었다는 추억을 이야기하는 정도였다.

유명인이 방송에 출연하면 한꺼번에 수천 명의 기부자를 개발할 수 있을 거라는 상상은 버려라. 10년 전쯤에는 그런 적도 있었다. 아련한 추억일 뿐이다. 그럼에도 시도해 보고 싶다면 정확한 콘셉트를 가지고 충분히 준비해서 접촉하기 바란다. 그들은 공인이다. 요청을 한다고 선뜻 허락하지 않는다. 그들의 이미지에 도움이 될 무엇을 찾아서 제안해 보라. 행운이 함께하길 바란다.

방송이나 포털사이트에 광고를 할까요.

'포털을 점령한 메이저법인' 챕터에서도 설명이 되어 있다.

여기서는 포털에 광고를 해볼까라는 관점에서 설명하고자 한다. 결론은 하지 마라. 홍보대사를 활용하는 것과 같다. 전담직원이나 전담팀이 구성되어야 시도해 볼 수 있다.

오전 10시부터 11시까지 포털사이트 메인에 법인의 광고가 노출되었다고 가정하자. 가장 좋은 결과는 국민들 스스로 홈페이지에 접속해서 친절하게 정기후원신청을 해주면 최고다. 기대하는 대로 그렇게 쉽게 처리될까. 희망사항일 뿐이다. 그 정도로 순조로움을 기대하는 것은 순진하다. 기부자들이 인터넷을 능수능란하게 잘 다루는 젊은 층만 접속하는 게 아니다. 나이가 많은 분들이 진정성을 가지고 홈페이지에 접속에서 후원신청서를 작성하다 보면 궁금한 게 한두 가지가 아니다. 그러면 전화를 걸어 묻는다. 이 전화를 응대할 직원들이 있어야 한다. 전체 직원들이 업무에 손을 놓고 전화만 받는다면 가능할 수는 있다. 사실 이 정도로 연락이 온다는 확신만 있으면 가족이랑 친구들까지 동원해서 전화를 받아볼 수 있다. 한 번이라도 그렇게 해보면 좋겠다는 생각도 들 것이다. 모든 직원들이 한꺼번에 전화를 받으려면 회선을 하나로 통일하고 동시에 전체 직원이 받을 만큼 회선을 늘려야 한다. 대부분의 소규모법인들은 사업장을 가지고 있지만 법인에는 직원의 수가 적다. 없는 경우도 있다. 없다면 걸려오면 전화를 누가 받을 것인가.

포털사이트 메인에 1시간 노출하는 비용이 1,000만 원 정도 든다고 가정하자. 사례를 홍보하여 기부자를 몇 명이나 개발할 수 있을까. 약 5년 전까지는 홈페이지를 통해 한 달 동안 2,000명에서 3,000명까지도 개발한 적도 있다. 이는 포털사이트에 지속적으로 홍보하고 전담팀에서 모니터링하고 모든 에너지를 쏟아 부은 결과물이다. 홍보대사를 활용하는 것과 마찬가지로 선불리 나서지 않기를 바란다. 눈에 보이는 것만이 전체가 아니다. 포털사이트를 통해 홍보하려면 시스템과 인력, 예산이 투입되어야 가능하다. 예산 이야기를 더 해보자.

포털사이트에 한 달 동안 광고를 해서 2,000명의 기부자를 개발했다고 가정하자. 광고비용은 한 시간에 1,000만 원, 한 달을 근무일 기준으로 보면 22일다. 총비용 2억 2천만 원이다. 전담팀이 4명이라고 치고 1인당 한 달 급료를 400만 원으로 잡자. 4명이니 1,600만 원. 광고비와 인건비만 2억 3천 6백만 원이다. 한 달 동안 2,000명을 개발했으니 한 구좌 1만 원을 기준으로 보면 매월 2,000만 원이 들어온다. 한 구좌가 10만 원인 사람도 있겠지만 소액으로 참여하는 사람들이 대부분이다.

기부금품의 모집 및 사용에 관한 법률 제13조모집비용 충당비율에 보면 '모집자는 모집된 기부금품의 규모에 따라 100분의 15 이내의 범위에서 대통령령으로 정하는 비율을 초과하지 아니하는 기부금품의 일부를 기부금품의 모집, 관리, 운영, 사용, 결과보고 등에 필요한 비용에 충당할 수 있다.'라고 규정하고 있다. 모금액이 10억 원 이하이면 15%까지 사용할 수 있고, 200억 원 이상이면 10%를 모집비용으로 사용할 수 있다.

메이저법인은 200억 원이 훨씬 넘기 때문에 모금액의 10%만을 모집비용으로 사용할 수 있다. 위의 예에서 메이저법인은 포털사이트 광고를 통해 2,000명의 정기기부자를 개발했다면 일 년에 2억 4,000만 원이다. 2억 4,000만 원의 10%는 2,400만 원이다. 법적으론 2,400만 원만 모집비용으로 충당할 수 있다. 즉, 소규모법인에서 포털사이트를 통해 광고를 시도하려면 따져볼 것이 많다는 의미다.

다른 방법이 있다. 광고만 바라보지 말고 멋진 콘텐츠를 만들어 기사나 방송으로 소개되도록 하는 방법이다. 새롭고 창의적인 콘텐츠라면 해볼 만하다. 광고만큼 기부금(메이저법인들이 포털사이트에 광고를 많이 하지만 기부자가 얼마나 개발되는지는 알 수가 없다. 영업비밀이라 밝히려 하지 않는다)이 들어오지는 않지만, 시도하다 보면 의외의 기부자를 만날 수도 있다. 도전하다 보면 경험이 쌓이고 경험이 쌓이면 새로운 방법이 생각난다.

어떤 유형의 사람이 모금가에 어울릴까

모금업무에 본능적으로 감각이 있는 사람이 있고, 젬병인 사람도 있다. 감각적인 사람이 훨씬 낫다. 젬병인 사람에게 그 역할을 맡기면 일은 맴돌고 스트레스만 받는다. 문제는 시켜 보기 전에는 모른다는 것이다. 시켜 보고 아니다 싶으면 빨리 업무를 바꿔주는 것이 맞다. 모든 영역에서 탁월한 성과를 내는 직원은 드물다. 하지만 업무를 수행하는 정도에서 생각하면 잘할 수 있는 사람이 많다. 즉, 업무는 전문직이 아니라 수행능력이기 때문이다. 직무를 맡기는데 의사, 변호사와 같은 역할을 기대하는 건 아니라는 의미다. 직무를 수행하는 정도로 볼 때 모금업무를 잘 수행할 직원은 어떤 유형일까.

첫째, 누구를 만나도 공정한 사람이다.

공정하면서 모르는 사람 만나는 것을 부담스러워 하지 않아야 한다. 내성적인 사람보다 외향적인 사람이 낫다는 생각을 한다면 오산이다. 사람을 만났을 때 떨거나 두려워하는 것은 성향으로 판단하기 어렵다. 경험이 쌓이면 내성적인 사람이 모금업무에 더 잘 어울린다. 내성적인 사람이 처음에는 원리원칙만 지키고 답답하게 느껴지기도 하지만 상대방이 기부를 할지를 결정하는 것은 그 사람이 가진 가치다. 외향적인 사람은 처음 만났을 때는 시원시원하고 말이 잘 통하지만, 일을 처리하는 과정에서 빈틈이 생기면 금세 이미지가 달라진다. 같이 일한 사람 중에 레퍼토리가 똑같은 사람을 봤다. 초지일관 정말 대단했다. 바꾸려 노력도 하지 않고, 누구를 만나도 정치와 스포츠 이야기로 시작한다. 처음에는 유쾌하게 느껴지기도 한다. 하지만 다음에 만나도 이야기 내용은 똑같다. 마주하는 상대방은 같은 이야기를 반복적으로 듣다보니 지겹고 대화 수준이 떨어져 보여 상대하고 싶은 생각마저 사라진다. 모금가는 목소리가 우렁차거나 잘 웃기는 사람이 아니다. 누구를 만나도 바른 가치를 가지고 공정하게 일처리를 잘 하는 것이 우선이다.

둘째, 상대방의 말을 공감하면서 잘 들어주는 사람이다.

진심으로 듣고 긍정으로 반응하라. 처음 만났을 때 그 사람의 말을 잘 기억하라. 이 책 공동저자인 팀장은 기부자를 만날 때마다 대화 내용을 기록한다. 다음에 만날 때 그 전에 대화 내용을 반드시 확인하고 간다. 모금가로 최적화된 무서운 친구다. 사람의 기억은 한계가 있어 오래 기억할 수 없다. 기억하더라도 정확하지 않다. 상대와 대화를 하면서 수동적인 '보기'가 아니라 적극적인 '관찰'이 중요하다. 적극적인 관찰은 그날 있었던 대화와 행동까지 포함된다. 관찰은 생각의 한 형태이고 생각은 관찰의 한 형태다.

셋째, 본능적으로 밝은 사람이다.

본능적으로 밝은 사람은 상냥하고 친절하고 매너가 있다. 외부 사람을 만나면 대부분의 직원들은 친절하다. 그냥 친절하기보다는 당신과 같이 이야기를 나누는 것이 참 좋다는 것을 몸으로 표정으로 표현하면 좋다. 본능적으로 표정이 어두운 사람이 의식적으로 하려면 어렵다. 사람을 배려하는 것이 매너다. 신입직원과 같이 기업을 방문했다. 여러 명이 나왔는데 돌아가며 일일이 악수를 했다. 무의식적으로 신입직원이 악수하는 자세가 보였다. 악수를 하는데 그냥 손만 내밀고 손을 잡지 않았다. 죽은 물고기 악수법이다. 큰 실례다. 상대방을 기분이 나쁘게 한다. 사무실로 돌아와 왜 악수를 그렇게 했느냐고 물으니 군대에서 배웠단다. 누가 악수를 그렇게 가르쳤단 말인가. 여기서 CS 교육을 언급할 생각은 없다. 악수는 상대가 누구든 가볍게 쥐면 된다. 밝은 사람의 기준에는 '친절하고 매너가 있는'이 포함된다. 악수도 매너의 한 형태다.

넷째, 자신의 일에 전문적이고 당당한 사람이다.

기부를 결정하는 결정인 요인은 모금가의 확신이 중요하다. 확신을 가진 모금가는 상대방과 마주할 때 눈빛의 흔들림이 없다. 태도에서 신뢰감을 확보하고 시작한다. 확신을 가지려면 본인의 업무를 정확히 꽤야 한다. 넓고 깊게 파악하고 있어야 한다. 기부금을 어떻게 사용하고 대상자에게 어떤 변화를 주었는지 당당하게 설명하면 성공률이 높다. 밝은 표정과 좋은 매너에 당당함이 더해지면 승기를 잡을 수 있다.

다섯째, 고객의 욕구에 맞는 After service를 잘 하는 사람이다.

기부가 이뤄지고 기부금이 어떻게 사용되었는지를 신속하고 정확하게 알려준다. 여기서 중요한 것은 '욕구에 맞는'이다. 딱 맞는 피드백은 신뢰를 형성하는데 중요하다. After service는 익숙해질 때까지 습관적으로 형성하면 좋다. 보고하는 방법이 들쭉날쭉할 필요는 없다. 모든 기부자는 본인이 낸 기부금이 투명하게 사용되길 기대한다. 기업이나 단체에서 일시적으로 낸 기부금은 집행이 끝나면 바로 알려주는 것이 낫다. 카드뉴스 형태나 이메일, 우편으로 보내거나 원할 경우 공문으로 보내주면 된다.

여섯째, 끊임없이 도전하는 사람이다.

학습이나 교육에 대한 욕구가 강한 사람이 좋다. 배우려는 요구가 있으면 사회의 변화 상황에 민감하게 반응한다. 모금은 그 시대의 욕구에 따라 방법이 달라진다. 최근 트렌드를 항상 따라갈 수는 없지만 시대와 반대로 갈 필요는 더더욱 없다. **모금에서는 초지일관보다는 '상황에 맞게'가 더 나은 방법이다.** 보통은 사람을 만나서 거절을 당하면 기가 죽는다. 거절을 당해도 기가 죽지 않는 경우는 실패를 많이 경험하면 된다. 실패를 해보지 않고 거절당해도 아무렇지도 않다고 말한다면 자신을 속이고 있는 중이다. 거절을 당하면 거절을 당한 이유를 분석하고 보완해서 접근하면 된다. 거절이 두렵다면 이렇게 생각해 보자. '아님 말고, 다른 곳에 또 요청하면 되지.' 도둑질을 하는 것도 아니고 기부금을 받아서 선한 곳에 사용하겠다는 목적이지 않는가. 모금가라면 실패를 자랑으로 여길 수 있기를 바란다.

일곱째, 방문하기 전에 기업단체에 대한 분석을 많이 하는 사람이다.

기업의 이름만 알고 찾아가는 경우와 기업을 분석하고 가는 경우는 다르다. 조직을 혁신하거나 변화관리를 하게 되면 기업을 철저하고 깊게 분석해서 접근한다. 모금전담팀이 있다면 객관적으로 분석하고 접근하면 좋다. 오로지 개인적인 역량으로 모금을 해야 하는 경우라면 인터넷이나 신문 등을 통해 기업의 현황과 사회공헌 활동 정도는 파악을 하라. 대면할 때 큰 도움이 된다.

모금가가 갖춰야 할 역량은 일곱 가지로는 부족하다. 모금을 하는데 가장 기본적인 부분을 언급한 것이니 도움이 되길 바란다. 혹시라도 일곱 가지도 많은데 더 많은 역량을 어떻게 갖춰야 할까를 생각한다면 크게 걱정하지 않아도 된다. 이 정도는 한두 해가 지나면 본인도 모르게 몸에 익혀진다. 모금가는 대면업무를 하는 사람이다. 새로운 사람을 만나는 것을 즐기고, 새롭게 일하는 걸 즐기면 참 흥미로운 업무다.

모금가가 지켜야 할 윤리

모금을 하다 보면 독특한 기부자와 예측하지 못한 상황에 맞닥뜨리게 된다. 상황이 생길 때마다 적절하게 잘 대응하면 좋겠지만, 웬만한 프로가 아니라면 감당하기 어렵다. 알고 있더라도 실수를 하게 마련이다. 이 실수를 줄이기 위해서 모금가의 윤리 원칙을 우리나라 모금 현장에서의 경험을 토대로 설명하고자 한다.

비영리단체의 윤리성과 관련하여 국제적으로 통용되는 모금 윤리 원칙 선언문이 있다. 바로 AFPThe Association of Fund Principles에서 작성한 윤리 원칙 규약Code of Ethical Principles이 그것이다. 이는 전 세계의 모든 모금 현장에서 일하는 모금가들의 책임감, 투명성, 그리고 효율성을 고양하고 촉진하는 데 의의를 두고 만들어졌다고 비영리단체 모금전략에서 설명하고 있다. 모금가의 윤리에 대해 폭넓은 이해를 하려면 AFP의 내용을 살펴보면 큰 도움이 된다.

첫째는 투명성이다.

기부금은 기부자의 의도에 맞게 사용하고 사용결과를 정확히 알려줘야 한다. 투명성은 기관을 지켜주는 신뢰의 척도다. 투명성이 지켜지지 않으면 기부자로부터 신뢰를 받을 수 없다. 신뢰는 모금가가 지켜야 할 덕목 중 가장 우선되어야 한다.

둘째는 정직이다.

모금가는 기부자를 만나든 수혜자를 만나든 항상 인격적으로 대하고 진실되게 다가가야 한다. 모금가의 윤리기준은 일반사람들과 다르다. 기준이 훨씬 더 높다. 모금가가 왜 일반인과 달라야 하느냐고 아무리 외쳐도 기부자가 바라보는 시각은 달라지지 않는다. 기부자의 눈에 모금가의 행동이나 언어가 비도덕적인 것으로 인식되면 기부금을 받을 가능성은 제로에 가깝다. 모금가의 작은 행동이라도 기부자로부터 비난을 받을 수도 있음을 명심해야 한다. 때문에 매사에 바르고 정직하게 행동해야 한다.

셋째는 정확성이다.

투명성의 연장선에서 기부자와의 약속을 꼭 지켜야 한다. 지키지 못할 약속을 하거나 공수표를 날려서는 안 된다. 약속을 했는데 부득

이한 경우에는 반드시 기부자의 동의를 얻어야 한다. 동의를 얻더라도 '어김'이 반복되면 안 된다. 기부자가 약속을 지키지 않는 것과 모금가가 어기는 것은 다른 문제다. 작은 것이라도 놓치지 않도록 습관을 들여야 한다. 기부자는 꼼꼼하고 인내심이 약하다는 것을 기억하기 바란다.

넷째는 기부금을 현금으로 받지 않는다.

현금을 주려는 기부자한테는 계좌번호를 알려주고 송금하는 방법을 설명한다. 어떤 이유로 받더라도 즉시 통장으로 입금하고 결과를 알려준다. 현금을 받은 모금가가 본인의 책상서랍에 넣어두고 잊어버리는 경우도 있다. 기부자가 오해할 수 있는 행동을 하면 안 된다.

다섯째는 공정성이다.

매사에 공정해야 한다. 기부자를 반복적으로 만나다 보면 사적인 관계로 흐르는 경우가 있다. 기부자의 재력과 사회적인 영향력이 너무 커 기대고 싶은 생각을 가질 수도 있다. 가족이나 친구를 기부자와 연결시키거나 기부자를 설득해서 새로운 단체를 설립하는 경우도 있다. 공정과 불공정의 경계에서 위태롭게 줄타기를 하는 것은 위험하다. 이런 상황이 되면 모금가 개인의 문제가 아니라 조직의 일탈로 번질 수 있다. 모금가가 개인적으로 가장 경계해야 할 영역이다.

여섯째는 보상을 바라면 안 된다.

가끔 기부자가 보상을 제안하는 경우가 있다. 기부를 할 테니 어떤 부분을 도와달라고 요구하는 경우다. 업무를 처리하는 과정에서 기대 이상의 성과가 있었다고 보상을 바라서는 안 된다. 기부자가 일방적으로 제공하려 할 때도 강력하게 거절해야 한다. 모금가의 단호함이 처음에는 인정 없게 보이더라도 시간이 지나면 옳은 결정임을 이해한다.

이 외에도 모금가가 지켜야 할 윤리는 많다. 위의 여섯 가지는 기본이며 빈번하게 맞닥뜨릴 수 있는 상황을 설명한 것이다. 모금가와 기부자는 상하관계도 갑을관계도 아니다. 동등하면서 존중하는 관계로 유지되어야 한다. 또 기부자가 모금가를 인격적으로 대할 수 있게 행동해야 한다.

그리고 법적인 모금비용의 사용에 대해 설명할 필요가 있다. 기부금품의 모집 및 사용에 관한 법률에서 모금액 중 최대 15%를 모집비용으로 사용할 수 있다고 규정되어 있다. 소도시일수록 기부에 대해 부정적인 생각을 가질수록 설득이 어려운 게 사실이다. 그렇더라도 모금비용을 사용하는 것은 법으로 정해져 있다는 인식을 꾸준하게 심어줄 필요가 있다.

기부자가 기부금에서 단 한 푼도 다른 용도로 사용하면 기부를 안 하겠다고 한다면 어떻게 할까. 이런 기부자를 만나면 원하는 대로 집행하는 것이 맞다. 법적으로 모금비용을 규정하고 있지만, 기부자의 의지가 강할 경우 굳이 대립할 필요는 없다. 대립은 기부금을 받지 않겠다는 선언이다. 기부자와의 다툼은 모금가에게 득이 될 것이 없다. 기부자를 개별화시켜 오래 보고 멀리 보는 선택을 하기 바란다.

온라인 채널의 베이스캠프는 PC 홈페이지다.

최근 당신 법인의 홈페이지에 접속해 봤는가?

만족되는가? 만족하는 경우는 별로 없을 것이다. 수 년 전에 홈페이지를 개설하고 제대로 관리가 되지 않았을 것이다. 처음에는 자료를 올리고 관심을 가졌지만, 시간이 흐르고 담당자가 바뀌면서 방치됐을 가능성이 높다. 우리 것만 안 된 것이 아니라 웬만한 소규모법인들은 상황이 비슷하다.

그럼 메이저법인의 홈페이지를 접속해 보라. 놀랄 것이다. 간결하고 역동적이고 볼거리가 많다. 기부자가 어디를 선택할 거라고 생각하는가? 우리는 가끔 내가 하고 있는 것이 제일 중요하다는 생각을 하는 경향이 있다. 메이저법인은 원래 잘하는 곳이고 나는 이만큼만 해도 인정받아야 된다는 생각을 가지는 경우가 있다. 옳은 생각이 아니다. 선택은 기부자가 한다. 사람들이 손님을 대접할 때 식당을 고르는 기준이 뭘까. 맛, 분위기, 서비스, 주차 등 다양하다. 네 가지를 다 충족하는 곳과 개중의 두 가지를 잘하는 곳이 있다면 어디를 선택할까. 일반적으로 첫 번째를 선택한다. 굳이 불편함을 감수하면서 대가를 지불하려는 고객은 없다. 그러니 고객, 즉 기부자가 쉽고 편하게 선택할 수 있는 환경을 만드는 것이 필요하다. 고객은 기관에서 홈페이지를 구축하는 데 얼마나 많은 시간과 비용이 드는지 관심이 없다. 접속을 했을 때 그들이 바라는 만큼의 환경이 만들어져 있는지를 보고 선택한다.

소규모법인에서 홈페이지를 활성화시키는 방법은 어떤 것이 있을까? 예산을 책정하고 홈페이지에 넣을 내용을 구성하는 것이 우선이다. 그 중의 어떤 내용을 넣을 것인가는 충분한 고민과 자료준비가 있어야 한다. 결론적으로 보면 사례다. 기관에서 발굴해서 서비스를 제공하고 성공적인 결과가 있는 사례를 홈페이지의 메인에 배치하는 것이 좋다. 대부분은 기관장의 인사말을 시작으로 행사사진, 중요하지 않은 정보제공 등 고객들이 흥미를 갖지 않을 내용으로 구성되었다. 내용을 구성할 때 기관 중심이 아니라 고객 중심으로 생각하면 방법이 보인다. 메이저법인의 홈페이지를 잘 살펴보고 모방하는 것도 훌륭한 방법이다. 따라하는 것을 싫어하거나 추구하는 방향이 다르면 그에 맞게 구성하면 된다. 어떤 방향을 잡든지 고객 중심이어야 한다.

모든 홈페이지는 웹으로 연동이 되어야 한다. 스마트폰에서도 접속이 가능하도록 구축되어야 한다. 잘 알다시피 스마트폰을 활용하는 사람들이 많다. 홈페이지와 웹 환경은 조금 다르다. 비용을 지불하면 업체에서 충분히 잘 만든다. 비용은 생각보다 비싸지 않다. 충분히 투자할 정도니까 겁먹지 않아도 된다. 메이저법인들은 채용서류도 홈페이지로 접수받는다. 홈페이지가 제대로 구축되면 직원들의 업무시간을 크게 줄일 수 있다. 홈페이지를 접속하는 모든 사람들에게 유용하다. 메이저법인의 홈페이지는 퍼펙트하다. 나무랄 데가 없다. 전담팀과 예산이 지원되니 당연한 결과다. 모금가 중에는 홈페이지나 SNS를 잘 다루는 사람이 있다. 기관에서 모바일을 통한 홍보나 기부자 개발을 고려한다면 홈페이지 리뉴얼은 기본이다.

메이저법인들이 홈페이지를 통해 일 년 동안 기부자를 얼마나 발굴할까?

수천 명을 개발한다. 크게 보면 1만 명까지도 개발한 적이 있다. 위대한 업적이다. 홈페이지를 웹 환경으로 구축하지 못한 기관의 입장에서는 먼 나라 이야기처럼 들릴 수 있다. 따라잡을 수 없는 경지다. 지금의 상태에서 보면 그렇다. 세상의 모든 위대한 일들이 어느 날 하루아침에 이룩되지 않았다. 수많은 시간과 시행착오를 거쳐 오늘의 결과를 만들었다. 그간의 노력과 투자는 생각하지 않고 결과만으로 비교하면 안 된다.

소규모법인에서도 방향을 잡고 진행하면 작은 성과들이 나타난다. 메이저법인들이 웹으로 많은 기부자를 발굴하는 최대의 무기는 두 가지로 생각한다. 좋은 사례를 활용하는 것과 적극적인 홍보다. 좋은 사례는 어느 기관이나 찾을 수 있다. 찾은 사례를 국민들이 공감할 수 있도록 디자인을 잘할 필요는 있다. 메이저법인은 유명한 작가의 재능기부를 받아 사례를 재구성하는 경우도 있다. 이 방법을 무조건 따라할 수는 없지만 좋은 사례를 찾으면 방법도 찾을 수 있다. 홍보는 따라 하기 어려운 영역이다. 좋은 사례를 찾았으면 다양하게 확장시켜야 한다. 여기서 확장의 개념은 사람과 돈이 가장 큰 역할을 한다. 물 들어왔을 때 노를 저으라는 말처럼 좋은 사례를 찾았으니 기부자를 설득할 자신이 생기는 것이다. 자신감의 힘을 보태는 방법은 투자다. 투자의 비용을 어떻게 활용할지는 법인의 몫이다.

온라인 채널의 베이스캠프는 PC 홈페이지다.

아무리 좋은 사례가 있고 좋은 콘텐츠를 가졌어도 알리지 않으면 무용지물이다. 알리는 가장 좋은 방법이 온라인이다. 기막힌 아이디어나 콘텐츠를 찾았다면 한 번에 수천 명의 기부자를 개발할 수 있다. 이렇게 많은 기부자를 전화로 응대할 수 없다. 이런 상황이 평생에 한 번도 안 올 수 있다. 온라인을 활용하고자 하는 계획이 있다면 웹 환경부터 구축하라.

SNS 계정은 일관성이 우선이다.

온라인 채널이 완성되면 인스타그램, 유튜브, 페이스북, 블로그, 카카오플러스 친구 계정을 만들어 활용하면 된다. 웹 환경이 구축되어야 연동이 가능하다. 모든 채널을 전부 활용하면 좋겠지만 현실적으로 어렵다. 웬만한 기관에서는 수차례 시도해 봤을 것이다. 성공의 경험보다는 실패를 하거나 방치된 경우가 많다고 생각한다. 온라인 채널을 잘 활용하는 방법은 하나의 콘텐츠를 각각의 채널에 최적화하여 업로드하는 것이다. 해시태그 검색 상단에 노출되려면 자주 올리고 많이 올려야 한다. '자주'와 '많이'가 어렵지만 그래도 시도해 보기 바란다. 어렵고 힘들다고 시도조차 하지 않으면 얻을 것이 없다. 충분히 시도했는데 기관의 방향에 맞지 않는다면 그때는 포기하거나 다시 준비가 될 때까지 휴식기를 갖는 것도 좋다.

시대의 흐름으로 보면 온라인을 활용은 필요하다. 웹 환경을 구축하는 작업은 콘텐츠를 활용해서 모금을 하겠다는 생각과는 다르다. 사례와 콘텐츠라는 재료가 준비되어야 시작할 수 있다. 업무 환경에 맞게 콘텐츠의 수준과 업로드 주기를 정하는 것이 중요하다. 콘텐츠의 퀄리티보다 일관성이 우선이다. 전담부서와 인력 없이는 퀄리티 높은 콘텐츠를 정기적으로 업로드할 수 없다.

훌륭한 콘텐츠가 있으면 SNS 팬덤이 많은 카페, 식당과 해시태그 이벤트를 하는 것도 방법이다. 이때 이벤트의 핵심은 고객들로부터 호기심을 끌 수 있어야 한다. 이쯤 되면 모금가는 만능인이 되어야 한다. 홍보전문가뿐만 아니라 웹디자이너 무릎 정도는 따라잡아야 한다. 감각을 가진 모금가라면 열정과 욕구로 도전해 보는데 그렇지 않은 모금가라면 스트레스를 주는 하나의 업무일 뿐이다.

다행히 새로운 것에 도전하는 것을 어렵게 생각하지 않는 모금가가 있다. 홍보할 재료들을 직접 기획하고 재료를 만들었다. 요즘은 뉴트로 열풍이 불면서 연필을 활용하는 마케팅이 유행하고 있다는 카페 대표의 조언을 듣고 대량으로 만들었다. 카페 카운터에 예쁜 연필을 무료로 증정하는 이벤트로 게시물을 증가시키고 있다. '연필 가져가, 대신 소문내줘'라는 메시지와 함께 기관에서 기대하는 해시태그를 달았다. 이러한 이벤트는 담당자의 감각과 기획력이 중요하다.

모금을 하려면 업무부터 줄여라.

모금을 하려면 업무를 줄여야 한다. 반드시 줄여야 한다. 매우 중요한 조건이다.

업무는 그대로 두면서 모금까지 하라고 한다면 과부하다. 메이저법인과 소규모법인의 차이가 많지만 그 중에 가장 강조하고 싶은 부분이 업무를 줄이는 것이다. 아무리 열정이 많고 좋은 콘텐츠가 있어도 더 이상 업무를 수행할 여력이 없다면 모금은 스트레스일 뿐이다.

어느 기관이든 업무량이 적은 곳을 본 적이 없다. 왜 못 내려놓을까. 무엇이 부담스러울까. 한 가지 답을 찾았다. 불안이다. 대부분의 기관들이 정부로부터 위탁을 받아 운영하니 업무를 줄였다가 다음 위탁심사 때 '떨어지면 어떻게 하지'라는 불안감이 크다. 만일 위탁받지 못하면 그 책임을 떠안아야 하는 부담감도 무시하지 못할 것이다.

업무에 변화를 주고 기부금을 많이 확보하면 재위탁 때 불리한가. 그렇다고 생각하지 않는다. 업무를 줄여 그 자리에 새로운 것을 채우면 된다. 기관의 전체 업무를 줄이고, 기존 업무의 30% 이상을 새로운 프로그램으로 바꾸면 좋겠다. 말처럼 쉽지는 않지만 생각을 다르게 하면 해볼 만하다. 매년 반복되는 업무를 새로운 프로그램으로 채웠을 때 싫어하는 사람은 없다. 심사위원으로 참여하는 분들도 지역의 교수, 단체장들이다. 이분들도 여러 곳에 심사를 다녀봐서 변화가 없는 조직에 좋은 점수를 주지 않는다. 약간의 삐걱거림이 있어도 새로움을 추구하는 기관에 더 많은 점수를 줄 것이라 생각한다. 미래에 대한 기대감이 있으니까.

사람들의 생각은 비슷비슷하다. 변화는 힘든 것이지 싫은 것이 아니다. 그래서 변화를 이룬 조직이나 직원은 칭송받는다. 조직은 생명체다. 생명체는 새로운 영양분이 공급되고 척박한 환경에서도 견뎌내야 생명력을 유지할 수 있다. 기관장은 습관처럼 진행하는 업무가 있는지 살펴보고 새로운 것으로 채우면 좋겠다. 모금을 하려면 새로운 상품이 있어야 한다. 작년에 팔던 걸 올해도 들고 나오면 고객들의 반응은 미지근하다.

"지난 23년 동안 자립을 몇 세대나 시켰습니까?"

재위탁심사 때 심사위원 한 분이 물었다. 대답을 못했다. 새로 부임한 곳이라 자립을 몇 명이나 시켰는지는 파악하지 못했다. 23년 동안 셀 수 없이 많은 프로그램을 진행하고 수백만 명에게 서비스를 제공했다. 그 중에 자립은 몇 명이나 시켰을까. 기본적인 질문에 당황했다. 이 질문을 받고 많은 생각이 들었다. 바라보는 관점은 비슷하다는 것이다. 프로그램 수를 나열하고 몇 명을 도왔냐는 것에 의미를 두는 것은 별 의미가 없다. 그동안의 성과를 무시하는 것이 아니라 다른 기관과 차별화가 없기 때문이다. 2년이 지난 지금은 당황하지 않는다. 이미 그 방향으로 가고 있다.

기관이 평가를 받는 중요한 잣대 중의 하나는 자원이다. 지역사회의 자원을 얼마나 안정적으로 확보할 수 있을까를 본다. 자원은 곧 모금이다. 모금은 기관을 지키는 든든한 버팀목이고 전문성을 확보하는 필요조건이고 워라벨을 실천하는 밑거름이다. 자원을 확보하지 않고 전문성을 논할 수 없다. 자원은 기관의 비전을 실현할 수 있게 돕는다.

요즘 예산은 사업비와 인건비가 분리되어 지원받는다. 때문에 한 쪽에서 남는다고 돌려 쓸 수 없다. 기관은 외부의 시선을 의식한다. 특히, 비영리법인에서 인건비의 지출이 높으면 부담을 느낀다. 어느 기관이나 인건비와 사업비가 50 대 50의 비율이 되면 늘 불안하다. 만약에 인건비 쪽으로 1이라도 더 기울면 신경이 곤두선다. 상식적으로 봤을 때 보조금의 절반을 인건비로 가져간다면 국민들의 시선은 따가울 수밖에 없다. 이 비율을 조절하는 가장 좋은 방법은 자원을 확보하는 것이다. 모금이 늘면 사업비의 비율도 늘어난다. 모금이 는다는 것은 자립을 시킬 가능성도 많다는 의미다.

직원들도 업무를 줄이는 것에 불안해하기도 한다. 학습된 습관 때문이다. 지금 하고 있는 업무를 줄이면 큰 잘못을 저지르는 듯 착각을 하기도 한다. 상사 눈치 보느라 책임을 지울까봐 두려워서 결정을 못하기도 한다.

기관장은 어떤 업무를 버리고 바꿀지를 깊이 고민해야 한다. 때로는 위탁으로부터 자유로움에도 업무를 줄이지 못하는 경우도 있다. 모금을 하려면 업무를 반드시 줄여야 한다.

메이저법인은 업무와 역할이 분명하다. 한정식 가게에서 자장면은 취급하지 않는다. 소규모법인은 뭔지 모를 불안에 싸여 있는 느낌이다. 핵심 업무에 집중하고 질적인 접근으로 전문성을 높이길 희망한다.

깨끗한 돈과 더러운 돈에 대한 끝나지 않은 질문

"모 주류회사의 술이 청소년들에게 판매되어 사회문제가 되고 있습니다. 청소년 전문가들도 술로 인해 발생되는 청소년 문제가 심각하기 때문에 정부의 대책이 필요하다고 주장합니다."

이런 뉴스가 언론을 통해 알려졌다고 가정하자. 주류회사는 이에 대한 사회적인 책임을 다하기 위해 수익금의 일부를 기부하기로 결정했다.

우리 지역의 비행청소년을 예방하기 위해 사용해 달라며 1억 원을 기부한다면 어떻게 하겠는가?

이런 질문에 대한 논란은 오래 전부터 계속되었다. '깨끗한 돈'과 '더러운 돈'으로 분류하며 논쟁이 뜨거웠던 적이 있었다. 당신이 모금가라면 어떤 선택을 하겠는가.

나는 '깨끗한 돈'과 '더러운 돈'이 따로 존재한다고 생각하지 않는다. 현실적으로 대부분의 모금가가 생각할 수 있는 내용이다.

첫째, 기부자가 주류회사라는 사실을 알았더라도 거액의 기부금을 거부할 용기가 없다.

이번에 거부하면 다시는 기회를 얻지 못할 가능이 크다. 특히, 지역에서 큰 기부금을 받을 가능성은 거의 없다. 기관을 운영하는 사람이라면 감각적으로 받는 것을 선택한다고 생각한다.

둘째, 주류회사에서 청소년에게 술 판매를 방조했더라도 회사에서 생산되는 술이 모두 청소년에게만 흘러 들어가지 않았을 것이다. 부정하게 발생된 수익금은 전체의 몇 퍼센트인지도 모른다. 이를 두고 회사의 이익금을 모두 부정한 돈으로 치부하는 것은 억지다.

셋째, 기관은 언제나 어려운 상황에 직면해 있다.

어느 해라도 기부금이 풍족해서 쓸 곳을 고민한 적은 없다. 이 기금을 청소년복지사업을 전문화시키는 시드머니Seed money로 활용할 수도 있다.

넷째, 돈은 도구일 뿐이다.

돈에 등급을 매길 수는 없다. 1등급의 돈은 그 쓰임에서 효과가 더 좋을까. 그렇지 않다. 또 1등급의 돈은 어떤 돈일까. 규정하기가 매우 어렵다. 1등급의 돈이 부자가정에 지원되어 아버지의 술값으로 사용되었다면 그 쓰임이 정당한 걸까. 돈은 주인이 어떤 마음으로 어떻게 사용하느냐에 따라 쓰임새가 달라진다. 기관에서 대상자에게 기부금을 전달할 때는 술을 마시거나 빚을 갚거나 해서는 안 된다는 다짐을 받는다. 그렇지만 기부금이 대상자의 통장으로 입금되면 기관의 통제를 벗어난다. 그 기부금을 어떤 용도로 사용하더라도 제지할 방법이 없다. 제지하려 들었다간 사생활 침해와 인권 침해로 역고소를 당할지도 모른다.

위에서 1억 원을 제시했으니 고민을 하지, 만약에 100만 원이라면 어떨까. 별 고민 없이 받을 것이라 생각한다. 금액이 뭐가 중요하냐고 생각하는 모금가도 있겠지만, 모금을 하는 이유는 기관운영에 도움이 되는 선택을 하는 것이다. 대상자를 지원하는 모든 행위는 기관의 운영 영역이다.

조금 다른 관점에서 설명을 이어가 보자. 기부자가 내는 기부금이 정당한 절차를 거쳐 번 돈인지 사기를 친 것인지 도둑질을 한 것인지 어떻게 구분할 수 있는가. 기부자가 스스로 밝히지 않으면 구분할 방법은 없다.

중소기업을 운영하는 기부자가 낸 기부금이 정당하게 세금신고를 하지 않고 받은 수익금을 기부했다면 어떻게 가려낼 것인가. 어떤 회사가 결혼한 여직원들을 강제 퇴사시켜서 사회적인 무리가 있었다면 그 회사의 기부금은 부정한 돈인가. 직원들에게 갑질한 회사 대표가 낸 후원금은 더러운 돈인가. 미세먼지가 심각한 사회문제가 되었다. 자동차 회사가 기부하는 기부금은 더러운 돈인가. 그 회사의 자동차를 산 사람들도 공범인가. 자동차에 기름을 넣어야 하는데 기름이 연소되면서 발생하는 미세먼지가 문제라면 정유회사에서 낸 기부금도 더러운 돈이 되는가. 이런 질문을 이어가면 끝이 없다.

위의 상황들을 일반화시키는 것은 무리다. 이럴 때 해결하는 방법 중의 하나는 모든 직원들의 의견을 들어보는 것이 좋다. 깨끗한 돈과 더러운 돈이라는 기본 명제를 기준으로 토론의 과정을 거쳐 보라. 기관장의 독단이나 다수결로 정하려 하지 마라. 논리로 접근하고 논리로 결정을 내려야 한다. 비영리기관 운영의 핵심은 '가치'다. 가치를 결정하는 기준은 누구의 목소리가 큰가를 비교하는 것이 아니라 누구의 논리가 더 합리적인지로 결정되어야 한다.

만일 열 명 중 두 명이 적극적으로 반대를 했다면, 소수의 의견을 존중하는 의미로 해당 직원의 업무 영역에는 그 돈을 사용하지 않는 것도 방법이다. 이 모든 진행은 모금가가 주도적으로 진행한다.

더러운 돈으로 분류된 기부금이라도 비영리단체에서 공정하게 사용하고 그 결과가 객관적으로 증명됐다면 기업은 고마워할 것이다. 이를 계기로 기업은 이미지를 개선하고 사회적 가치 실현에 비영리단체의 역할을 인정할 것이다. 깨끗한 돈 더러운 돈이라는 명제를 넘어서 모금가로서의 한 획을 그을 수도 있다.

모금업무의 8할은 기관장 몫이다.

모금을 하는데 중요한 요인 중의 하나가 방향을 잡고 지원하는 것이다. 기관장이 모금의 방향을 잡고 적극적으로 지원을 해야 한다. 기관에서 중요하지 않은 업무는 없다. 기관의 업무는 부장이나 직원이 거의 감당한다. 이들은 경험도 많고 익숙한 업무라 잘 하는데 모금의 영역은 다르다. 부장이라도 모금업무를 안 해봤거나 모를 수 있다. 그러기에 더더욱 기관장이 나서야 한다. 기관장도 모금 경험이 없거나 모금에 부담을 가질 수 있다. 그래도 모금을 해야 한다. 모르면 배워서라도 해야 한다. 기관에서 모금의 8할은 기관장의 몫이다.

기관장은 기관을 안정적으로 운영할 책임이 있는 사람이다. 가장이 돈 벌기 싫다고 일을 안 할 건가. 모금을 할지 말지는 기관장의 선택사항이 아니라 기관장이기 때문에 해야 한다. 법인의 재정이 든든한데도 모금을 해야 할까? 해야 한다. 기업이 돈을 적게 벌어서 매년 혁신적인 아이디어를 찾고 이익금을 축적하는가. 앞으로 비영리 기관의 환경은 예측하기 어렵다. 직원들의 더 나은 미래를 위해서도 기관장이 적극적으로 모금을 주도해야 한다.

모금을 함에 있어 역할은 매우 중요하다. 담당자와 팀장 그리고 기관장의 역할은 다르다. 담당자는 실무자 역할을 하고 팀장은 조정자 역할을 하고 기관장은 결정자의 역할을 하는 것이 맞다. 기업의 실무자를 만나는데 기관장이 바로 나서면 부담을 가진다. 우리는 기업의 입장을 존중하는 순수한 의도지만, 기업의 담당자는 그들의 상사와 동일시하게 된다. 기관장은 팀에서 해결하지 못하거나 어려워할 때 개입하는 사람이다. 기업의 사장, 대표, 고위층을 접촉하거나 최종적인 결정이 필요할 때 나서는 것이 좋다.

기업의 담당자가 물었다. "지금 우리 회사와 함께 준비하고 있는 사업이 기관장님의 결재가 난 것이 맞습니까?"

"그렇다"고 대답을 했더니 안심하는 표정을 지으며 확신을 갖고 추진할 수 있겠다고 고개를 끄덕였다.

그가 이런 질문을 했다는 것은 그 기업의 문화가 그렇다는 의미다. 자기들이 일을 할 때 상사가 결정하는 영역이 많다는 반증이다. 또 역으로 보면 기관장이 기업의 대표를 만나 담판을 지으면 결정이 빨리 이루어진다는 의미기도 하다. 하지만 삼가기 바란다. 웬만큼 잘 아는 사이가 아니면 만나려 하지 않는다. 기업은 뚜렷한 목적이 있을 때만 반응을 보인다.

기관장이 개인기부자를 만나는 경우도 자주 있다. 특히, 기관을 잘 아는 기부자나 기관의 주변에 있어 언제든지 방문할 수 있는 개인기부자는 기관장이 직접 챙겨주길 기대한다. 기관장실에서 차 한 잔 마시는 것만으로 존중받는다는 느낌을 갖는다. 한 번의 응대로 그들을 동기부여시킬 수도 있다.

기관장의 역할에 대해 좀 더 설명해 보자. 후원회장이 연락이 와서 실무적인 일을 처리해 달라고 하면 당신은 어떤 선택을 하는가? 아마도 많은 기관장들이 직접 응대하는 경우가 많다. 상대가 상대인지라 생각할 겨를도 없이 직접 챙기려 한다. 굳이 그렇게 하면 안 된다는 기준은 없다. 그렇지만 기관장이 실무적인 부분까지 직접 처리하면 회장은 앞으로 일이 생길 때마다 기관장을 찾는다. 처음에는 그다지 어려운 것도 아니어서 직접 처리했는데 갈수록 빈도수가 늘어나면 신경이 쓰인다. 회장의 요청에 대응하는 가장 좋은 방법은 접수는 기관장이 전달은 직원이 하도록 하는 것이다.

"회장님, 이 건은 직원한테 전해서 알아보고 회장님께 직접 연락드리라고 하겠습니다."

정중하게 설명했는데도 때로는 자신을 우습게 보냐며 언짢아 할 때도 있다. 그럴 땐 "회장님이 궁금해 하시는 부분은 직원이 저보다 더 잘 설명할 것 같아서 그렇게 했습니다."라고 하면 대부분 수긍한다.

개인기부자나 공무원도 무슨 일만 생기면 무조건 기관장을 찾는 경우가 있다. 같은 방법으로 대응하면 효율적이다. 여기서도 포지셔닝이 매우 중요하다.

위의 멘트가 별 것 아니라고 느껴지는가. 아주 특별한 멘트다. 위의 설명대로 자연스럽게 행동할 수 있다고 자신하는가? 말처럼 단순하지 않다. 기부자를 응대하는 것과 업무를 처리하는 것은 다르게 접근해야 한다. 후원회장은 기부자와 민원인의 두 얼굴을 가지고 있다.

같은 법인의 타 기관에서 행사를 하는데 후배 기관장이 땀을 뻘뻘 흘리며 동분서주하는 모습을 봤다. 너무 안타까운 생각이 들어 "기관장이 왜 그렇게 바쁘게 움직이느냐?"고 물으니 숨을 헐떡거리며, 직원들이 못 챙기는 것 같아서 그랬단다. 그 상황에서 직원의 움직임에 개입을 해야 할까. 작은 곳에 신경을 쓰다가 큰 것을 보지 못하는 우를 범하지 않길 바란다.

몸이 바쁘면 눈앞에 있는 것만 크게 보이고, 땀까지 흘리면 긴장을 했다는 반증이니 전체를 보지 못하는 게 당연한 것이다. 조직을 조금만 아는 사람이라면 땀을 흘리며 동분서주하는 기관장의 움직임이 의미 없다는 걸 안다. 기관장은 이글 아이Eagle Eye다. 매의 눈으로 전체를 보고 있어야 한다.

저자소개

권혁철은 메이저법인에서 26년, 소규모법인에서 2년, 28년째 현장에서 일하는 모금가다. 2,000명이 넘는 어려운 이웃을 만났고, 3,000명 이상의 기부자를 만나 수백억 원을 모금했고, 오로지 개인의 역량으로 1만 명 이상의 정기기부자를 개발했다. 현장의 경험을 바탕으로 『행복해지려 기부합니다』, 『빈부소통-공저』, 『오늘도 편지를 씁니다』를 썼다. 사회복지사보수교육, 국가공무원인재개발원, 중앙교육연수원, 기업체, 단체, 학교 등에서 자원개발 및 나눔 교육 강사로 활동하고 있다. 그리고 아산프론티어 아카데미 1기다.

이메일: hctank@naver.com

김완건은 모금을 통해 개인의 삶을 변화시키고, 지역을 변화시키고, 세상을 변화시킨다고 믿는 '사회복지사'이다. 12년 동안 대면모금, 기획모금, SNS를 활용한 모금, 언론 및 방송 등을 활용하는 탁월한 성과를 냈다. 재능과 열정은 이미 메이저법인 수준이다. 매일 한 사람 이상의 기부자를 만나고, 학교, 기업체 등 나눔 교육 강사로 활동 중이다.

이메일: perfectguny@hanmail.net

모금 좀 하자는데

초판발행 2019년 11월 20일 **1판 1쇄 인쇄** | 2019년 11월 25일 **1판 1쇄 발행**

지은이 권혁철 김완건
펴낸이 최용구 | **펴낸곳** 도서출판 **신정**
주소 (04316) 서울시 용산구 원효로 89길 19 (원효로1가)
전화 02)3211-4782, 0266(영업부), 3211-4783(편집부), 3211-4784(팩스)
이메일 shinjeong72@naver.com | **홈페이지** www.sjbook.co.kr
등록 2001년 5월 11일 제13-702호
기획마케팅 최용구 장만동 송대용 최충구 | **책임편집** 석기은 황가연 | **표지** SDY

ISBN 978-89-5912-501-2 93370
정가 13,000원